U0744388

纪念刘复《四声实验录》100周年专辑

NANFANG YUYANXUE

南方语言学

第二十三辑

广东省普通高校人文社会科学重点研究基地
暨南大学汉语方言研究中心
中国智库索引（CTTI）来源智库

汉语方言声调专辑

刘新中　主编

中国·广州

图书在版编目（CIP）数据

南方语言学. 第二十三辑 / 刘新中主编. -- 广州 : 暨南大学出版社, 2024. 6. -- ISBN 978-7-5668-3963-3

Ⅰ. H17-55

中国国家版本馆 CIP 数据核字第 2024A9F970 号

南方语言学（第二十三辑）

NANFANG YUYANXUE (DI-ERSHISAN JI)

主 编：刘新中

出 版 人：阳 翼
责任编辑：姚晓莉
责任校对：孙劭贤 黄子聪 王燕丽 等
责任印制：周一丹 郑玉婷

出版发行：暨南大学出版社（511434）
电 话：总编室（8620）31105261
营销部（8620）37331682 37331689
传 真：（8620）31105289（办公室） 37331684（营销部）
网 址：http://www.jnupress.com
排 版：广州市新晨文化发展有限公司
印 刷：佛山市浩文彩色印刷有限公司
开 本：787mm×1092mm 1/16
印 张：17.5
字 数：380 千
版 次：2024 年 6 月第 1 版
印 次：2024 年 6 月第 1 次
定 价：69.80 元

前　言

广东省普通高校人文社会科学重点研究基地暨南大学汉语方言研究中心主持编纂的《南方语言学》已有二十三辑，我们的宗旨是汇集、展示以汉语方言、民族语言为主的原创性学术科研成果，为相关领域的学者提供一个交流研究成果的园地。

《南方语言学》的内容板块相对固定，主要包括核心板块和重点板块，核心板块是海内外汉语方言、民族语的本体研究，重点板块是方言学的基础研究和应用研究，主要包括语音与音系、语义与词汇、语法与语用。根据社会热点和研究发展情况，我们还及时设置专栏和专辑，集中研究、讨论与社会需求、学科发展、科技进步相关的语言问题。

本辑为汉语方言声调专辑，是为了纪念刘复《四声实验录》100周年特别组织的专辑，共收录19篇论文，均为研究声调特别是汉语方言声调的论文。论文的撰写者多为国内外相关领域的资深专家，他们的论文涵盖了声调的语音、音韵、音系、发生机制、演变等多个方面，反映了现时声调研究的方方面面。

《南方语言学》以“立足汉语资源，服务语言研究”为宗旨，为方言及相关领域的研究者搭建了一个成果展示的平台，由中国知网发布刊行电子版，入选最新一期中国社科院AMI综合评价入库集刊。

《南方语言学》采取了严格的审稿制度、完整规范的编校流程，以保证所选录文章的学术价值和出版质量，非常欢迎国内外语言学界的新老朋友继续支持，争取让这个学术交流的阵地越办越好！

刘新中

2024年6月

目　录

Phonetic Correlates of the Qù and Rù Tones in Èzhōu (Húběi) Mandarin

Michael J. Kenstowicz[1] Yu Mengwei[2]①

(1. Massachusetts Institute of Technology; 2. Fudan University)

【Abstract】 This paper presents the results of an investigation into the acoustic phonetic correlates of the tones in the Huáng-Xiào dialects of Èzhōu, a city of c. one million inhabitants located in eastern Húběi province. We focus here on the rù tone. See Kenstowicz and Yu (2022) for discussion of the qù tone split and Yu (to appear) for a general description of the phonology of the contemporary Èzhōu dialect based on a corpus of c. 250 words. Our data suggest that Èzhōu adds an additional branch to the typology of the evolution of the rù checked-syllable tone proposed by Zhu et al. (2008) as reported in Chai (2022), Chai and Ye (2022).

【Keywords】 checked-syllable, Huáng-Xiào, phonation, rùshēng entering tone

1. Background

The Huáng-Xiào dialects form one branch of Lower Yangtze Jiāng-Huái Mandarin. They occupy a special place in the history of Chinese linguistics and dialect studies. Along with Gan and Southwest Mandarin, the Huáng-Xiào dialects were the focus of the famous monograph by Yuen-Ren Chao (Zhao Yuanren) and colleagues (1948) based on fieldwork conducted in

---

① Michael J. Kenstowicz received his Ph. D. in Linguistics (1971) from the University of Illinois where he was on the faculty until 1990, when he came to MIT. He is the author of over 100 research articles and two widely used phonology textbooks published in 1979 (with Charles W. Kisseberth) and 1994. His research interests have included tone and accent, cyclic phonology, loanword adaptation, and more recently the phonetic basis of phonological contrasts. He has studied the structures of many languages including Balto-Slavic, Arabic, Bantu, Gur, and East Asian. He has also edited the phonology sections of *Natural Language & Linguistic Theory* and *Journal of East Asian Linguistics* for many years. Yu Mengwei is a Ph. D. student in the English Department of Fudan University and a native speaker of the Èzhōu dialect.

the 1930's and, according to Coblin (2005), were tentatively called Chǔyǔ. In the area of tone, Chao's survey documented the preservation and phonetic characteristics of the Huáng-Xiào dialects' six-tone inventory that sets them apart from most other Mandarin varieties such as standard Beijing that have just a four-way tonal distinction. Chao et al. 's survey found that the Middle Chinese (MC) falling qù tone retains/exhibits two distinct variants based primarily on the voicing of the MC onset consonant. In the rest of Mandarin these tones are not distinguished. In addition, the Huáng-Xiào dialects follow Jiāng-Huái Mandarin in preserving a distinct reflex for the MC rù-tone syllables. In most other Mandarin varieties the checked-syllable entering tone has merged with one of the other tones. Table 1 illustrates the six Èzhōu tones along with cognates from standard Mandarin and their tonal transcriptions in Chao et al. 's survey and the more recent studies of Tan (2008), Wu (2007), and Wu (2008) as well as our results based on a corpus of c. 250 Èzhōu words.

Table 1 Èzhōu tonal inventory; transcriptions of Chao et al. (1948) and Tan (2008) with examples in IPA and Standard Mandarin cognates in five-point Chao (1930) tonal transcriptions and pinyin

tone	class	Chao	Tan	this study	zi	gloss	Èzhōu	St. Mand.	pinyin
T1	yīnpíng	24	44	22	冰	ice	pin	55	bīng
T2	yángpíng	21	21	21	糖	sugar	tʰæŋ	35	táng
T3	shǎng	42	42	43	买	buy	mæː	214	mǎi
T4	yīnqù	35	35	35	付	pay	fuː	51	fù
T5	yángqù	44	24	23	大	big	tɔː	51	dà
T6	rù	13	13	212	白	white	pæ̰ː	35	bái

The data in Table 1 can be summarized as follows. First, the Èzhōu píng and qù categories reflect the MC onset consonant voicing contrast as a tonal contrast while the more marked shǎng and rù tones do not. Second, there is shape reversal: in contemporary Èzhōu speech the MC shǎng (rise) appears as a fall [42] and the MC yīnqù (fall) appears as a rise [35]. Third, the yángqù is flat [44] in the Chao et al. 's (1948) survey but appears as a lower-register rising counterpart [24, 23] to upper-register yīnqù [35] in later-generation speakers. In all other loci in the Chao et al. 's (1948) survey the yángqù reflexes are transcribed with a flat tone of varying pitch heights, so the Èzhōu [24, 23] rising contour is probably an innovation. If this is true then in order to avoid merger with Chao's yīnpíng [24], the latter was flattened to Tan's [44] or to our [22]. Finally, for our speakers the rù tone is realized with medial laryngealization [212] suggesting a shift from a short-vowel [Vʔ] syllable rhyme closed by a glottal stop to a bimoraic open-syllable [VˀV] rhyme. It is the latter development that appears to set Èzhōu (and possibly other Huáng-Xiào variants with a concave shape for this tone) apart from other dialects and is the focus of the present study.

2. Methods

In order to investigate the acoustic phonetic correlates to the six Èzhōu tones, we constructed a word list of sixty-four items comprising eight to eleven examples of (nearly) identical CV syllables illustrating each of the six Èzhōu tones. See the appendix for the word list. Our study is based on the speech of six native speakers: two males aged 28 and 31 at the time of recording (2019) and four females aged 43, 46, 54, and 58. All speakers were born and raised in Èzhōu. They were recorded in Èzhōu city in a quiet room with a Samson Q2U microphone and a Tascam PCM recorder. The target words in our word-list were randomized and spoken in isolation followed by appearance in a frame sentence: 我说__这个字 (pinyin: wǒ shuō __ zhè gè zì) [ŋoː3 ɕyæ̰ː6__t͡seː4 koː4 t͡sɿː5] "I say __as this word." The entire list was repeated one time to give four specimens for each of the 64 target words. The recordings were segmented and labeled by hand in Praat (Boersma and Weenink, 1992 – 2021) and submitted to the ProsodyPro Praat script to extract their F0 contours normalized for duration. The number of measurement points in the syllable's rhyme was set to 15.

3. Results

The plots in Figures 1 and 2 show 95% confidence-interval bands for the citation forms of the log-transformed F0 contours for the six Èzhōu tones in our data. The bands represent the intervals for the z-score normalized F0 measurements returned by ProsodyPro based on speaker mean and standard deviation pooled across lexical items, repetitions, and speakers within each gender.

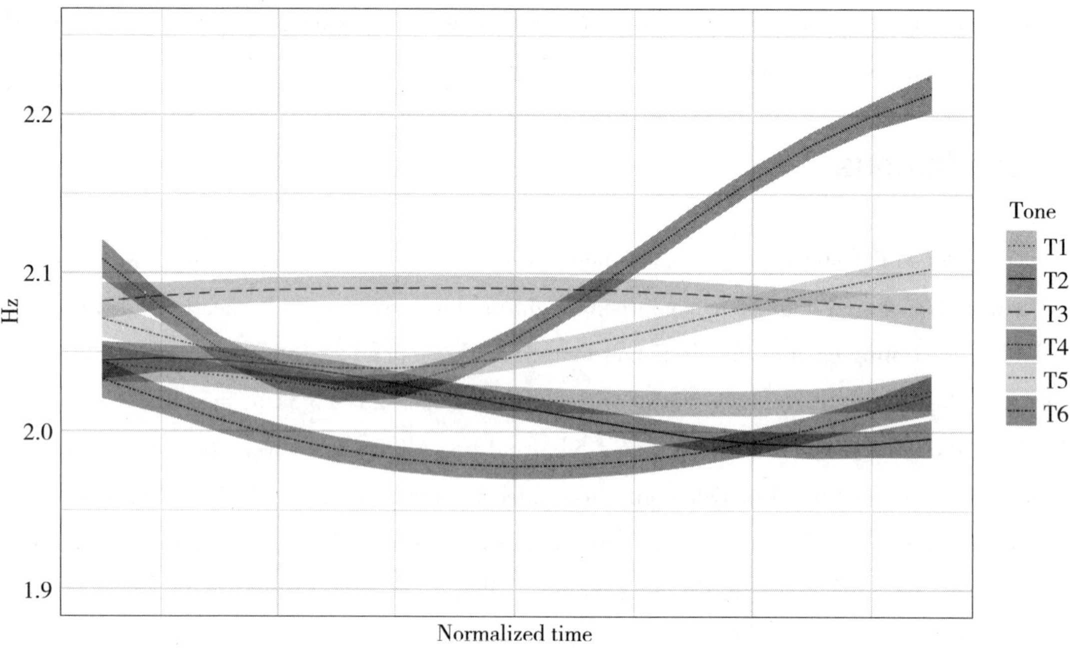

Figure 1 95% ci of normalized F0 plots of Èzhōu tones (citation form, male speakers)

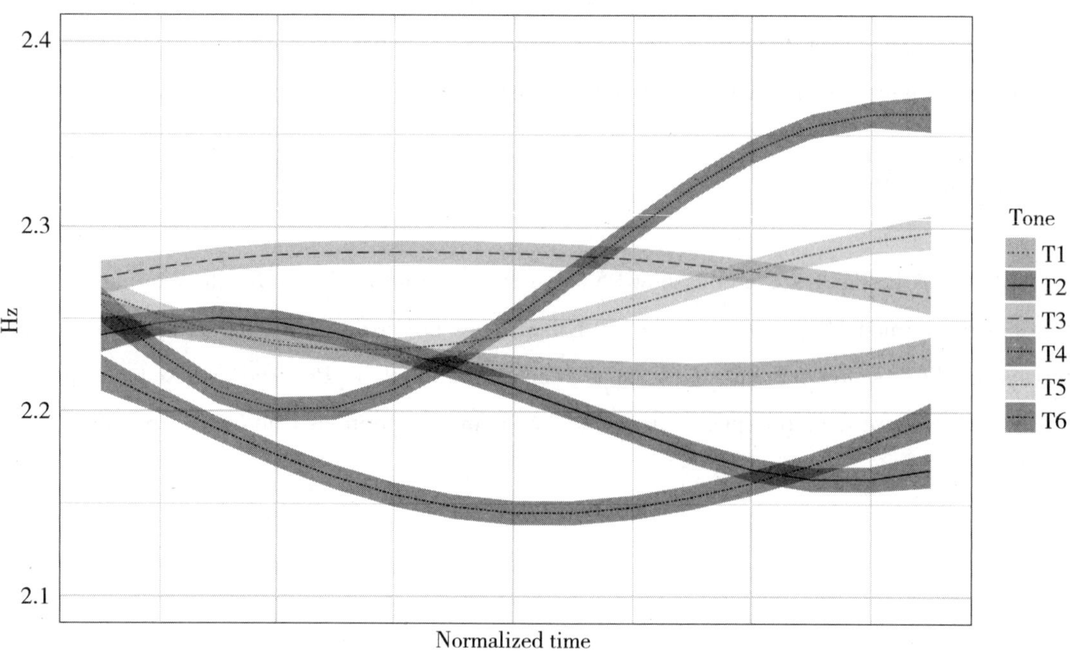

Figure 2 95% ci of normalized F0 plots of Èzhōu tones (citation form, female speakers)

The following generalizations are revealed in these plots. The yīnpíng T1 is relatively flat in the middle to lower portion of the pitch space while the yángpíng T2 is a fall in the same region. T3 (shǎng) has a flat to falling trajectory in the upper region. T6 (rù) is at the bottom of the pitch space and is accompanied by medial laryngealization giving a bow-shaped F0 contour. The most striking members of the Èzhōu inventory are T4 and T5—the reflexes of the qù tone. Both are dipping tones with T4 showing a steeper fall followed by a sharper rise that climbs well above the upper-register T3. See Kenstowicz and Yu (2022) for details and further discussion of the Èzhōu qù tone and its split based on the voicing of the onset consonant in Middle Chinese and possible phonation reflexes in Huáng-Xiào and Èzhōu.

4. Evolution of the MC checked-syllable rù tone

In their dialect survey of Huáng-Xiào, Chao and colleagues (1948) indicate two principal reflexes for the rù tone: a lower-register rise [13] and a dipping tone transcribed as [212] or [313]. The latter is less common and is restricted to the western part of the Huáng-Xiào region, suggesting it is an innovation. In their typology of the rù tone development in Chinese, Zhu et al. (2008) find the first three paths indicated in Figure 3; see Chai (2022) and Chai and Ye (2022) for recent discussion. All terminate in a long vowel [V:]; they differ in the sequencing of the lengthening of the nuclear vowel and the reduction of the coda stop. In Path I, the vowel is lengthened before the stop consonant is debuccalized and then lost. In Path Ⅱ coda reduction occurs first and the vowel is only lengthened at the end—presumably to conform to the general bimoraic requirement on syllable rhymes in Mandarin and other Chinese languages. In Path Ⅲ vowel lengthening occurs in the middle of the coda reduction process after debuccalization and before loss of the glottal stop.

Ⅰ: VP→ V:P → V:ʔ → V:　　　P = voiceless (unreleased) stop

Ⅱ: VP→ Vʔ → V → V:

Ⅲ: VP→ Vʔ → V:ʔ → V:

Ⅳ: VP→ Vʔ → V

Ⅴ: VP → Vʔ → V^{ʔ}V

Figure 3　Evolution of checked-syllable

More recently a fourth path has been described in which the coda consonant is lost but the vowel remains short—at least in phrase-medial position, replicating a development noted in Zhu (2008) for the northern Wu Deqing dialect (Zhang Xiaoyan, personal communication). This development is documented by Zhu (2023) for Sūzhōu (Wu) and independently by Rose (2021: 8) for the eastern Zhèjiāng Tiāntāi dialect: "Truncated tones are invariantly characterized by short vocalic duration, whereas the glottal stop is not always present." Also Oakden's (2017) study of a younger Nánjīng speaker finds no trace of glottal closure for the rùshēng entering tone syllable but retention of shorter duration in data recorded in two framesentence contexts. Finally, our study of Èzhōu finds medial laryngealization (creak) of the vowel [VˀV] for T6 comparable (at least in some of its realizations) to the creaky vowels of Otomanguen languages like Mazateco (Silverman et al., 1995) and the broken tones of Tiāntāi (Southern Wu) discussed in Rose (2021). The (mis)timing of a laryngeal (guttural) consonant with respect to the nuclear vowel is a common sound change falling under the rubric of "vowel echo"; see Blevins and Garrett (1998) for general discussion.

Table 2 indicates the checked-syllable rù tone items in our corpus along with correspondences from Middle Chinese (Baxter and Sagart, 2014) and Cantonese (CC-Canto: https://cantonese.org). We observe that the correspondence between Èzhōu T6 and the Middle Chinese D (rù) category is regular. The Cantonese cognates retain the MC coda stop consonant that is lost in Standard Mandarin and, we claim, reflected as medial laryngealization in Èzhōu. Their tone varies among three level shapes determined (in part) by the voicing of the onset consonant: high (T1), mid (T3), and low (T6). The Standard Mandarin tonal reflexes of the MC checked-syllable vary (seemingly randomly) among the four possible tones.

Table 2 Èzhōu checked-syllable rù tone and cognates from Middle Chinese, Mandarin, and Cantonese

zi	MC	tone	gloss	St. Mand.	Èzhōu	tone	Cantonese
北	pok	D	north	běi	pæ̰ː	T6	bak 1
黑	xok	D	black	hēi	xæ̰ː	T6	hak 1
色	srik	D	color	sè	sæ̰ː	T6	sik 1
笔	pit	D	pen	bǐ	pḭː	T6	bat 1
骨	kwot	D	bone	gǔ	kṵː	T6	gwat 1
秃	thuwk	D	bald	tū	tʰɛ̰ː	T6	tuk 1
铁	thet	D	iron	tiě	tʰiḛː	T6	tit 3
杀	sreat	D	kill	shā	sɔ̰ː	T6	saat 3
舌	zyet	D	tongue	shé	sæ̰ː	T6	sit 3
国	kwok	D	nation	guó	kuæ̰ː	T6	gwok 3
八	peat	D	eight	bā	pɔ̰ː	T6	baat 3
革	keak	D	hide, skin	gé	kæ̰ː	T6	gaak 3
脚	kjak	D	foot	jiǎo	tɕiɔ̰ː	T6	goek 3
客	khaek	D	guest	kè	kʰæ̰ː	T6	haak 3
押	'aep	D	mortgage	yā	jɔ̰ː	T6	aat 3
血	xwet	D	blood	xuè	ɕiḛː	T6	hyut 3
百	paek	D	hundred	bǎi	pæ̰ː	T6	baak 3
罚	bjot	D	punish	fá	fɔ̰ː	T6	fat 6

(to be continued)

zi	MC	tone	gloss	St. Mand.	Èzhōu	tone	Cantonese
力	lik	D	strength	lì	li̠ː	T6	lik 6
鹿	luwk	D	deer	lù	lɛ̠ː	T6	luk 6
蜜	mjit	D	honey	mì	mi̠ː	T6	mat 6
敌	dek	D	enemy	dí	di̠ː	T6	dik 6
月	ngjwot	D	moon	yuè	jyæ̠ː	T6	jyut 6
毒	dowk	D	poison	dú	tɛ̠ː	T6	duk 6
服	bjuwk	D	clothes	fú	fu̠ː	T6	fuk 6
鹤	haewk	D	crane	hè	xɔ̠ː	T6	hok 6
疾	dzit	D	sickness	jí	tɕi̠ː	T6	zat 6
十	dzyip	D	ten	shí	sʅ̠ː	T6	sap 6
入	nyip	D	enter	rù	jy̠ː	T6	jap 6
绿	ljowk	D	green	lǜ	lɛ̠ː	T6	luk 6
白	baek	D	white	bái	pæ̠ː	T6	baak 6
麦	meak	D	wheat	mài	mæ̠ː	T6	mak 6

5. Acoustic phonetic correlates to Èzhōu checked-syllable rù tone

We now proceed to the main topic of this paper—the acoustic correlates to the checked-syllable rù tone in Èzhōu. Recall that our recordings consist of eight to eleven examples of each of the six contrasting Èzhōu tones in segmentally identical CV syllables. Table 3 repeats the Èzhōu T6 examples from our recordings in IPA transcription along with their Standard Mandarin cognates in pinyin.

Table 3 Recorded rù-tone syllables

zi	gloss	Èzhōu	St. Mand.
木	wood	mo̠ŋ	mù
入	enter	ju̠ː	rù
绿	green	lɛ̠ː	lǜ
血	blood	ɕie̠ː	xuè
掐	to nip	kʰɔ̠ː	qiā
俘	captive	fu̠ː	fú
十	ten	sʅ̠ː	shí

(to be continued)

zi	gloss	Èzhōu	St. Mand.
习	learn	ɕḭː	xí
押	to pawn	jɔ̰ː	yā
畜	livestock	tsʰɛ̰ː	chù

The checked-syllable rù tones show two major realizations in our data, illustrated by the screen shots of Praat spectrograms in Figure 4: a full creak in the middle of the rhyme disrupting the F0 contour (left panel) vs. a medial weakening without the harsh sounding irregular pulsing (middle panel). For the sake of comparison we show the modal voicing of the same CV syllable in yīnshǎng T3 (right panel).

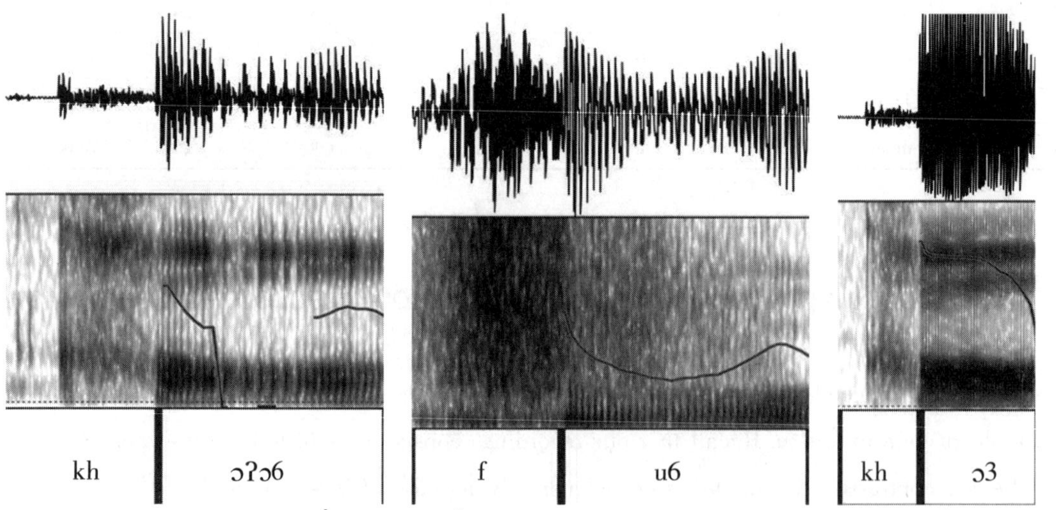

Figure 4 Praat spectrograms of Èzhōu T6 [kʰɔ̰ː] "nip", T6 [fṵː] "captive", and T3 [kʰɔː] "card"

(1) Duration and intensity.

As mentioned earlier, a key feature of the checked-syllable tones in Èzhōu that sets this dialect apart from most other varieties is the absence of syllable rhymes composed of a short vowel and accompanying coda glottal stop. The chart in Figure 5 quantifies this impression. It indicates the average durations for the citation form CV syllables pooled across all six speakers. In our excel charts error bars are 95% ci. When grouped by tone, the mean durations of the Èzhōu syllable-rhymes fall in a narrow range from a maximum of 239 ms for T1 (yīnpíng) to a minimum of 200 ms for T4 (yīnqù). The mean of the T6 rù syllables appears in the middle of this distribution at 227 ms. Thus, with the shift of the laryngealization from the syllable coda to the nuclear vowel, the pan-Mandarin bimoraic requirement on the syllable rhyme extends to the CV̰ [CVˀV] syllables, leading to a lengthened vowel.

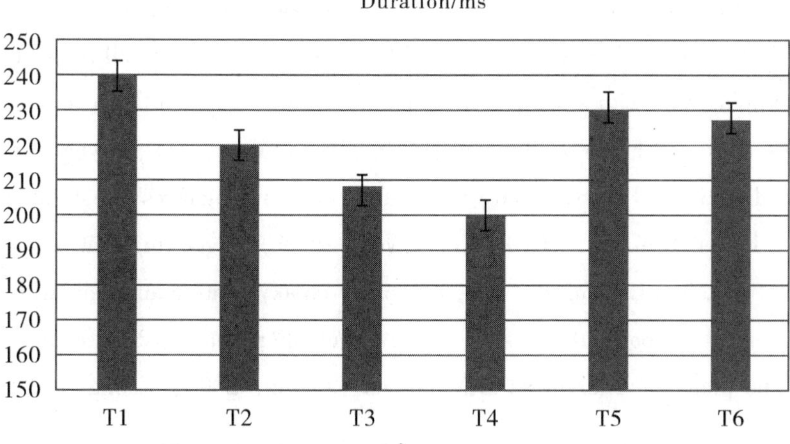

Figure 5　Duration of Èzhōu syllable rhymes

In spite of not differing in duration, the Èzhōu checked-syllable tones distinguish themselves from the other tones by the low-intensity and low-energy profiles of their associated syllable rhymes, as seen in the excel charts of Figure 6.

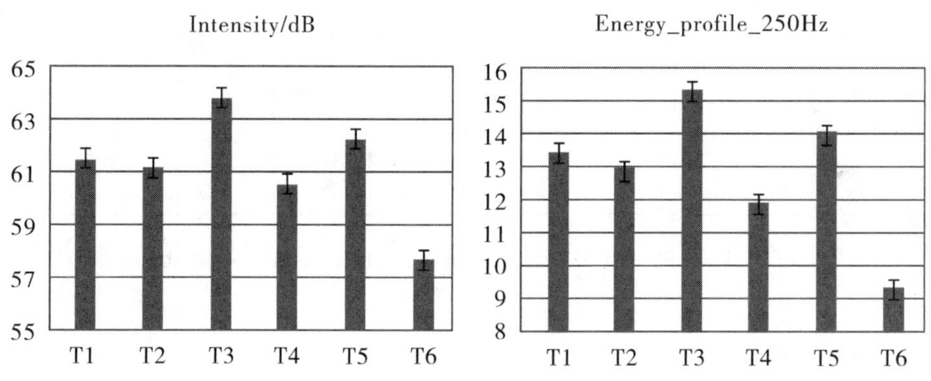

Figure 6　Intensity and energy measures of Èzhōu tones

(2) Vowel quality.

In their discussion of the Jiāng-Huái Nánjīng dialect, Yang and Chen (2018) report increased F1 and F2 for certain vowels in checked-syllable rù tones. To investigate this point for Èzhōu, we submitted our recorded data to the Formant-Pro Praat script (Xu and Gao, 2018) to extract the first two formants based on averages across the entire vowel. The resultant data were normalized with z-scores based on individual speaker means and standard deviations. We divided the data into front (ɕḭː, sɿ̰ː, ɕiḛː, tsʰɛ̰ː, lɛ̰ː) and back-vowel (fṵː, xṵː, mo̰ŋ, kʰɔ̰ː, jɔ̰ː) sets. Figure 7 plots the vowels in z-score normalized F1 × F2 space as a function of the six Èzhōu tones. As is evident in the plot, the rù tone (T6) stands out as being associated to back-vowel syllable nuclei with distinctly greater F1 and F2 values compared to most of the other tones, suggesting that this tone lowers and fronts a vowel in the vowel space. The only comparable case is T4, which is also associated with greater F1. But we recall from Figures 1 and 2 that T4 is a dipping tone with a sharp turning point that is also typically accompanied by creaky phonation. The increased F1 associated with T4 and T6 and their creaky laryngealization is reminiscent of the diminished F1 associated with breathy voice in languages like Madurese and Javanese (Cohn, 1993; Brunelle, 2010; Kenstowicz, 2021) suggesting that as far as its effect on F1 is concerned, the Ladefoged (1971) breathy-creaky continuum aligns with vowel height and more generally supports theories of vowel articulation that posit a connection between tongue-body and pharyngeal-laryngeal articulations (Esling, 2005; Esling et al., 2019).

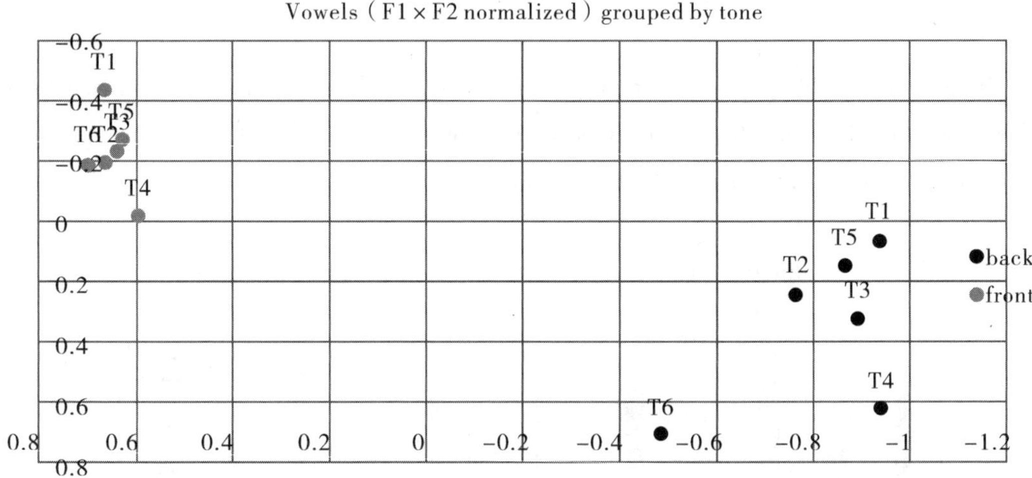

Figure 7 F1 x F2 plot of Èzhōu back vs. front vowels grouped by tone

(3) Phonation.

In this section we examine the Èzhōu tones with respect to the common measures of phonation: spectral balance, spectral tilt, and periodicity. See Esposito and Khan (2020) for a recent review of these factors, updating Gordon and Ladefoged (2001). Our measurements were made by submitting the recorded data to the BID option of the ProsodyPro Praat script (Xu, 2002 – 2020). The measures reported below pool data across all speakers and contexts (citation and frame).

The difference in amplitude between the first and second harmonics is the most common and successful crosslinguistic measure of phonation (Esposito and Khan, 2020). A higher value is correlated with the relative breathiness of the phonation. As shown by the excel chart in Figure 8, Èzhōu T6 in fact has the lowest mean value for H1 – H2 reflecting its relative creakiness vis à vis the other tones. The yīnqù dipping T4 has the second lowest mean value agreeing with the creaky voice we have seen associated with this tone, especially at its turning point.

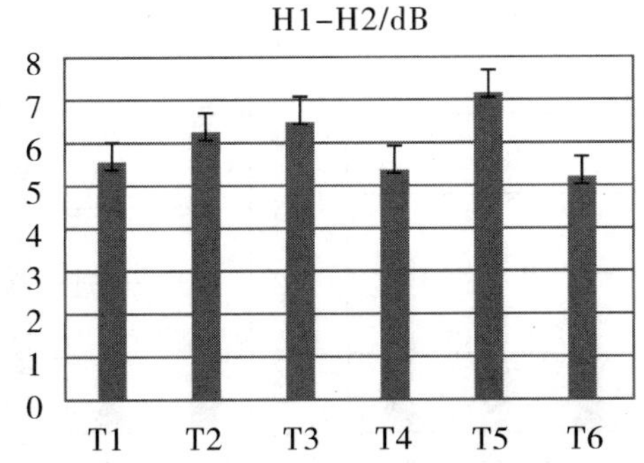

Figure 8 Èzhōu H1 - H2 means grouped by tone

The spectral tilt measures of H1 - A1 and H1 - A3 (Figure 9) gauge the differences in amplitude between the first harmonic and the higher harmonics located nearest the first and the third formants, respectively. Since our data contains syllables with high vowels, there could be interference with an accurate measure of H1 - A1. H1 - A3 presumably does not face this problem. The latter reveals the same overall data profile as H1 - H2 with yīnqù (T4) and rù (T6) having the lowest values, a finding consistent with greater spectral drop-off relative to the other tones and with their observed creakiness.

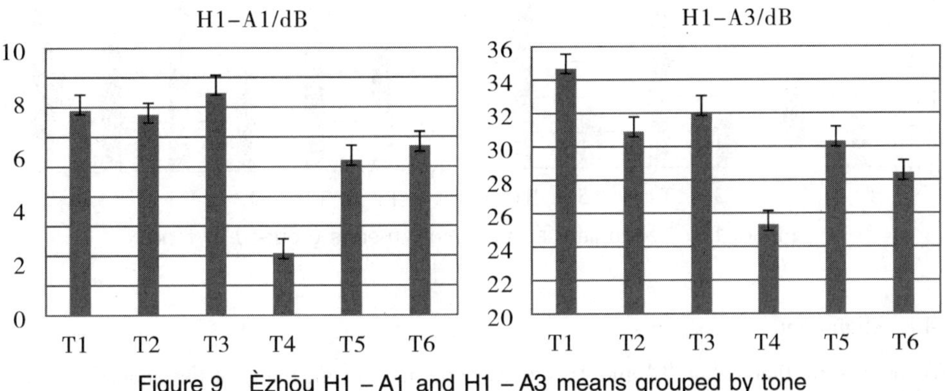

Figure 9 Èzhōu H1 - A1 and H1 - A3 means grouped by tone

Cepstral Peak Prominence (CPP) and the Harmonic-to-Noise Ratio (HNR) index departures from modal voice. Both breathy voice and creaky voice have lower values for these factors. As seen in Figure 10, our data is consistent with the expectation that the creak associated with Èzhōu T4 and T6 will depress the values for these factors.

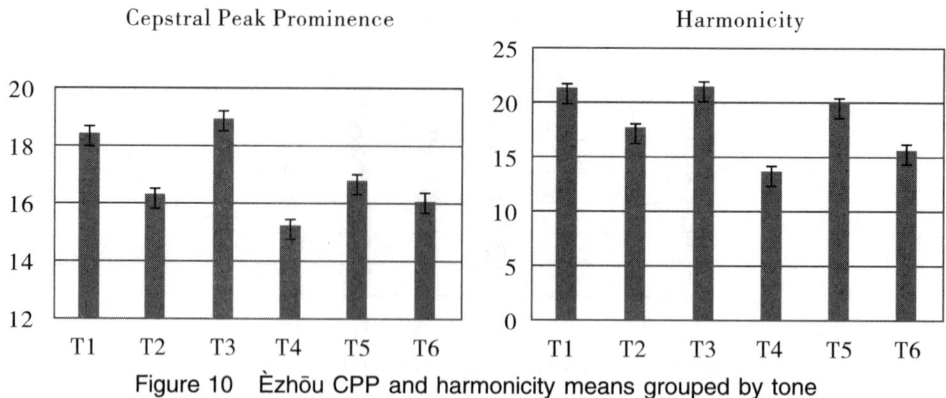

Figure 10 Èzhōu CPP and harmonicity means grouped by tone

Finally, the BID measures of jitter and shimmer also isolate T4 and T6 in our Èzhōu data (Figure 11). These factors indicate variations in frequency and amplitude that reflect irregular vocal-fold vibration and correlate with the perceptual categories of "hoarseness" or "roughness" in the voice.

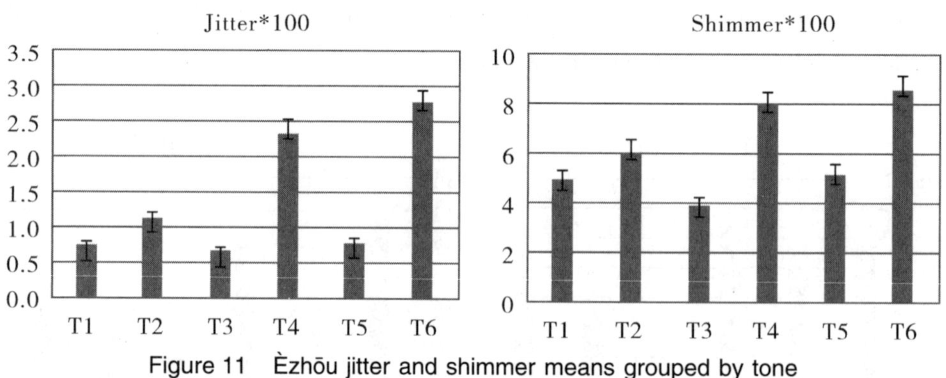

Figure 11 Èzhōu jitter and shimmer means grouped by tone

(4) Alignment.

We have seen that Èzhōu T4 and T6 parallel one another for many of the acoustic factors indexing creaky voice. The creak associated with T4 occurs as an enhancement strategy that accompanies the dip in F0 before the sharp rise of this tone (Figures 1 and 2). The creak associated with the rù syllable is, we claim, a reflex of the erstwhile coda laryngealization that has shifted toward the middle of the rhyme. The excel chart in Figure 12 tracks the average intensity values for the six Èzhōu tones across ten measurement points in the syllable rhyme and is intended to help pinpoint the locus of laryngealization. The intensity minimum for T4 occurs earlier than the minimum for T6 and is found in the second and third regions of the time-normalized duration that coincides with the F0 minimum for this tone. On the other hand, the intensity minima for T6 are concentrated in the fifth and sixth of the ten sectors, closer to their original source in the coda of the syllable.

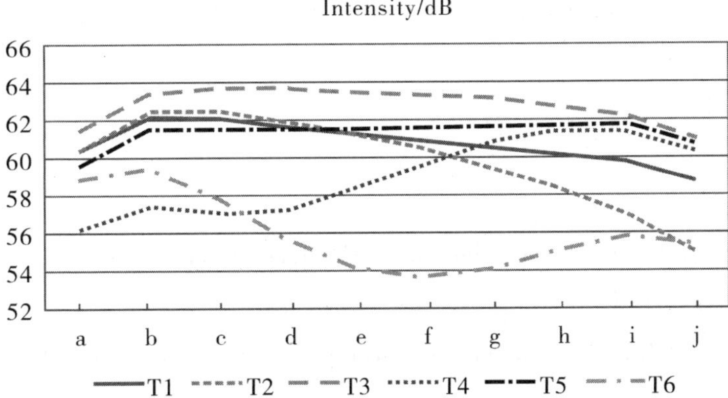

Figure 12 Intensity means for the Èzhōu tones across time-normalized syllable rhyme

This difference in the alignment of laryngealization counts for the native-speaker perception of phonological rhyming categories. In his Standard Mandarin speech the second author disregards the laryngealization associated with Tone 3; as a consequence, T1 mā "mother" and T3 mǎ "horse" as well as T4 mì "honey" and T3 mǐ "rice" count as rhymes. But for his Èzhōu speech, T6 mḭː "honey" [miʔi] (MC mjit) does not rhyme with T3 miː "rice" (MC mejX). Further study needed to determine how general and reliable this judgment is as well as to clarify more details such as the rhyming status of Èzhōu T4 vs. T6.

6. Summary and conclusion

This paper reports the results of an investigation of the acoustic phonetic correlates of the tones of the Huáng-Xiào dialects of Èzhōu as revealed in the speech of six native speakers. As first observed in Chao et al. (1948), Huáng-Xiào differs from most other Mandarin varieties by retaining a tonal distinction between the voiced vs. voiceless-onset qù tones of Middle Chinese (Wu, 2008). These dialects also preserve a distinct reflex for the rùshēng entering tone. Our findings indicate that Èzhōu has shifted the laryngeal constriction of the checked-tone syllable from the coda to the middle of the syllable rhyme resulting in a long vowel with creaky voice comparable to what is found in Otomanguean languages like Mazateco and Mixteco and the broken tone of Tiāntāi Wu (Rose, 2021). If correct, the [VʔV] structure adds an additional branch to the typology of the development of the checked-syllable tone proposed in Zhu et al. (2008) as discussed in Chai (2022) and Chai and Ye (2022).

Acknowledgements

We thank Xiaoyan Zhang and our anonymous reviewer for their helpful comments that have improved the content and presentation in this paper. The authors are responsible for any remaining errors or deficiencies.

References

[1] BAXTER W, SAGART L. Old Chinese: a new reconstruction [M]. New York: Oxford University Press, 2014.

[2] BLEVINS J, GARRETT A. The origins of consonant-vowel metathesis [J]. Language, 1998, 74 (3).

[3] BOERSMA P, WEENINK D. Praat: doing phonetics by computer [DB]. praat. org, 1992 – 2021.

[4] BRUNELLE M. The role of larynx height in the Javanese tense ~ lax stop contrast [M] // MERCADOR, POTSDAM E, TRAVIS L. Austronesian and theoretical linguistics. Amsterdam: John Benjamins, 2010.

[5] CHAI Y. Phonetics and phonology of checked phonation, syllables and tone [D]. San Diego: University of California, 2022.

[6] CHAI Y, YE S H. Checked syllables, checked tones, and tone sandhi in Xiapu Min [J]. Languages, 2022, 7 (47).

[7] CHAO Y R. A system of tone letters [J]. Le Maître phonétique, 1930, 8 (3).

[8] CHAO Y R, DING S S, Wu Z J, et al. Report on a survey of the dialects of Hupeh [M]. Shanghai: Commercial Press, 1948.

[9] COBLIN W S. Comparative phonology of the Huáng-Xiào dialects [M] // Language and linguistics monograph series A13. Taipei: Institute of Linguistics, Academia Sinica, 2005.

[10] COHN A. Consonant-vowel interaction in Madurese: the feature [lowered larynx] [C]. Chicago linguistics society proceedings, 1993.

[11] ESLING J. There are no back vowels: the laryngeal articulator model [J]. Canadian journal of linguistics, 2005, 50 (1 – 4).

[12] ESLING J, MOISIK S, BENNER A, et al. Voice quality [M]. Cambridge: Cambridge University Press, 2019.

[13] ESPOSITO C, KHAN S D. The cross-linguistic patterns of phonation types [J]. Language and linguistic compass, 2020, 14 (12).

[14] GORDON M, LADEFOGED P. Phonation types: a cross-linguistic overview [J]. Journal of phonetics, 2001, 29 (4).

[15] KENSTOWICZ M. Phonetic correlates of the Javanese voicing contrast in stop consonants [J]. Nusa, 2021, 70.

[16] KENSTOWICZ M, YU M Y. Split of the Middle Chinese falling (qù) tone in Èzhōu (Húběi) Mandarin [J]. Journal of the phonetic society of Japan, 2022, 26 (1).

[17] LADEFOGED P. Preliminaries to linguistic phonetics [M]. Chicago: University of Chicago Press, 1971.

[18] OAKDEN C. Checked tone merger in the Nanjing dialect: an acoustic analysis [C] // ZHANG L. Proceedings of the 29th north American conference on Chinese linguistics (NACCL-29). Volume 1. Memphis: University of Memphis, 2017.

[19] ROSE P. Tone and phonation type in Wu dialects [EB]. 2021. [philjohnrose. net]

[20] SILVERMAN D, BLANKENSHIP B, KIRK P, et al. Phonetic structures in Jalapa Mazatec [J]. Anthropological linguistics, 1995, 37 (1).

[21] TAN W J. Èzhōu local dialect's phonetic research [D]. Wuhan: Huazhong Normal University, 2008.

[22] WU B J. The phonological features of Ezhou dialect and the comparative studies of Ezhou dialect and Wuhan dialect [D]. Nanning: Guangxi University, 2008.

[23] WU B. The phonetic study of Jianghuai Mandarin [D]. Shanghai: Fudan University, 2007.

[24] XU Y. ProsodyPro: A Praat script for large-scale systematic analysis of continuous prosodic events [D]. London: University College London, 2002-2020.

[25] XU Y, GAO H. FormantPro as a tool for speech analysis and segmentation [J]. Revista de estudos da linguagem, 2018, 26 (4).

[26] YANG Y K, CHEN Y. Effects of entering tone on vowel duration and formants in Nanjing dialect [M] // FANG Q, DANG J W, PERRIER P, et al. Studies on speech production. Cham: Springer International Publishing, 2018.

[27] ZHU X N. Creaky voice and the dialectal boundary between Taizhou and Wuzhou Wu [J]. Journal of Chinese linguistics, 2006, 34 (1).

[28] ZHU X N, JIAO L, YAN Z C, et al. Three ways of rusheng sound change [J]. Studies of the Chinese language, 2008 (4).

[29] ZHU Y H. A metrical analysis of light-initial tone sandhi in Suzhou Wu [J]. Natural language and linguistic theory, 2023, 41 (4).

Appendix Word list

zi	gloss	pinyin	Èzhōu IPA	Èzhōu tone
夫	husband	fū	fuː	1
懵	petrified	měng	moŋ	1
掐	pinch	qiā	k^hɔː	1
呼	call	hū	xuː	1
诗	poem	shī	sɿː	1
粗	thick	cū	ts^hɛː	1
搂	produce	lōu	lɛː	1
些	some	xiē	ɕieː	1
西	west	xī	ɕiː	1
淤	silt	yū	juː	1
丫	baby	yā	jɔː	1
邪	evil	xié	ɕieː	2
徐	family name	xú	ɕiː	2
牙	tooth	yá	jɔː	2
仇	feud	chóu	ts^hɛː	2
跨	step across	kuà	k^hɔː	2
盟	ally	méng	moŋ	2
湖	lake	hú	xuː	2
时	time	shí	sɿː	2
楼	building	lóu	lɛː	2
如	as	rú	juː	2
扶	support	fú	fuː	2
鲁	family name	lǔ	lɛː	3
卡	card	kǎ	k^hɔː	3
洗	wash	xǐ	ɕiː	3
府	mansion	fǔ	fuː	3
写	write	xiě	ɕieː	3
猛	vigorous	měng	moŋ	3
吕	family name	lǚ	juː	3
雅	elegant	yǎ	jɔː	3
史	history	shǐ	sɿː	3
丑	ugly	chǒu	ts^hɛː	3
虎	tiger	hǔ	xuː	3

(to be continued)

zi	gloss	pinyin	Èzhōu IPA	Èzhōu tone
胯	crotch	kuà	kʰɔː	4
(核)	kernel	hé	xuː	4
付	to pay	fù	fuː	4
细	little	xì	ɕiː	4
臭	smelly	chòu	tsʰɛː	4
(看)	peek	lou	lɛː	4
亚	second	yà	jɔː	4
泻	sluice out	xiè	ɕieː	4
玉	jade	yù	juː	4
市	city	shì	sɿː	4
遇	meet	yù	juː	5
(擦)	rub	cā	tsʰɛː	5
父	father	fù	fuː	5
护	protect	hù	xuː	5
谢	thank	xiè	ɕieː	5
轧	to roll	yà	jɔː	5
梦	dream	mèng	moŋ	5
系	department	xì	ɕiː	5
是	copula	shì	sɿː	5
跨	straddle	kuǎ	kʰɔː	5
路	road	lù	lɛː	5
木	wood	mù	mo̰ŋ	6
入	enter	rù	jṵː	6
绿	green	lǜ	lɛ̰ː	6
血	blood	xuè	ɕiḛː	6
掐	to nip	qiā	kʰɔ̰ː	6
俘	captive	fú	fṵː	6
十	ten	shí	sɿ̰	6
习	learn	xí	ɕḭː	6
押	to pawn	yā	jɔ̰	6
畜	livestock	chù	tsʰɛ̰ː	6

声调语言基本语言单元的划分

祖漪清[1,3]　王云丽[1]　张　校[1]　沈振翼[1]　陆　晨[2]①

（1. 科大讯飞股份有限公司　安徽合肥　230088；

2. 暨南大学文学院　广东广州　510632；

3. 中国科学技术大学语言科学交叉研究中心　安徽合肥　230026）

【提　要】本文分析了声调语言基本语言单元在声学参数和感知方面的不确定性。声调系统由单字调和连读变调构成，连读变调是基本语言单元运行的线索之一。本文还通过汉语部分方言的实例分析了文法词、连调域和基本语言单元等概念的区别，并说明在文本上划分基本语言单元的方案不是唯一的，但是基本语言单元内部的语法结构需要保持一致性。

【关键词】声调系统　连读变调　基本语言单元　韵律　语法

一、引言

汉语在文本上通常具有字边界，但缺少词边界。同时，汉语的文字和语音音段都缺少明确的、和语法相关的形态变化。在语流中，汉语的字与字会组成词。汉语的词是意义单位。对于语言应用系统而言，不能回避分词问题，《现代汉语词典》《现代汉语规范词典》等权威词典无疑是中文分词的指导。我们称词典中收集的词条为文法词（吕叔湘、朱德熙，1951：6；赵元任，1979：89）。

以研究汉语语法为目的，徐通锵提出了以“字”为汉语基本结构单位的字本位理论。字是汉语中音、义、形三位一体的单位，是联系语法层面和音系层面的枢纽（潘文

---

① 祖漪清（1956—　），硕士，科大讯飞股份有限公司研究员，中国科学技术大学语言科学交叉研究中心兼职教授，主要研究方向为多语种语音合成；王云丽（1992—　），硕士，科大讯飞股份有限公司工程师，主要研究方向为多语种语音合成；张校（1991—　），硕士，科大讯飞股份有限公司工程师，主要研究方向为语音合成及应用；沈振翼（1997—　），硕士，科大讯飞股份有限公司工程师，主要研究方向为语音合成算法；陆晨（1986—　），暨南大学文学院2022级汉语言文字学专业博士生，主要研究方向为汉语方言学。

国，2002；徐通锵，2005；徐通锵，2008）。从语音角度讨论的“松紧”问题描述了字与字结合紧密度的问题。连读变调在一定程度上反映了字间的松紧关系，一般将构成连读的区域称为连调域。

藏语拉萨话广泛存在连读变调，在拉萨话语音合成研究过程中，我们发现 80% ~ 85% 的藏语文法词和连调域一致，并且多为名词。而在一些结构，特别是动词结构中，文法词和连调域并不一致。我们以连续话语中“连调域”的构成为线索，提出了基本语言单元（Sense Element，简称 SE）的概念，在拉萨话文本上进行 SE 的建模、预测，并将 SE 作为序列到序列语音合成系统的输入单元，使语音合成取得了令人满意的效果，从而验证了 SE 的合理性（祖漪清等，2022：515－532）。后来，我们将拉萨话的 SE 划分方案迁移到上海话、闽南话等汉语方言，同样取得了理想的结果。本文将对 SE 及其划分进行讨论。

二、连续话语中的 SE 及其边界

（一）SE 是音、义、形的统一体

赵元任在论述词的时候说，词表示思想中的概念（赵元任，1979：89），但如何确定概念？仅通过语言学的方法无法给出答案，唯一可以把握的方法是通过结构的单一性来认识词的单一性。我们将 SE 定义为思想中的概念，即赵元任所说的能够表示思想中概念的词。汉语的字是音、义、形三位一体的单元，我们更愿意将连续话语韵律的讨论归入语言的音、义、形所反映的 SE 与 SE 之间的组合，以及更大的结构问题。连续话语中，单字调和多字连读变调都是音、义、形三位一体的语言单元 SE。

文字是记录语言的书写符号，文字有音、义、形三个部分，字典和词典可以确定孤立字、孤立文法词的“音”。但是在连续话语中，词将会发生动态组合，并改变孤立文法词的“音”。更准确地说，应该在广阔的连续话语空间中研究词。在文本上划分 SE，就是要将文字的“形”和连续话语中的“音”“义”准确地实现关联。多方言的连读变调为认识汉语 SE 提供了重要线索。

在语音合成系统中正确地实现连读变调，需要在文本上正确预测连调域；同时，语音合成系统也因此成了 SE 研究的 AI 平台。

（二）通过声调系统观察 SE

瞿霭堂在研究藏语拉萨话时就明确了这样的观点：声调系统是由单字调和连读变调共同构成的，即声调系统 = 单字调 + 连读变调。（瞿霭堂，1981：20－27）

对于声调系统中包含连续变调的语言，我们以藏语拉萨话、上海话、厦门闽语为例进行说明，它们分别对应三种不同的连读变调类型：条件定调、首字定调、末字定调。

藏语拉萨话的连调域只在单字和两字上，即连调域不会超过两个字。藏语拉萨话声母分为高调和低调两类，高调声母通常和历史上的浊声母相关，低调声母通常和清声母相关。韵母分为舒、促两类。在单音节情况下，藏语拉萨话声母与韵母搭配后共形成高（H）、低（L）、升（R）、降（F）四个调形。

藏语拉萨话两音节声母、韵母搭配和变调模式见表 1。

表 1　藏语拉萨话两音节声母、韵母搭配和变调模式

前音节		后音节		声调组合
声母	韵母	声母	韵母	
高调	所有韵母	高调	舒	HH
		低调	舒	
		高调	促	HF
		低调	促	
低调	所有韵母	高调	舒，有浊音韵尾	LR
		低调	舒，有浊音韵尾	
		高调	促	LF
		低调	促	
		高调	舒	LH
		低调	舒	

藏语拉萨话的连读变调只发生在两音节之间，并只存在 5 个连读变调模式（周季文，1983；祖漪清等，2022）。例如 ཚོད་ལྟ（tshod lta）会通过是否连读变调来区别词性。tshod lta 作动词“试、试验”时，两个音节各自读本调，分别为 F 调与 H 调；作名词“试验、试点”时，会连读变调为 HH。多数研究认为藏语安多话没有声调，但存在固定的音高模式，研究者一般称为“习惯调”。（李亮等，2010；意西微萨·阿错，2012）通过标注分析和语音合成，我们认为可以将安多话单字调看成高和低两个调类。安多话连调域的形成和拉萨话基本相同，但它只存在一个连读变调模式，即低－高。以上现象和词调概念有些类似（彭泽润，2006）。

五臺（1986）认为应该抛弃“本调”“变调”的说法，连读变调一旦形成，即与单字调平行，独立地发展。钱乃荣（1988）认为单字调和连读变调有互相影响和作用的一面，更有自身发展归并的一面。陈忠敏（1993a、1993b）也支持了这样的观点。徐丹（2017）认为单字一旦放到双音词里，声调变化就很大，语言学习不仅应该学习单字调，也要通过词和词组学习声调。在吴语、闽语、藏语等方言和少数民族语言语流中，连读变调为字间的松紧度提供了相对客观的信息。

汉语普通话的连读变调主要发生在声调的上上组合，有研究表明汉语普通话的连读变调具有能产性，属于语音环境引起的变调（张杰，2021）。上海话的连读变调调形由首字决定，其连读变调模式被称为（首字字调的）扩展型（许宝华等，1981、1982、1983；徐云扬，1988），我们认为是首字后面的字失去单字调（祖漪清，2019），变调模式见表2。

表2　上海话连读变调模式

调类	单字调	连调域首字字调	连调域非首字字调
阴平	53	55	失去字调
阴去	34	33	
阳去	23	22	
阴入	55	33	
阳入	12	11	

闽南话的连读变调模式是连调域最后一个字保持单字调，前面的字均发生变调。（Bodman，1955；施其生，2011；陈宝贤，2010）厦门闽语单字调及变调调值见表3（罗常培，1930）。

表3　厦门闽语单字调及变调调值

调类	单字调调值（五度）	变调调值（五度）
阴平	44	22
阳平	24	22
阴上	53	44
阴去	21	53
阳去	22	21
阴入	32	53（入声尾 p、t、k） 40（入声尾 ʔ）
阴入	40	21（入声尾 p、t、kʔ）

研究声调系统，不仅需要研究连读变调模式或规则，“还必须研究语流中连调规则的实施范围（即连调域）”（陈宝贤、李小凡，2008），即必须研究连调域是如何形成的。单字是音、义、形三位一体的语言单位，同样，连读变调也形成了与单字同级别的音、义、形三位一体的语言单元。单字域、连调域共同表达了连续话语中的SE。

（三）连续话语中的基本语言单元SE

在不少声调语言或汉语方言中，字组内会发生连读变调，即构成连读变调的字组内部发生变调的字的声调和该字的单字调不同。发生变调的区域被称为连调域。编写词典时，不一定会考虑连调域这个因素。文本上没有词边界，同样也不存在连读变调标记和连调域标记。然而，连读变调是重要的语音标记。这种声调的形态变化表达了语义，并具有语法功能。在连续话语中，连读变调对字与字结合的松紧提供了重要线索。

下面以上海话语音数据库中的一句实例“再忙你也要抽空敲开对方的门坐半个钟头”为例，说明连调域和文法词的不一致，以及如何划分 SE。

【再 B1 - 忙 B1/你 B1/也要 B1/抽 B1 - 空 B2/敲开 B1/对方的 B1/门 B3/坐 B1/半个 B1/钟头。B4/】

其中：

“B1 -”代表“再”和“忙”形成了一个窄式变调（许宝华等，1981）；

“B1/”为连调域边界，边界前没有音段的时长延长；

“B2/”为连调域边界，边界前音段发生时长延长；

“B3/”为连调域边界，边界前音段发生时长延长，并且边界后存在无声段；

“B4/”为连调域边界，同时也是句末，边界前音段发生时长延长，并且边界后存在无声段。

显然，“也要”是两个文法词，在上海话中，或被读成一个连调域，或被读成窄式变调，常常在一起出现的词有可能被固化成一个连调域。“抽空”被《现代汉语词典》收入，由于是个动宾结构，所以被读成窄式变调。“对方的”由文法词“对方”和功能词“的”构成。功能词“的”通常失去字调，和前面的词黏合成一个连调域。

通过例句可以看出，在自然话语中连调域边界往往不存在以无声段为特征的停顿，甚至不存在稳定、一致的词间松紧关系的声学特征。为了排除连续话语中各种因素的干扰，声调研究的素材多为单字或词组，并以两字词组居多。汉语的字具有音义概念，是基本单位，而两音节是强势单位（沈家煊，2017）。冯胜利（2013）从双音节音步的角度，也指出了两音节组合的强势性。因此，两音节词组的连读变调模式的分析结果是连读变调研究的重要基础。

研究连调域的构成需要各种语言环境，用于连调域分析的汉语方言数据包括：上海话、苏州话、厦门闽语、泉州闽语、梅州客家话等汉语南方方言，共计几十个小时，并对其中的厦门闽语（5.5 小时）、上海话（4 小时）、苏州话（3 小时）的数据进行了精标，确定了汉语各方言共同的基本语言单元 SE 的划分方案，内容包括名词，三字以下的名词词组、动词词组、构式等。基于 SE 建立的模型基本适用于汉语所有方言。

（四）SE 边界在感知和声学层面的不确定性

传统的韵律分析方法是通过韵律层级分析语言的节奏。韵律层级从小到大依次为莫拉、音节、音步、音系词（或韵律词）、附着语素组、音系短语、语调短语和韵律语句。韵律标注是通过感知在语音信号上标注边界等级以及重音等信息联系。基于韵律标注系统 ToBI（Beckman，Hirschberg，1994），韵律结构大致划分如下：韵律词、韵律短语、语调短语、语句。研究表明韵律短语以上的韵律单元具有明显的声学特征，如边界前延长和无声段。（Wang & Xu & Ding，2018）带有无声段的韵律短语边界多数可通过信号处理技术自动获得。而韵律词缺少客观的声学特征，在实际操作时，仅仅通过感知线索，很难取得标注的一致性。即便是具有明显声学特征的边界前音段延长，其实也包括了不同的语言学意义，如果不能系统地考虑语义、语法、语用等功能，仅依赖感知和声学测量，标注、建模可能会陷入循环论证。

连读变调可以为汉语南方方言的 SE 边界增加一些确定性。基于对 SE 的认识，我们对语音数据库进行了 SE 的划分，在 SE 的边界处，共分为四个等级：B1、B2、B3、B4，其均是 SE 的边界，详见前文。

感知的主观性必然引入与“客观事实”的偏差，因此研究人员希望通过声学分析的手段进行辅助。然而，在连续话语中，SE 之间，特别是 B1 位置，往往不存在无声段或边界前延长、基频重置等明显的声学特征。B2、B3 反映了 SE 组合而成的话语成分。如果不了解语义内容，连调域之间形成的调类组合正好和连读变调模式相同，那么也很难通过连读变调特征确定边界。许毅关于普通话声调感知的实验也可从侧面证明边界存在误判的可能性。（Xu，1994）语音韵律研究的热点集中在句型（疑问句、陈述句等）、焦点的实现方式、音段的延长和无声段的大边界等方面，涉及韵律词边界声学特征的研究甚少，这个现象也可能反映了 SE 的声学表现不明显这一事实。可以推测 SE 边界是动态变化的，在声学参数上不存在范畴性特征。（Wang & Xu & Zhang，2023）

连调域边界虽然为 B1 边界增加了确定性，但是在实际语流中，不同的语境使相同调类的声调调形有着不同变体。如果对一个语言的声调缺少声调意识，那么仅通过感知声调调形来判断调位一定存在主观性和模糊性。孔江平（2018）提出了认知音位的概念，指出音位的心理实体通常因人而异，受母语、二语、自然环境、人为系统等因素影响，母语者和非母语者之间也存在明显的认知差异。同样，声调意识决定了声调感知的不确定性。为了分析声调，声调调值描写的主流记录方式是五度制标调法。（赵元任，1934）赵元任当初建立五度制时曾提出需要避免区分过细。为了区分对立和音变，在连续话语不断变化的调域中分析变调时，存在因为不断变化的调域而引入增加新调值的风险。为了表达声调的特征，王士元等（1987）也提出了声调分类不应过细的看法。

三、参考多方言连读变调特征划分 SE

至此，我们引入了文法词、连调域、基本语言单元 SE 等概念，它们之间的异同，需要加以说明。

（一）SE 和连调域的区别

汉语由汉语普通话和所有汉语方言组成，确定汉语的 SE 需要参考所有方言。虽然汉语语法结构基本相同，但是各方言连读变调规律却有所不同。我们对上海话、苏州话、厦门闽语、泉州闽语、梅州客家话等多个方言进行了连续变调分析，获得各方言相对完整的连调域构成规律，由于篇幅所限，我们无法在此进行详细说明。

各方言的连读变调模式和连调域的构成是有区别的。在连续话语中，上海话等吴语区方言的连调域长度较小，相比闽南话等南方方言，连调域和文法词的吻合度虽然较高，但和文法词也存在差异。例如：上海话的否定副词和动词构成一个连调域，一个连调域包括两个文法词，我们将否定副词和动词的组合划分为一个 SE。

南方方言的连调域长度较长，以厦门闽语为例，连调域边界特征是末字不变调。我们以不变调的音节或读单字调的音节作为连调域边界获得了一套连调域的标注信息，同时，基于汉语语法基本相同这一事实，参考汉语普通话的词边界，并结合上海话的连读变调域长度，在同一套厦门闽语数据上获得了一套 SE 的标注信息，如图 1 所示。图 1 表明，厦门闽语单音节和两音节的 SE 个数明显高于连调域，即 SE 的长度小于连调域。其原因是闽南话动词在宾语之前会发生变调，动宾结构会形成一个连调域，这是闽南话连调域长度大于 SE 的主要原因。

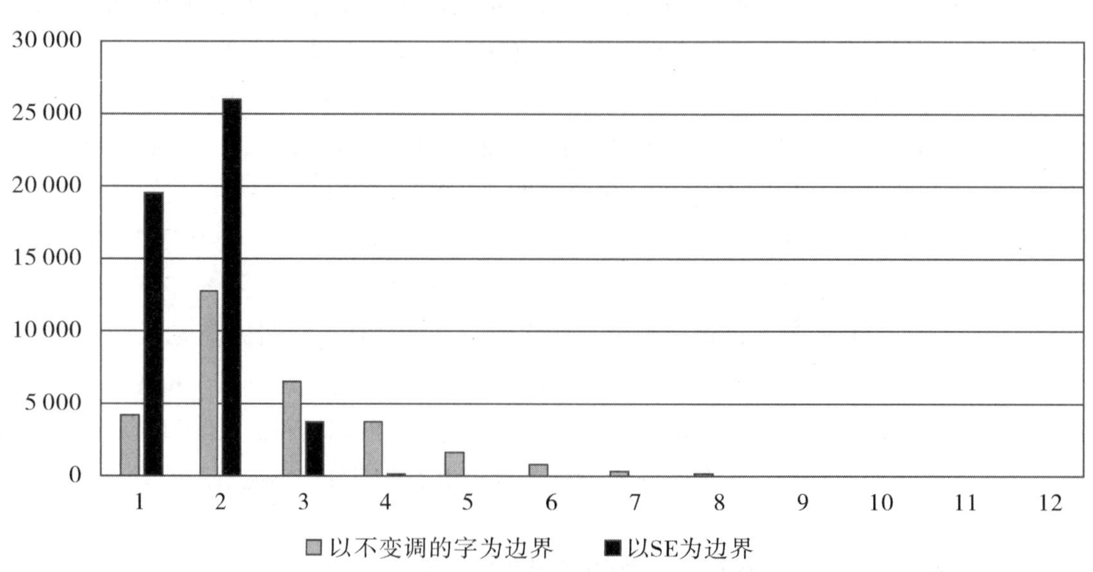

图 1　厦门闽语不同的语言单元划分分布

举一个例子，闽南话“你会用讲来淡薄仔音乐”（意为：你可以说“来点儿音乐”），整个句子只有句末的“乐”使用的是单字调，其他都是变调形式，按照闽南话末字不变调的定义，整句就是一个连调域，这个域和文法词大相径庭。这个句子按照文法词分词为："你/会用/讲/来/淡薄仔/音乐/"。我们确定的 SE 的划分方案为："你/会用/讲/来淡薄仔/音乐/"，其中将动词和后面虚化量词补语（例如：一点儿、一会儿等）合并定义为一个 SE。

在方言语音合成的文本分析中，为了正确实现连读变调，我们参考了多个方言的连读变调规律，确定了统一的 SE 划分方案。

（二）SE 和文法词的区别

综上所述，连调域是实现连读变调的区域，不等于文法词。文法词是指词典给出的词条。词的定义本身也存在争议，例如一些词组长期被组合在一起使用，已经固化，即便内部存在着结构关系，也可能被定义为词。SE 中的名词与文法词中的名词、实体词基本相同，而这部分词占据了文法词的 80% 以上。收集文法词时很难在连续话语中依据连读变调等特征对每个词条进行考察。文法词是相对静态的词；SE 也是词，是具有连续话语动态特征的词。SE 和文法词的差异主要表现在如下两个方面：

（1）功能词：多数功能词在语流中因发生弱读而失去单字调，并通常和前后实词发生黏合，例如"了、着、过"、"的、地、得"、连接词、名词词缀等，我们在文本上划分 SE 时，会将一些固定关系划分在一起，例如"我的"。另外，一些功能词可能和其他实词发生连读变调，例如前面例举的上海话的否定副词和动词构成一个连调域，我们会将"不吃"等结构划分为一个 SE。

（2）谓语结构：除了基本动词之外，我们还增加了谓语动词结构，包括动宾结构，动词接趋向补语、结果补语、量词补语、介词补语等结构，以及更为复杂的动词构式。例如："走出去、看不上、停一下、看一看、走不出去……"

此外，词的虚实、使用频度也会影响成词，并影响连调域的构成。我们将 SE 定义为：连续话语中常常作为整体一起出现、受字数限制、语义完整的词、词组以及构式。此外，还要考虑到四字格成语、诗词等特殊结构的情况。

（三）SE 划分方案的非唯一和结构的统一性

赵元任在论述音位时表达了这样的观点：客观的语音系统，具有连续性；主观加工的音位范畴化方案，可以有多种离散分析的结果，是非唯一的。"把一种语言的音归并成单位不一定只有一种答案。不同的系统或答案不是简单的对错问题，而可以只看成适用于各种目的的好坏问题。""任何人的标音，只要本身一贯，能够在原定的范围里做出清楚的解释，不自称唯一正确而排斥其他可能的处理，都不必严加反对。"（赵元任，1934）

同理，在文本上划分 SE 的方案不是唯一的，但是在确定划分方案时，考虑的结构关系应当是统一的。在语音合成输入端，使用 SE 代替传统韵律词不仅在汉语方言中取得了较好的结果，迁移到汉语普通话，在小测试中也获得了更高的倾向性选择。选择 SE 的划分方案，应充分考虑初始性和可推导性，尽量让有限的 SE 反映“词类”信息，使机器学习最大限度地学习到隐藏的语言规律，使统计模型在预测时获得最佳结果。建立统计模型，变量必须是有限的，否则难以进行合理的建模和预测。有限性也是 SE 选择的原则之一。

如前所述，关于藏语、汉语方言等几个声调语言的语音合成进一步验证了 SE 是落实语音单元（如声、韵、调）辩义的关键信息。语法研究的任务，是在语流中寻找有限的语言单元，并说明单位组合的规则。其中包括两个意义，其一是寻找不可推导的有限单元，其二是研究这些有限单元是如何进行组合的。（陈保亚，2015）划分 SE 需要解决这两方面的问题，结构的统一性是以自洽的音、义、形关系为原则的。以建模、预测为目的的 AI 系统同样需要在文本上找到有限单元，并以这个有限单元为基础发现组合的规则。以 SE 作为系统输入序列的监督学习方案，可使系统对规律的学习获得优化。

四、结语

韵律音系学认为：实施音系规则的辖域是韵律结构中的成分，如音步、韵律词、韵律短语等层级。冯胜利（2013）认为韵律结构与句法结构存在交互作用。王洪君（2000）对韵律单元做了语法解释，她认为韵律词是语法上凝固的、节律上稳定的单音步或凝固的复二步。沈家煊（2017）指出，汉语的韵律语法是（大）语法的一个子集。这一观点指导了我们在划分 SE 时，要考虑文本上不存在的、由语音形态反映的语法特征，分析语音韵律的语法意义。在连续话语中观察声调时，还需要了解声调的实现（Liu & Xu，2005）和语调形成的原理（Xu，1998）。综合语音、语义、语法进行分析是重要的研究手段。

在大语言模型取得革命性成功的时代，改变传统研究范式，借助 AI 技术进入连续话语，将孤立的语言问题放在更加广阔的语言空间中进行考察，是语言研究的必然趋势。

参考文献

[1] 陈宝贤．闽南方言两字组连读变调［J］．语言研究，2010，30（2）．

[2] 陈宝贤，李小凡．闽南方言连读变调新探［J］．语文研究，2008（2）．

[3] 陈保亚．20 世纪中国语言学方法论研究［M］．北京：商务印书馆，2015．

[4] 陈忠敏．汉语方言连读变调研究综述［J］．语文研究，1993a（2）．

[5] 陈忠敏．汉语方言连读变调研究综述（续）［J］．语文研究，1993b（3）．

[6] 冯胜利．汉语韵律句法学［M］．增订本．北京：商务印书馆，2013.
[7] 孔江平．认知音位学的理论与方法［J］．中国语音学报，2018（2）.
[8] 黎锦熙．新著国语文法［M］．上海：商务印书馆，1924.
[9] 李亮，于洪志，杨阳蕊，等，现代藏语声调研究现状及方法［J］．西北民族大学学报（自然科学版），2010，31（1）.
[10] 罗常培．厦门音系［M］．北京：国立中央研究院历史语言研究所，1930.
[11] 吕叔湘，朱德熙．语法修辞讲话［M］．北京：开明书店，1951.
[12] 潘文国．字本位与汉语研究［M］．上海：华东师范大学出版社，2002.
[13] 彭泽润．论“词调模式化”［J］．当代语言学，2006（2）.
[14] 钱乃荣．吴语声调系统的类型及其变迁［J］．语言研究，1988（2）.
[15] 瞿霭堂．藏语的变调［J］．民族语文，1981（4）.
[16] 沈家煊．汉语“大语法”包含韵律［J］．世界汉语教学，2017，31（1）.
[17] 施其生．汕头方言连读变调的动态运行：兼论汉语方言连读变调的研究视角[J]．中国语文，2011（4）.
[18] 王洪君．汉语的韵律词与韵律短语［J］．中国语文，2000（6）.
[19] 王力．汉语史稿：上［M］．北京：科学出版社，1957.
[20] 王士元，刘汉城，张文轩．声调的音系特征［J］．当代语言学，1987（1）.
[21] 五臺．关于“连读变调”的再认识［J］．语言研究，1986（1）.
[22] 徐丹．关于汉语声调的一些思考［J］．南开语言学刊，2017（2）.
[23] 徐通锵．汉语结构的基本原理：字本位和语言研究［M］．青岛：中国海洋大学出版社，2005.
[24] 徐通锵．汉语字本位语法导论［M］．济南：山东教育出版社，2008.
[25] 徐云扬．自主音段音韵学理论与上海声调变读［J］．中国语文，1988（5）.
[26] 许宝华，汤珍珠，钱乃荣．新派上海方言的连读变调［J］．方言，1981（2）.
[27] 许宝华，汤珍珠，钱乃荣．新派上海方言的连读变调（二）［J］．方言，1982（2）.
[28] 许宝华，汤珍珠，钱乃荣．新派上海方言的连读变调（三）［J］．方言，1983（3）.
[29] 意西微萨·阿错．共同藏语的重音系统及其演变［C］//2012年演化语言学国际研讨会论文集，2012.
[30] 张杰．从连读变调的能产性与听觉启动效应看变调词的底层表征［J］．当代语言学，2021，23（3）.
[31] 赵元任．音位标音法的多能性［J］．历史语言研究所集刊，1934，第4本第4分册．
[32] 赵元任．汉语口语语法［M］．吕叔湘，译．北京：商务印书馆，1979.
[33] 赵元任．一套标调的字母［J］．方言，1980（2）.
[34] 中国社会科学院语言研究所词典编辑室．现代汉语词典［M］.7版．北京：商务印书馆，2016.

［35］周季文．藏文拼音教材［M］．北京：民族出版社，1983.

［36］朱德熙．现代汉语语法研究［M］．北京：商务印书馆，1980.

［37］祖漪清．基于智能语音系统的声调研究［J］．中国语音学报，2019（2）.

［38］祖漪清，陆晨，欧珠，等．连续话语中的基本语言运行单元 SE：来自藏语拉萨话连读变调的实验证据［J］．当代语言学，2022，24（4）.

［39］BECKMAN M E，HIRSCHBERG J. The ToBI annotation conventions［D/OL］. Columbus：Ohio State University，1994［2023－12－08］. http：//www. cs. columbia. edu/～jjv/pubs/tobi_convent. ps.

［40］BODMAN N C. Spoken Amoy Hokkien［M/OL］. Ithaca，New York：Spoken Language Services，1955［2023－12－08］. https：//cir. nii. ac. jp/crid/1130282272350758144.

［41］LIU F，XU Y. Parallel encoding of focus and interrogative meaning in Mandarin intonation［J］. Phonetica，2005，62（2－4）.

［42］WANG B，XU Y，DING Q. Interactive prosodic marking of focus，boundary and newness in Mandarin［J］. Phonetica，2018，75（1）.

［43］WANG C，XU Y，ZHANG J. Functional timing or rhythmical timing，or both? A corpus study of English and Mandarin duration［J］. Frontiers in psychology，2023，13.

［44］XU Y. Production and perception of coarticulated tones［J］. The journal of the acoustical society of America，1994，95（4）.

［45］XU Y. Consistency of tone-syllable alignment across different syllable structures and speaking rates［J］. Phonetica，1998，55（4）.

Dividing the Sense Element in Tone Language

ZU Yiqing, WANG Yunli, ZHANG Xiao, SHEN Zhenyi, LU Chen

【Abstract】 In this paper, we analyze the uncertainty of acoustic parameters and perception in the sense element (SE) of tone languages. The tonal system is composed of citation tones and tone sandhis, which are one of the clues for SE in running speech. This paper also analyzes the differences between the concept of grammatical words, tone sandhi domains, and SE through examples from some dialects of Chinese, and explains that there is no unique solution for dividing SE, but the structure within SE needs to be consistent.

【Keywords】 tone system, tone sandhi, sense element, prosody, grammar

声调、重音和语言分类

端木三①

（美国密歇根大学）

【提　要】 不少学者认为自然语言可以根据韵律分类，不过其种类有多少仍然意见不一。比如 McCawley（1965）认为有三类：重音语、音高重音语、声调语。而 Hyman（2006）认为只有两类：声调语、重音语。声调语的代表是汉语，重音语的代表是英语。本文针对这两个代表语言展开讨论，验证前人的论据，并讨论前人忽略的有关现象和事实，如汉语的词长搭配现象、方言的变调域现象、专业人士（广播员、表演艺术家）对汉语重音形式的描写、音步结构、声调与重音的联系、声调对重音判断的影响、汉语母语者对重音的判断数据、英语母语者对重音的判断数据等。本文指出，英语、汉语都有重音，也都有声调。前人的分类既不准确，也无助于理解或解释上述事实。

【关键词】 声调　重音　语言分类　词长搭配　音步　语感

一、引言

刘复（1924）用科学的方法和术语对汉语的声调进行了描写。这一开创性的工作为后人拓宽了道路，使更多学者能参与对声调的探讨。一百年后，学界的争议仍然不少，本文针对其中的一个题目展开讨论，即语言的韵律分类。

McCawley（1965：136）根据单词的韵律将语言分为三类：重音语（stress-accent languages）、音高重音语（pitch-accent languages）、声调语（tone languages），分别以英语、日语、汉语为代表。Hyman（1977）认同以上分类。后来 Hyman（2006）进一步将重音语和音高重音语并为一类，因此只分两类：声调语、重音语。不过，Hyman（2006：225）

---

① 端木三（1955—　），博士，美国密歇根大学语言学系教授。主要研究方向为语言的共性，特别是音系方面的共性。著有 *The Phonology of Standard Chinese*、*Syllable Structure：The Limits of Variation*、*A Theory of Phonological Features*、《音步和重音》。

说，这种分类只适合“典型的情况”（prototypes），有的语言中“声调和重音可能同时出现”（tone and stress accent may co-occur）。Bell（1977：10）则说，语言分类的数据中不少都是肤浅的描写资料（many of these may be cases of inadequate descriptions）。因此，本文将围绕最典型的、描写语料非常丰富的两个语言展开讨论，即汉语和英语。本文将论证这两种语言都同时具备声调和重音。

二、汉语

本节先讨论汉语的声调，然后讨论汉语的重音。

（一）汉语的声调

声调主要指音节上的音高变化（有时也牵涉音质变化）。汉语是声调语的典型代表，可以用声调区别词义。汉话普通话例子见表1。

表1　汉语普通话声调举例

汉字	拼音	音标	调类	调值	数字调	声调特征
妈	mā	[maa]	阴平	高平	55	H
麻	má	[maa]	阳平	高升	35	LH
马	mǎ	[maa]	上声	低平	11	L
骂	mà	[maa]	去声	高降	51	HL
嘛	ma	[mə]	轻声	（无）		

音段（元音、辅音）用拼音、音标表示。调值用常见术语。数字调从赵元任（Chao，1930）。声调特征从 Woo（1969）、Yip（1980）等。轻声音节无本调。

普通话上声有半上、全上两种形式，有人标注为21、214，也有人标注为11、114。根据赵元任（Chao，1933：132）的观察，全上的实际发音常常是两个音节，中间由喉塞音［ʔ］断开，如“好”［xɑʔu］、“你”［niʔi］，他将两个音节的声调分别标注为11、4。石锋、冉启斌（2011）认为上声的本调是11，不是114，我们从他们的分析。

根据实验数据（如 Woo，1969；林茂灿，1988；林茂灿、颜景助，1980、1990），轻声音节韵母（不包括介音）短（而且往往弱化为［ə］），普通音节韵母长，以上情况我们分别以［ə、aa］区分。音系学也认为，短音节只有一个韵位，长音节有两个韵位，跟实验数据一致。

文献中经常有人说，负载声调的单位是音节。不过从声学的角度观察，声母上的调型往往不规则，韵母上的调型更符合感知到的调型。因此，也可以认为负载声调的单位是韵母，不是音节（Duanmu，1990）。如果本调只有一个特征（如 H、L），这个特征就由两个韵位共享。如果本调有两个特征（如 LH、HL），两个韵位就各取其一。普通话本调和韵母的连接图示见表 2。

表 2　普通话本调和韵母的连接图示

调类	汉字	声	韵
阴平	妈	m	H /\\ aa
阳平	麻	m	LH || aa
上声	马	m	L /\\ aa
去声	骂	m	HL || aa

以上分析体现了汉语的一个重要性质：普通音节长、有两个韵位（长元音算两个韵位）、有本调；轻声音节短、只有一个韵位、无本调。不但普通话（或北方方言）如此，其他方言也如此。比如，上海话双音节词的第一音节保留本调，第二音节失去本调（许宝华、汤珍珠，1988）。朱晓农（Zhu，1995）的研究发现，这种双音节的第一音节长、第二音节短，第一音节的韵母基本上是第二音节韵母的两倍。

以上例子说明，普通话的声调可以区别词义，但这不等于说普通话的声调有最小对立对（minimal pairs）。最小对立对指的是两个单词只有一个音段上有区别。比如，[man]-[lan]“蛮、蓝”只有第一个音段［m］-［l］有区别，因此是个最小对立对。[men]-[lan]“门、蓝”的第一个音段［m］-［l］有区别，第二个音段［e］-［a］也有区别，因此不是一个最小对立对。如果声调的负载单位是音节，那么“妈、麻”的区别在于整个音节，而不是某个音段，因此不是一个典型的最小对立对。

如果声调由特征构成，而这种特征的负载单位是韵母，那么声调是否有最小对立对呢？答案也是否定的。我们以“王、旺”为例，前者声调是 LH，后者声调是 HL。它们的韵母［ɑŋ］有两个音段。第一音段［ɑ］上，“王”的声调特征是 L，“旺”的声调特征是 H；第二音段［ŋ］上，“王”的声调特征是 H，“旺”的声调特征是 L。因此，“王、旺”在两个音段上都有区别，不是一个最小对立对。“汪、旺”是不是一个最小对立对呢？答案也是否定的。第一音段［ɑ］上，“汪”的特征是分享的 H，“旺”的特征是独占的 H；第二音段［ŋ］上，“汪”的特征仍然是分享的 H，“旺”的特征是独占的 L。因此，“汪、旺”还是有两个音段上的区别，仍然不是一个最小对立对。根据音系学的习惯，双元音、长元音都算两个音段，因此“妈、麻、马、骂”中也找不到最小对立对，整个普通话中都找不到。可见，一个语言是否有声调，指的仅仅是声调能否区别词义，而不是该语言是否有声调的最小对立对。

（二）汉语的重音

对于汉语的重音，不少学者做过相当细微的观察（如罗常培、王均，1957；徐世荣，1958；Chao，1968；厉为民，1981）。他们的描写集中在三个方面。第一，汉语可以表达对比重音，比如“我不是不肯写，我不会写”，其中“肯、会”是信息焦点，也是对比重音所在。第二，汉语的普通音节（有调音节）都有重音，轻声音节（无调音节）都无重音。第三，汉语还有语句重音。比如罗常培、王均说，在“拿不起来”里，有调的“拿、起、来”比无调的“不”重，而在三个有调音节之间，“来”最重，“拿”其次，“起”最轻。不过正如赵元任（Chao，1968）所说，普通人对前两点语感很清楚，对第三点（有调音节之间的轻重区别）感觉却并不十分敏感。

汉语还有跟重音有关的两个其他现象。第一个跟词长搭配有关。不少前人观察到（如 Karlgren，1918；郭绍虞，1938；吕叔湘，1963；潘文国，1997），汉语有很多单双音节基本同义的词对，如“意—意思、见—看见、禽—飞禽、兽—走兽、年—年份、鲤—鲤鱼、牙—牙齿”等。潘文国（1997：140）甚至说，“几乎所有的汉语单词都有可能形成单双音节的等义词”。我们姑且将这样的词对称为“弹性词”，即词长有弹性（可单可双）的词。如果两个弹性词构成一个结构，理论上应该有四种长度搭配：1 + 1、1 + 2、2 + 1、2 + 2，可实际上往往出现四缺一现象，而且名名复合词缺的是 1 + 2、动名短语缺的是 2 + 1，两者所缺恰恰相反，如下面例（1）和例（2）。

（1）名名复合词词长搭配缺 1 + 2。

1 + 1	表 - 厂
1 + 2	* 表 - 工厂
2 + 1	手表 - 厂
2 + 2	手表 - 工厂

（2）动名短语词长搭配缺 2 + 1。

1 + 1	种 - 蒜
1 + 2	种 - 大蒜
2 + 1	* 种植 - 蒜
2 + 2	种植 - 大蒜

以上现象不是个例。Duanmu（2012）对汉语数据库的语料进行了统计，证实了以

上情况：除了少数例外，无论词频还是类频，名名复合词的 1 +2 出现率不到 1%，动名短语的 2 +1 出现率也不到 1%。

以上现象很难从节奏的角度解释。汉语的确有很多双音节和 2 +2 构成的四音节结构，它们的节奏的确不错，而 1 +2、2 +1 都不是理想节奏。可是，为什么名名复合词的 2 +1 优于 1 +2？为什么动名短语的 1 +2 却反而优于 2 +1 呢？

以上现象也很难从语体的角度解释。如果单双音节语体不同，那么 1 +1、2 +2 语体搭配，1 +2、2 +2 语体也许不搭配。可是，为什么名名复合词的 2 +1 优于 1 +2？为什么动名短语的 1 +2 却反而优于 2 +1 呢？而且，Duanmu（2012）的语料是同一语体（text category G，"biographies/esays" 自传/短文），仍然发现同样的四缺一现象。

如果从语重音的角度看，则有了答案。Chomsky 和 Halle（1968）提出，复合词主重音在左，动宾短语主重音在右。Gussenhoven（1983）、Duanmu（1990）认为，以上规则实际上等于说，主重音不在中心词上，而在辅助词上（辅重论）。Lu 和 Duanmu（2002）、Duanmu（2012）都提出，汉语的词长搭配可以用语重音来分析。下面考虑 Duanmu（2012）的分析，规则及演示如下所示：

（3）节律规则（metrical rules）。

双拍步：音步必须有两个音节。

双音节词自成音步。

语重音：语重音在辅助词上。

语重音必须在音步内。

（4）名名复合词词长搭配的音步。

1 +1	（表 – 厂）	双音节
1 +2	*（表）–（工厂）	"表"有语重音，但不是双拍步
2 +1	（手表）– 厂	"厂"无语重音，不必成音步
2 +2	（手表）–（工厂）	两个双拍步

（5）动名短语词长搭配的音步。

1 +1	（种 – 蒜）	双音节
1 +2	种 –（大蒜）	"种"无语重音，不必成音步
2 +1	*（种植）–（蒜）	"蒜"有语重音，但不是双拍步
2 +2	（种植）–（大蒜）	两个双拍步

跟重音有关的第二个现象来自上海话的变调域。上海话的双音节词一律是一个变调域，其中下字失去本调，上字的声调扩展到两个音节（许宝华、汤珍珠，1988）。上海话有五个单字调。如果排除入声及声母清浊的影响，五个单字调可以归为两个，分别用两个声调特征表示：LH（升）、HL（降）。前人分析不少，如 Zee & Maddieson（1979）、Jin（1985）、Duanmu（1999）等。双音节词例子见表 3。为阅读方便，我们用横线表示音节界。

表 3　上海话双音节词变调举例

汉字	本调→	删调→	传调
三杯	HL－HL	HL－0	H－L
三碗	HL－LH	HL－0	H－L
四杯	LH－HL	LH－0	L－H
四碗	LH－LH	LH－0	L－H

例子显示，变调结果完全由上字决定，下字对变调结果毫无影响。朱晓农（Zhu，1995）还发现，上海话双音节词的第一音节长，第二音节短。如果长音节有重音，短音节无重音（［端木三（2021）称之为“长重短轻”］，那么上海话的变调域可以看成一个音步，即前重后轻的双拍步，这也是最常见的音步（扬抑步）。还有，短音节失去本调、长音节保留本调是个普遍现象，跟普通话的情况一致，跟英语的情况也一致（见下文）。

下面考虑上海话的多音节词。这种情况基本是从左到右构建双拍步。如果总数是奇数，则末尾一个音节落单，例子见表 4。

表 4　上海话多音节词的变调分析

汉字	音步、删调→	传调
加利福尼亚	（HL－0）－（LH－0）－0	（H－L）－（L－H）－0
捷克斯洛伐克	（LH－0）－（HL－0）－（LH－0）	（L－H）－（H－L）－（L－H）

译名的本调跟所选汉字的本调相同。五音节的“加利福尼亚”可以组成两个双拍步，下字都失去本调，落单音节“亚”也失去本调。六音节的“捷克斯洛伐克”正好组成三个双拍步，没有落单音节。多音节例子显示，上海话的两字组变调域实际上是个节奏单位，而音步是指称这种节奏单位最常见的术语。

用重音分析上海话的变调域还可以解释语重音现象。首先考虑偏正结构跟动宾结构的区别，见表 5。

表 5　上海话的语重音及变调域

结构	汉字	语重音、音步→	音步重组→	删调→	传调
偏正	炒鸡蛋	（LH）－（HL－LH）	（LH－HL）－LH	（LH－0）－0	（L－H）－0
动宾	炒鸡蛋	LH－（HL－LH）	—	LH－（HL－0）	LH－（H－L）

上海话的语重音跟普通话和英语相似，简称辅重。偏正结构的辅助词“炒”获得主重音，必须成为音步，但如果双音节词“鸡蛋”也构成音步，则“炒”无法构成双拍步。这样的情况需要进行音步重组，去掉无主重音的音步，其结果是（炒鸡）构成一个新音步，并且“鸡、蛋”都失去本调。动宾结构中主重音在“鸡蛋”（落在“鸡”

上）。“炒”是中心词，没有语重音，不必构成音步。不过，由于汉语没有轻声音节起头的语句，“炒”的本调可以保留［严格来说它的长度也应保留，形成一个“莫拉步”。限于篇幅，这里无法展开，有兴趣的读者请参考 Duanmu（1999）、端木三（2014）］。最后再举一例上海话的偏正结构，见表6。

表6　上海话偏正结构变调举例：南加利福尼亚

语重音、音步→	音步重组→	传调
（LH）－（HL－0）－（LH－0）－0 （南）（加利）（福尼）亚	（LH－0）－0－（LH－0）－0 （南加）利（福尼）亚	（L－H）－0－（H－L）－0 （南加）利（福尼）亚

在单词层面，“加利福尼亚”的前四个字组成两个音步，“南”有语重音，也必须成为音步，但无法构成双拍步，于是导致音步重组。重组的结果是，（南加）成为新音步，“利”变成落单音节。这样，“利、亚”都落单，既无本调也无传调。

以上分析说明，重音在汉语中有相当重要的作用，能够解释不少现象。否则，这类现象只能罗列，很难看出它们的理由，也很难看出它们之间有什么联系。

不过，也有不少学者认为汉语没有重音，下面举几例。高名凯、石安石（1963：68）说，“汉语没有词重音”，但是轻声“往往能区别意义”。比如“大意”可以指“梗概”，也可以指“疏忽”，前者两个音节都有调，后者“大”有调，“意”无调。虽然前人说两个词义既有重音区别又有声调区别（如罗常培、王均，1957；徐世荣，1958；Chao，1968），但是高名凯、石安石认为声调区别足以区分词义，无须再提重音区别。高名凯、石安石并不否认汉语有对比重音和语句重音，不过他们将这类现象称为“重读”，以别于“重音”。而且，高名凯、石安石没有讨论“重读”规则，也没有讨论以上的各种重音现象如何解释。

Selkirk 和 Shen（1990）说，上海话母语者对重音没有语感，上海话的变调域是“韵律词”（prosodic word），没有证据认为上海话的变调域跟重音有关。我们同意上海人缺乏对重音的语感，但人们的感觉不一定是可靠的证据。比如，如果根据人们的感觉，那么地球应该是平的，不是圆的。还有，如果根据人们的感觉，食物变坏可能只跟温度和时间有关，不会跟细菌有关。说上海话的变调域是韵律词显然不对。根据 Selkirk 和 Shen 的定义，一个韵律词由一个实词加其后的虚词构成。多音节词是一个实词，应该是一个变调域。可是“加利福尼亚”有两个变调域，“捷克斯洛伐克”有三个变调域。动宾结构的“炒鸡蛋”是两个实词，的确是两个变调域，但偏正结构的“炒鸡蛋”也是两个实词，却只能是一个变调域。“南加利福尼亚”更是问题：这里的两个实词的确是两个变调域，但第一个变调域横跨第一个实词和第二个实词的一部分，第二个变调域只占第二个实词的一小部分。因此，Selkirk 和 Shen 的分析显然不如基于重音的分析。

张吉生（2021）的观点跟 Selkirk 和 Shen 的观点类似，也认为变调域是韵律词，因此也不能解释上海话的变调域现象。

李艳芝、吴义诚（2022）认为，一个语言有无重音应该根据词典判断。英语词典标注重音，因此英语有重音。汉语词典不标注重音，因此汉语没有重音。他们的观点有两个缺点。第一，他们忽略了宋怀强主编的《普通话简明轻重格式词典》，该词典由语言艺术家们根据他们多年的亲身经验为数万条汉语词目标注了重音。第二，他们对词典的期望值显然过高。比如，传统汉语词典没有拼音标注，是不是说明汉语以前没有元音、辅音？传统汉语词典没有词类标注，是不是说明汉语以前没有词类？《现代汉语词典》（第5版）给部分词条标注了词类，是不是说明这些词条刚开始有词类，而其他词条仍然没有？《现代汉语词典》不标注变调规则，是不是说明普通话没有变调规则？英语的第一部词典（Cawdrey，1604）没有重音标注，是不是说明当时英语还没有词重音？如果这些答案都不确定，那么我们只能说，词典有标注的我们应该承认，无标注的我们则应该参考有关专著，或者亲自考察有关语料或数据，以免做出轻率的结论。

周韧（2018）也认为汉语无重音。他以汉语的词重音为切入口，“因为词重音是短语重音和句重音存在的基础”（周韧，2018：103）。如果能证明汉语没有词重音，那么短语重音、句重音就都不会有了。下面考虑他的论点。

首先，周韧不否认汉语可以表达对比重音。不过他提出，对比重音、焦点重音、强调重音都不具备“语言学意义”，而只跟“语义语用”有关。为什么汉语需要排除这几类重音，研究英语重音的学者却将它们跟词重音一起分析？周韧没有解释。

关于汉语的词重音，周韧提出了两个论点。第一个论点是，普通汉语母语者对非轻声音节之间的相对轻重感觉不明显。这个论点跟 Selkirk 和 Shen 的相似（讨论见上），其缺点也相似。而且这个论点忽视了专业人员的语感，如宋怀强主编的《普通话简明轻重格式词典》。如果根据上述观点来评判红酒，那么所有红酒的质量都差不多，因为无论品酒师们怎么说，普通人都尝不出什么区别。

周韧的第二个论点跟高名凯、石安石（1963）的相似，即汉语母语者的确能区别普通音节和轻声音节，可是这种区别并不来自重音。我们先考虑普通音节“妈”和轻声音节“吗”的区别具体在哪些方面，见例（6）。

（6）普通话普通音节和轻声音节的音系成分对比。

音节类型	普通	轻声
例字	妈	吗
音标	[maː]	[mə]
声调	高	无
元音类型	饱满	弱化
音节长度	长	短
韵母	VV	V

显然，“妈、吗”在声调、元音类型、音节长度、韵母等方面都有区别。因此母语

者感觉到的区别有可能来自任何一方面，也可能来自多方面，没有理由说两者的区别仅仅来自重音。还有，周韧认为重音应该由“对立功能”来定义，而对立功能指的是两个单词之间的唯一区别，也即所谓的最小对立对测试（minimal pair test）。既然汉语没有能够满足最小对立对测试的重音，那么汉语就没有词重音，从而也没有短语重音或句重音。

周韧的论点似乎解决了问题，但又提出很多新问题。首先，“妈、吗”的区别并不局限于声调，为什么说它们的区别只在声调呢？而且，上面讨论了，普通话的声调没有最小对立对，为什么说普通话有声调呢？如果声调的有无不需要最小对立对来证明，为什么重音的有无必须依靠最小对立对来证明呢？更大的问题是，周韧说英语有重音是因为英语有重音最小对立对，可这个说法完全不成立。他的例子见表7。

表7 英语重音最小对立对举例（周韧，2018：107）

单词	词类	音标	音调
refund	名词	[ˈriː] [fʌnd]	H－L
refund	动词	[rɪ] [ˈfʌnd]	L－HL

不难看出，两个单词的区别不止一处：重音方面，第一音节有区别，第二音节也有区别。音调方面，第一音节有区别，第二音节也有区别［英语音调的标注从 Goldsmith（1981），学界基本无争议］。因此，以上例子并不构成最小对立对。英语的单音节词也有重音区别，如字母 A 有重音，冠词 a 无重音，但它们也不构成最小对立对，分析见表8。

表8 英语字母 A 和冠词 a 的发音区别

	音标	重音	音调	音节长度	元音类型
（字母）A	[ˈei]	有	HL	长	饱满
（冠词）a	[ə]	无	无	短	弱化

二者在重音、音调、音节长度、元音类型等方面都有区别，跟汉语“妈、吗”的多种区别类似。因此，英语的单音节词也找不到最小对立对。实际上，根据 Chomsky 和 Halle（1968）的观点，英语的饱满元音都有重音（主重或次重），弱化元音都无重音。因此英语不可能有以重音为唯一区别的最小对立对。

问题出在哪里呢？答案是，最小对立对不是为重音设计的，而是为音段设计的，它适合于分析音段区别，或者分析构成音段的区别性特征。但是重音不是音段，也不是音段特征，因此不能用最小对立对来验证重音。Chomsky 和 Halle（1968）曾经把重音当作一个区别性特征，但这个特征显然跟其他特征不一样。比如，其他特征都有一个具体的发音动作，而重音没有一个具体的发音动作。还有，其他特征的值都是或有或无，不能叠加，但重音的值可以叠加。因此从 Liberman（1975）开始，生成音系学不再把重音作为区别性特征。

如果重音不是区别性特征，那么它是什么呢？这得从节奏说起。节奏常见于音乐和诗歌。由于任何文化都有音乐和诗歌，所以节奏应该是人类具有的天生能力。节奏的本质是交替的重复。在语言中，节奏的重复单位称为音步，最常见的交替则是轻重交替。因此，根据重音理论（如 Halle & Vergnaud，1987；Hayes，1995），一个音步有三个要素：音步界、节拍（交替）、重音位置，可以用两种形式表示，见表 9。

表 9　音步结构三要素的简化形式和完整形式

音步结构三要素	音步界、节拍（交替）、重音位置
简化形式	（SW）
完整形式	X （XX）

简化形式中括号表示音步界，SW 表示节拍的交替单位，其中 S 表示重拍（strong）、W 表示轻拍（weak）。SW 还表示重音位置在左。完整形式有两层，下层的括号仍然表示音步界，XX 表示节拍的两个交替单位；上层的 X 表示重音位置，由于它在第一个交替单位上，所以音步的重音在左。

节拍可以是音节，也可以是莫拉。莫拉基本等同于韵位，短音节有一个莫拉，长音节有两个莫拉。拍音节的音步叫音节步，拍莫拉的音步叫莫拉步。

重音可以叠加，音步也可以叠加。根据前人的描写（如罗常培、王均，1957；徐世荣，1958；Chao，1968；厉为民，1981），普通话双音节词有三种重音形式：重中、重轻、中重，分别以“安静、木头、香蕉”为例，它们的音步分析如下所示。

（7）普通话“重中”（长长）结构举例：“安静”。

```
 X
(X        X )        音节步
(mm) · (mm)          莫拉步
有        有         声调
```

（8）普通话“重轻”（长短）结构举例：“木头”。

```
 X
(X       · )         音节步
(mm) · m             莫拉步
有       无          声调
```

（9）普通话“中重”（长长0）的结构举例：“香蕉”。

	X		
X	（X	·）	音节步
（mm） ·	（mm）	·0	莫拉步
有	有		声调

例中 m 表示莫拉，括号表示音步界，X 表示重音，0 表示停顿。黑点在莫拉步一行表示音节界，在音节步一行表示无重音的音节（停顿也算一个空音节）。以上例子可以区分三级重音：有两个 X 的承载音节步重音的音节（“安”“蕉”），只有一个 X 的承载莫拉步重音的音节（“静”“香”），无 X 的无重音音节（“头”“香蕉”后的停顿）。

“安静”的两个音节都有调且长，跟轻声音节比起来都有重音。两个音节分别构成一个莫拉步，表示它们的重音来源。两个音节再组成一个音节步，主重在第一音节。

“木头”的“木”有调且长，形成一个莫拉步，因此有重音。“头”无调且短，只有一个莫拉，无法形成莫拉步（莫拉步需要两个莫拉），因此无重音。两个音节再组成一个音节步，主重音仍然在“木”上。

“香蕉”的两个音节都有调且长，跟轻声音节比起来都有重音。两个音节分别构成一个莫拉步，表示它们的重音来源。“蕉”在停顿前，而停顿可以算个短音节（单莫拉），因此“蕉0”构成一个音节步，主重落在“蕉”上。值得指出的是，“中重”词条只见于停顿前，在其他位置它们一律是“重中”，如“香蕉水”中的“香蕉”。这个现象符合音步分析的预测：双音节的“中重”要求后面有停顿，无停顿时无法形成“中重”，只能形成“重中”。

以上讨论说明，分析汉语是否有重音时，如果仅仅依靠词典标注、最小对立对，或者普通人的语感（却忽视专业人士的语感），只能得出错误结论，并且无法解释汉语的一系列其他事实。如果重音是音步的一个成分，观察角度则完全不同。判断汉语是否有重音，首先要考虑如何在汉语中构建音步，它们是否符合音步的基本要求（如音步的三要素、双拍步、莫拉步、音节步、音步叠加等），它们是否与语音事实相符（如音节长短、声调有无、变调域的形成、普通人和专业人士的语感、词项的重音类型等）。以上论证的答案是，汉语有音步。根据音步分析，汉语的一系列事实都有了系统的解释，汉语与英语的一些基本共性也开始浮出水面。因此，汉语不是只有声调没有重音，而是既有声调也有重音。

三、英语

英语是典型的有重音语言，这是学界的一致观点。因此本节主要讨论英语的声调，以及声调和重音的关系。

汉语的音高起落通常称为声调（tone）。王士元（Wang，1967）开创性地用区别性特征对声调进行了分类，他提出的特征包括高、低、升、降、凹、凸等。后人进一步提出（如 Woo，1969；Yip，1980；Bao，1990）：升是 LH 的组合，降是 HL 的组合，凹是 HLH 的组合，凸是 LHL 的组合。因此，四个调值基本上足以区别所有的调型。这四个调值是：高（H）、低（L）、上域（upper register）、下域（lower register）。它们也可以用两个双值特征表示：H 即［+H］，L 即［-H］，上域即［+upper register］，下域即［-upper register］。

英语的音高起落通常称为语调（intonation）。Liberman（1975）和 Pierrehumbert（1980）提出，语调由单词调及其前后的边界调构成，而单词调、边界调都由音高特征 H、L 组成。他们的观点很快被其他学者接受。不过，可能有人会说，声调特征和语调特征固然有相似之处，但也有可能不完全一样。

郑锦全（Cheng，1968）发现，对掌握了汉语和英语的双语者来说，声调特征和语调特征的确是一样的。比如普通话有个“上声变调”规则，要求上声在上声前变成阳平，因此“好酒”的“好”会从原来的低调 L 变成升调 LH。郑锦全发现，在英汉混用句“好 professor 不多”（好教授不多）里，“好”也会变成升调，可是在“好 lecturer 不多”（好讲师不多）里，“好”却不变成升调。郑锦全的解释是，英语有重音的音节有个高调 H（如 lecturer 的第一音节），因此不会引起上声变调。英语无重音的音节有个低调 L（如 professor 的第一音节，类似普通话的上声），因此会引起上声变调。郑锦全的分析意味着，英语单词的调和汉语单词的调实际上都是词调，都可以用同样的特征来分析。

从发音和声学的角度看，声调特征和语调特征也源于相同的机制：两者都跟声带振动有关，两者的主要表现都是声波的基频（F0）。因此，下面我们用声调泛指调（tone）。

Fry（1958）的研究发现，音高、音长、音强都能影响对重音位置的判断，其中音高的影响最大。Goldsmith（1981）进一步提出，英语的词重音直接对应一个基本调型，他的规则转述如下：

Goldsmith（1981）提出的英语单词调型规则：

a. 英语单词的基本调型是 MHL。

b. H 落在主重音位置。

c. M 分布在主重音前的音节。如果主重音在词首，则忽略 M。

d. L 分布在主重音后的音节。如果主重音在词尾，该音节的调型就是 HL。

以上分析强调了词调和重音的对应关系，学界常用音高重音（pitch-accent）来指这种关系，典型的例子包括日语（McCawley，1965）。下面我们用“指定调”表示跟重音对应的声调。由于词首的 L 总是略高于词尾的 L，Goldsmith 的 MHL 也可以用 LHL 表示。英语例子见表 10，重音标注从 *Longman Pronunciation Dictionary*（Wells，2008）。表中 S̲、S、s 分别表示主重音音节、次重音音节、无重音音节。

表 10　英语词调举例

英语单词	Canada	Chicago	Detroit	France	pancake	coffee shop
重音	重－轻－轻	轻－重－轻	轻－重	重	重－次重	重－轻－次重
调型	H－L－L	L－H－L	L－HL	HL	H－L	H－L－L
音步	（Ss） s	s （Ss）	s （S0）	（S0）	（SS）	（Ss） S
汉译	加拿大	芝加哥	底特律	法国	薄饼	咖啡店

重音在词首时（“加拿大、法国、薄饼、咖啡店”），调型都是 H 起头。主重音在词尾时（“底特律、法国”），它的调型都是 HL。主重音后的音节都是 L（“加拿大、芝加哥、薄饼、咖啡店”），无论“轻”还是“次重”（后者有“薄饼”的“饼”、“咖啡店”的“店”）。

表 10 中的音步结构跟汉语相同，其中括号表示音步界，0 表示停顿，小写 s 表示无重音音节，大写 S 表示有重音音节。英语有重音的音节都是长音节，重音都来自莫拉步（端木三，2021）。单音节词 France（法国）加上停顿也是一个双拍音节步，因此其重音也是主重音，跟多音节单词的主重音一样。

英语的指定调还有一个更简单的分析：指定调是 H，它前后的 L 是默认调（default tone）或者是边界调。这个分析可以解释为什么有的单词可以有两个指定调。比如，absolutely 有两个音节步（Ss）（Ss），Wells（2008）认为主重音可以在第一音节，也可以在第二音节，Kenyon 和 Knott（1949）认为第一、第三音节都是主重音音节（等重）。这个单词的调型也有多种，例如 H－L－L－L、L－L－H－L、H－L－H－L 等（其中的 L 也都可以看成默认调）。值得关注的是 H－L－H－L 这个调型有两个指定调（两个 H）。这说明指定调并不一定以单词为单位，也可以以重音或音步为单位。汉语的多音节词也如此。

从以上讨论可以看出，英语的声调跟汉语有两个不同之处。第一，在普通语境中，英语单词的指定调只有一个 H（或 HL），而上海话有 HL 和 LH 两个，普通话有 HH、LH、LL、HL 四个。第二，英语只有主重音（音节步重音）有指定调，次重音（莫拉步重音）没有指定调，而汉语的主重音、次重音都有指定调。

英语的声调分析跟汉语也有三个相似之处。第一，指定调（英语的 H、汉语的声调）都是落在有重音的音节上，无重音音节都没有指定调。第二，有时候一个单词可以有两个（或更多）指定调，有时候两个单词只有一个指定调（上海话的“三杯、三碗、炒饭”等，英语的“pancake、coffee shop”等）。因此，指定调的接受单位不是单词，而是音步。第三，英语的 HL 调型跟上海话的很相似，在单音节上都呈现为降调，在（Ss）音步里都一分为二，呈现为 H－L（高－低）两个平调。

纯粹的无调语言应该完全没有指定调。从这个角度来说，英语不是无调语言，而是“单调型”语言（每个主重音只有一个指定调）。所谓的“有调语言”实际上是“多调型”语言（每个主重音有两个或更多的指定调可选）。因此，英语和汉语一样，都是既有重音又有声调，它们的区别只在于指定调的多少而已。

如果英语与汉语都既有重音又有声调，那么为什么普通人往往对汉语词重音的语感不清楚，对英语词重音的语感却清楚得多呢？我们先考虑两个语言的语感事实，见表11。汉语语感来自前人的描写（如 Chao，1968）。英语语感来自笔者对一百多位美国本科生的语感问卷调查。

表 11　普通人对英语、汉语词重音的语感

	主重 – 次重区别	主重 – 无重区别	次重 – 无重区别
英语声调	有 – 无	有 – 无	无 – 无
英语语感	清楚	清楚	不清楚
汉语声调	有 – 有	有 – 无	有 – 无
汉语语感	不清楚	清楚	清楚

数据显示，两个音节之间，如果一个有声调，一个无声调，那么语感对它们的重音区别往往很清楚，英语、汉语都如此。如果两个音节都有声调，或都无声调，语感对它们的重音区别往往很不清楚，英语、汉语也都如此。英语单词以多音节为主，无重音音节也很多，因此很多单词的主重音位置都容易辨认，但次重音却很难辨认。汉语单词无重音音节很少，主次重音也都有调，因此能判断主重音位置的单词就比英语少得多。

可见，虽然英语是有重音语言，但是母语者对词重音的判断并不完全都清楚，而是有时候清楚，有时候不清楚。如果忽略英语的声调，则很难预测母语者的判断什么时候清楚，什么时候不清楚。如果意识到英语既有重音又有声调，以上问题就都可以迎刃而解了。

四、结语

不少学者认为，语言可以根据韵律分为两类，一种是重音语，一种是声调语，前者以英语为代表，后者以汉语为代表。本文以最具代表性、描写资料最丰富的两个语言为对象展开讨论，即汉语和英语。本文指出，前人的论证往往基于表面现象（如普通人的语感、词典的标注）、不可靠的标准（如以最小对立对来判断重音的有无），或不完全的事实（如忽略方言的变调域现象、忽略专业人士对汉语重音形式的描写、忽略声调与重音的联系、忽略声调对重音判断的影响）。本文全面分析了汉语与英语的有关事实，证明了汉语与英语都有重音，也都有声调。前人的语言分类既不准确，也无助于理解或解释上述事实。

如果认为汉语跟英语越不一样就越能体现汉语的独特价值，则很容易片面强调某些现象（如普通人的语感），同时忽略其他现象（如声调在英语中所起的作用）。我们认为，汉语的确有很重要的价值，其价值在于两个方面：第一，汉语有丰富的描写资料；第二，汉语提供了一个可贵的窗口，让我们能够窥视语言的共性，从而能够解释一系列悬而未决的问题。

参考文献

[1] 端木三．重音理论及汉语重音现象［J］．当代语言学，2014，16（3）．

[2] 端木三．说长重短轻原则：以汉语和英语为例［J］．韵律语法研究，2021（2）．

[3] 高名凯，石安石．语言学概论［M］．北京：中华书局，1963．

[4] 郭绍虞．中国语词之弹性作用［J］．燕京学报，1938（24）．

[5] 李艳芝，吴义诚．迷失在逻辑中：论“北京话是一个重音语言”之说［J］．当代语言学，2022，24（5）．

[6] 厉为民．试论轻声和重音［J］．中国语文，1981（1）．

[7] 林茂灿．普通话声调的声学特性和知觉征兆［J］．中国语文，1988（3）．

[8] 林茂灿，颜景助．北京话轻声的声学性质［J］．方言，1980（3）．

[9] 林茂灿，颜景助．普通话轻声与轻重音［J］．语言教学与研究，1990（3）．

[10] 刘复．四声实验录［M］．上海：群益书社，1924．

[11] 罗常培，王均．普通语音学纲要［M］．北京：科学出版社，1957．

[12] 吕叔湘．现代汉语单双音节问题初探［J］．中国语文，1963（1）．

[13] 潘文国．汉英语对比纲要［M］．北京：北京语言文化大学出版社，1997．

[14] 石锋，冉启斌．普通话上声的本质是低平调：对《汉语平调的声调感知研究》的再分析［J］．中国语文，2011（6）．

[15] 宋怀强．普通话简明轻重格式词典［M］．上海：上海音乐出版社，2009．

[16] 徐世荣．普通话语音讲话［M］．北京：文字改革出版社，1958．

[17] 许宝华，汤珍珠．上海市区方言志［M］．上海：上海教育出版社，1988．

[18] 张吉生．也论汉语词重音［J］．中国语文，2021（1）．

[19] 周韧．争议与思考：60年来汉语词重音研究述评［J］．语言教学与研究，2018（6）．

[20] 周韧．汉语词重音问题再论［J］．韵律语法研究，2021（2）．

[21] BAO Z M. On the nature of tone［D］. Cambridge：MIT，1990.

[22] BELL A. Accent placement and perception of prominence in rhythmic structure［C］// HYMAN L. Studies in stress and accent. Los Angeles：The Department of Linguistic University of Southern California，1977.

[23] CAWDREY R. A table alphabetical of hard usual English words［M］. London：Printed by I. R. for Edmund Weauer，1604.

[24] CHAO Y R. A system of tone letters [J]. Le maître phonétique, 1930, 8 (3).

[25] CHAO Y R. Tone and intonation in Chinese [C]. Bulletin of the Institute of History and Philology, 1933.

[26] CHAO Y R. A grammar of spoken Chinese [M]. Oakland: University of California Press, 1968.

[27] CHAO Y R. Chinese tones and English stress [M] // WAUGH L R, SCHOONEVELD C H. The melody of language: 41 -44. Baltimore: University Park Press, 1980.

[28] CHENG C C. English stress and Chinese tones in Chinese sentences [J]. Phonetica, 1968 (18).

[29] CHOMSKY N, HALLE M. The sound pattern of English [M]. New York: Harper and Row, 1968.

[30] DUANMU S. A formal study of syllable, tone, stress and domain in Chinese languages [D]. Cambridge: MIT, 1990.

[31] DUANMU S. Metrical structure and tone: evidence from Mandarin and Shanghai [J]. Journal of East Asian linguistics, 1999, 8 (1).

[32] DUANMU S. Word-length preferences in Chinese: a corpus study [J]. Journal of East Asian linguistics, 2012, 21 (1).

[33] FRY D B. Experiments in the perception of stress [J]. Language and speech, 1958 (1).

[34] GOLDSMITH J. English as a tone language [M] // GOYVAERTS D L. Phonology in the 1980's. Ghent: E. Story-Scientia, 1981.

[35] GOLSTON C. Constraint-based metrics [J]. Natural language and linguistic theory, 1998 (16).

[36] GUSSENHOVEN C. Focus, mode and the nucleus [J]. Journal of linguistics, 1983, 19 (2).

[37] HALLE M, VERGNAUD J-R. An essay on stress [M]. Cambridge: MIT, 1987.

[38] HAYES B. Metrical stress theory: principles and case studies [M]. Chicago: University of Chicago Press, 1995.

[39] HYMAN L. On the nature of linguistic stress [C]//Studies in stress and accent. Los Angeles: The Department of Linguistics, University of Southern California, 1977.

[40] HYMAN L. Word prosody typology [J]. Phonology, 2006, 23.

[41] JIN S D. Shanghai morphotonemics: a preliminary study of tone sandhi behavior across word boundaries [D]. Pittsburgh: University of Pittsburgh, 1985.

[42] KARLGREN B. Ordet och pennan i Mittens Rike [M]. Stockholm: Svenska Andelsförlaget, 1918.

[43] KENYON J S, KNOTT T A. A pronouncing dictionary of American English [M]. Spring

field, MA: Merriam Webster, 1949.

[44] LIBERMAN M Y. The intonational system of English [D]. Cambridge: MIT, 1975.

[45] LU B F, DUANMU S. Rhythm and syntax in Chinese: a case study [J]. Journal of the Chinese language teachers association, 2002, 37 (2).

[46] MCCAWLEY J. The accentual system of modern standard Japanese [D]. Cambridge: MIT, 1965.

[47] PIERREHUMBERT J. The phonetics and phonology of English intonation [D]. Cambridge: MIT, 1980.

[48] SELKIRK E, SHEN T. Prosodic domains in Shanghai Chinese [M] //INKELAS S, ZEC D . The phonology-syntax connection. Chicago: University of Chicago Press, 1990.

[49] WANG S Y. Phonological features of tone [J]. International journal of American linguistics, 1967, 33 (2).

[50] WELLS J C. Longman pronunciation dictionary [M]. 3 ed. Harlow: Pearson Education Limited, 2008.

[51] WOO N. Prosody and phonology [D]. Cambridge: MIT, 1969.

[52] YIP M. Tonal phonology of Chinese [D]. Cambridge: MIT, 1980.

[53] ZEE E, MADDIESON I. Tones and tone sandhi in Shanghai: phonetic evidence and phonological analysis [R]. UCLA Working Papers in Phonetics 45, 1979.

[54] ZHU X N. Shanghai tonetics [D]. Canberra: The Australian National University, 1995.

Tone, Stress, and Language Typology

DUANMU San

【Abstract】Many linguists believe that there is a typology of rhythm for natural languages, although they differ on how many types there are. For example, McCawley (1965) proposes three types: stress-accent languages, pitch-accent languages, and tone languages, whereas Hyman (2006) proposes two types: stress-accent languages and tone languages. A representative of tone languages is Chinese, and a representative of stress-accent languages is English. This article focuses on these two representative languages, examines the arguments for the typology, and discusses some facts and generalizations that are often overlooked in the literature, such as word length preferences in Chinese, tone sandhi domains in Chinese dialects, stress patterns in Chinese described by experts (professionals in broadcasting and theatrical performances), foot structure, the relation between tone and stress, the influence of tone on stress judgment, judgment of Chinese stress by native Chinese speakers, and judgment of English stress by native English speakers. This article argues that English has both stress and tone, so does Chinese, and the typology of rhythm is both inaccurate and unable to explain the list of overlooked facts.

【Keywords】tone, stress, typology, word length preference, foot, native intuition

声调的性质和表达

朱晓农[1]

（江苏师范大学　江苏徐州　221116；云南民族大学　云南昆明　650504）

【提　要】本文梳理声调认识过程中的一些问题。第一个是关于声调所属。它是属于元音、韵母、有声部分、音节、莫拉，还是一个抽象单位 TBU（Tone Baring Unit），这方面一直争议很大。现在比较认可的上位单位是音节。另一个是对声调构成的认识。人们向来以为声调是一种音高，现在我们明白声调是个复合体，下辖三个直属成分：声域、长度、音高，音高下分高度和拱度。标调制从 Jones 四度制到赵氏五度制，到本文的分域四度制，体现了充要性的增强。本文发掘了标调制的三项性质：听感性原理、声域独立性、不等比准则，并强调声学数据不能直接转换成听感标度。

【关键词】声调　音节　分域四度制　听感性　独立三声域　不等比准则

本文讨论声调的属性、成分及其固有性质；还讨论声调的表达形式，即标调制及其性质。

一、声调的属性和定义

所谓声调属性，就是定位声调所属或上位概念，辨认同属概念。我们先用一幅图（图 1 的 SP 音节图）指出它的所属与所辖，这是我对声调的最新认识。声调所属指它的上位概念，以及同属的其他成员，即给出它的逻辑定义，揭示它的本质属性。声调所辖指的是它的音法成分、结构和语音实现。图 1 表明，声调是音高投射到声合位置上的音法学实现，可看成等同于声合。声调的上位概念即其载体是音节。

然后确定种差。与声调同属的另一成员是音列。音节的这两个直属成分：音列是线性成分，其成分声母和韵母按时间序列实现；声合是非线性成分，其成分声域、长度、

---

① 朱晓农（1952—　），博士，江苏师范大学语言科学与艺术学院特聘教授，云南民族大学民族文化学院和广东技术师范大学民族学院兼职教授。主要研究方向为调音学和调系学。

音高可以跨音段实现。两者的区别即种差在于是否线性。

声调便有了如下“属加种差”的逻辑定义：“声调是（作为单音节语素的）音节的非线性直接成分（等同于声合），与同属的线性直接成分（即音列）相对。”

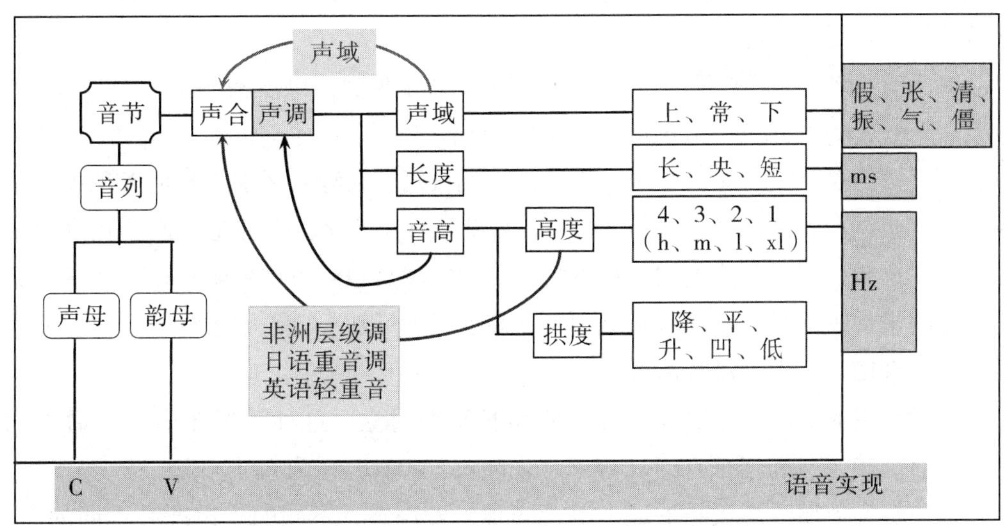

图 1　所属与所辖：声调在 SP 音节中（S = Segmentals 音素排列；P = Phonationals 声素组合）

声调的外延定义是：声调由声域、长度、音高（下分高度与拱度）组成。

声调的观察和操作定义为：声调实现为时间长度上的具有语言学目标的基频变化，有或没有发声态变化。

目前世界上认定的声调包括平仄调和高低调两种。平仄调又叫曲折调或拱度调（contour tone），主要在东亚和东南亚的语言中出现，少量出现于美洲印第安语中。高低调又叫层级调（register tone），主要在非洲的语言中出现，部分在大洋洲和美洲的语言中出现。上述声调定义，只有平仄调才符合。高低调在多音节词上实现，类似于日语重音调（accentual tone）和英语轻重音（stress），所以不包括在声调范围内。

图 1 中三条弧线表示的是：如果声域作为主要特征提升或投射到声合位置并实现为区别性特征，所属语言即为声域语；高度投射即为层级调、重音调、轻重音；音高投射到声合位置并实现为区别性特征即为声调——这可以看作声调的外部定义，也是声调语的定义。

二、声调的成分

（一）三成分四参数

声调包括声域、长度、音高三个直接成分。音高又下分为高度和拱度，所以声调有域度、长度、高度、拱度四个参数。所谓描写声调，就是给这四个参数赋值，即分别为四个参数选定一个值。声域有上、常、下三域，给声调的第一个参数域度赋值就是确定该声调处于哪一个声域。同样，长度赋值就是确定该声调是长调、央调，还是短调；高度赋值就是确定该声调是四度中的哪一度；拱度赋值就是在降、平、升、凹、低五种拱度中确定该声调是哪一种。

音高下分为高度和拱度，每个声域中的高度分四度，拱度有五种：降、平、升、凹、低（fall、even、rising、dipping、contour unspecified low）。

长度三分为长、央、短。传统观点认同声调长短就是舒入区别。我们发现还有一种不长不短的央调存在（朱晓农等，2008）。央调有两种情况，一种是入声舒化过程中形成的，例如广州的阴入分为上阴入和下阴入，其实就是短阴入和央阴入，高度差别是恰好碰上。香港话里同样有短阴入和央阴入，高度就没区别。粤语中还有不少同样的短央对立的阴入和阳入，大多没有高低差别。

第二种短央对立出现于舒声降调，它跟长降调对立。这种情况在中原官话（朱晓农、张瀛月，2016）和辽东官话（魏阳、朱晓农，2021）中发现十多起。

声域三分为上域、常域和下域，语音实现为发声态。不同的发声态有不同的高度，并有不同的嗓音/听感特征。这是用来定义不同声域的基本依据。发声态有六大类：假声、张声、清声（常声Ⅰ）、振声（常声Ⅱ）、气声、僵声。清声是底伏发声态，定义底伏的常域。任何语言都有清声，所以任何语言都有常态声域。假声、气声在构成上域、下域时分别起主要作用。其余三类只是偶尔定义一个声域，大多数场合与其他发声态互为变体。从目前掌握的 1 500 个调系的声学材料来看，定义三个声域够了。

（二）塞音韵尾是不是声调成分？

作为发声态的喉塞尾和喉堵尾是声调成分，但塞音韵尾 -p/t/k 不是。我们（朱晓农、焦磊、张偲偲，2010）曾认为入声塞音韵尾也是声调成分。现在看来是多余的，因为声调是音节的非线性成分，不该让作为线性成分的音段韵尾掺和进来。

（三）短调不是长调的短元音变体

西方学者从他们长短元音的知识类推到声调语中，把入声看成舒声的短元音变体。最早是 300 多年前罗历山神父为越南语制定拼音文字时，把两个类似阴阳入的短调分别看作锐声（阴去）和重声（阳去）的短变体。琼斯等（Jones & Woo，1912）延续了这一传统，认为广州粤语是六个声调，三个入声分别为音高相若的阴平、阴去、阳去的短元音变体。这种看法用来教学没问题，赵元任也这么做（Chao，1947）。就像用“波是水之皮”（王安石）教人认字；或如教广东人学英语说：key 是阴声韵，king 是阳声韵，

kick 是入声韵——教也好教，学也易懂，只要不把“波是水之皮”当成正经字源即可。但如果作为音系学理论分析，说短变体论是类推过度或音位处理不当是轻的。这是一种错误的认识，它混淆了音节线性和非线性成分，在六个方面造成严重问题，详见朱晓农、阮廷贤（2014）。

三、声调固有的性质

（一）发声态固有音高

假声最高，嘎裂声最低——不同的发声态有不同的高度，这也是用来定义三个声域（见图 1）的依据之一。平均而言，从高到低为：假声 > 张声 > 常声Ⅰ（清声）> 常声Ⅱ（振声）> 气声 > 僵声，西方男性假声的音高范围平均为 275～634Hz，常声为 94～287Hz，嘎裂声最低可低到三四十赫兹。这个音高序列跟三种声带紧张度有关：中央收缩/外展紧张度（收紧）由松到紧，纵向紧张度（拉紧）由紧到松。

清声高于振声——清振辅音如 p ：b 引发不同的音高。一般把这看作辅音和音高的相关性。我们现在知道，清振其实是发声态不同：一个是常声Ⅰ，一个是常声Ⅱ。两者的区别是常态发声内部的对立。根据三份资料（House & Fairbanks，1953；Lehiste & Peterson，1960；Mohr，1971）可知，清爆音后接元音基频高出振爆音至少 4. 4Hz，最多达 13Hz，平均 7. 9Hz。

（二）元音固有音高 IF0

一般认为，如果其他条件一样的话，高元音的基频比低元音高（Lehiste，1970：68），此所谓“元音固有基频”（intrinsic vowel fundamental frequency，简作 IF0）。IF0 在很多语言中都可见到，有几种假设被提出来解释 IF0［详细回顾见朱晓农（2020）］。

声调语的 IF0 有它的特殊性（Zhu，1999）。上海话五个声调的总体均值存在 IF0，但有人际差异和调际差异。人际差异是指个别人没有 IF0 差别；女性在降调中 IF0 比男性明显，但在其他场合却反过来。调际差异是指，作为声调目标的降调调头段和昂调调尾段 IF0 更为明显；长音节上的 IF0 比短音节更为明显，一个原因是短音节由于时长限制而无法充分实现音高目标。这两项发现，IF0 在声调目标处和长音节上较为明显，支持听感补偿假说。

（三）拱形固有时长：直降拱最短

基频曲线的拱形有“平、升、降、凹、凸”五种。类型学中的调型也是五种，没有凸调，有纯低调。凸拱分为前凸和后凸，分别归入降调类（弯降）和昂调类（凸升）。纯低调不以拱形为据，所以调型的拱形只有降、平、升、凹四种，按生理和声学分为降拱和非降拱（平、升、凹）。一般情况下，平、升、凹长度大体上差不多。凹调如果刻意发，可能最长。降拱，尤其是高直降拱，时长最短，这是有生理因素的（Ohala，1972）。如果有别的因素（如发声态）介入，比如福清话中降调带着送气，就拖得较长。根据我们对中原、西北、晋、淮官话以及吴、客、粤、闽南、临高 200 多个点的测量数据，三类拱形的时长如表 1 所示。

表 1　三类拱形的时长

单位：ms

<table>
<tr><th></th><th>中原</th><th>西北</th><th>晋</th><th>淮</th><th>吴</th><th>客</th><th>粤</th><th>闽南</th><th>临高</th><th>均（官）</th><th>均（东南）</th><th>总均</th></tr>
<tr><td>非直降</td><td>265</td><td>242</td><td>265</td><td>234</td><td>304</td><td>333</td><td>398</td><td>285</td><td rowspan="2">326</td><td>248</td><td>329</td><td>293</td></tr>
<tr><td>直降</td><td>188</td><td>188</td><td>207</td><td>168</td><td>237</td><td>277</td><td>311</td><td>232</td><td>192</td><td>264</td><td>228</td></tr>
<tr><td>短、央</td><td>115</td><td>NA</td><td>108*</td><td>122</td><td>157</td><td>141</td><td>163</td><td>114*</td><td>155</td><td>115</td><td>146</td><td>134</td></tr>
</table>

注：带 * 号的仅为短调。

声调的音法长度分三度：长、央、短。表 1 中短、央归为一类。长调分直降和非直降（包括弯降）。每个方言群里直降都短于非直降，平均而言，直降总均长度（228ms）只有非直降（293ms）的 3/4 左右。

（四）隐性时长

隐性时长是指测量时被忽略的一段有音或无音处。隐性时长出现的场合有三种：①喉塞尾失落前的一个过渡阶段，例见吴语孝丰话（徐越、朱晓农，2011）；②降调的长央对立时，长降调的补偿性漏气，例见胶辽官话大连及周边方言（魏阳、朱晓农，2021）；③韵律性入声补偿时长，指两字连调组前字入声的喉塞尾会延长，例见上海话（朱晓农，2020）。

（五）调音型语言和发声型语言

全世界的语言可以根据发音的两个步骤（调音和发声）分为两大类：

（1）以调音为主的（segment-prominent）音素主导型或调音型语言，调音型语言中调音活动复杂，而发声活动极为有限。用乐器来打比方，就像有多种大小形状不一的琴箱，而琴弦却只有两根。调音型语言大多分布在温带和寒带地区，如欧洲语言、阿尔泰语群、澳大利亚土著语等。在这些语言中，音素排列方式（phonotactics）多样化，有各种复辅音和韵尾，词语大多是多音节的。

（2）发声活跃的（phonation-active）发声型语言，声素丰富而调音方式单调。就像是个六弦琴，而且六根弦的质地还不同：钢丝的、牛筋的、羊肠的、塑料的，甚至纸质的，但琴箱却只是如一个二胡般小小的。其分布于热带、亚热带大陆：亚洲南部和非洲中部，如汉藏语、苗瑶语、壮侗语、南亚语等。音素排列较为简单，复辅音和韵尾都较贫乏，但有各种非常态发声。音高用作平仄调或高低调。

（六）声调语的比重

世界上现有大约 7 000 种语言，声调语言占大多数（IPA，1999：14）。Yip（2002：1）甚至认为 70% 的语言是声调语。她的估算高了好多。按照 Maddieson（2013）的 527 个语言样本，307 个无声调（58.3%），132 个有简单调系（25.0%），88 个有复杂调系（16.7%）。简单调系指只有高低两度的高低型调系。复杂调系指至少有高、中、低三分的高低型调系及拱度调。非洲高低调都算声调，只不过大部分是简单声调，只有沿赤道北的西非、中非语言是高、中、低三分（个别四分）。

简单调系的语言占全部采样的 1/4，复杂调系不到 1/5；两者相加，即声调语占四成强。如果单算复杂调系，那么声调语只占 1/6 强。如果单算拱度语，占的比重估计也就 1/10 多一点儿，不过这是把汉语看成一个或几个语言。就调系格局而言，汉语简直有数百上千个变体。

（七）声调和内爆音的相关性

在 WALS 库里有 527 个语言有声调，567 个语言有内爆音，两者相交共 527 个。其中 56 个语言有声调无内爆音，48 个语言有内爆音无声调，28 个语言两者都有，499 个语言两者都无。总共有 84 个声调语，76 个有内爆音的语言。内爆音在 527 个语言中的出现比例是 14.4%，声调语的出现比例是 15.9%。两者同现的概率应该是 2.3%，但实际上出现的比例是 5.3%，是理论预期的 2.3 倍。对两个百分比进行的 χ^2 检验的结果是有显著差别（$p<0.001$）的，表示声调和内爆音是密切相关的。如果加进汉藏语的新材料以及对某些已有材料重新甄别，同现的比例会提高，实际出现率提高到 6%，是理论期望值 2.3% 的 2.6 倍（$p<0.001$）。

（八）同现：气声、湿热大陆、声调和内爆音

声调和内爆音同现于湿热大陆，如西非、中非，南亚、东南亚，中国南部。

与声调同现的不光是内爆音，还有气声。与内爆音和声调相同，气声也出现于低纬度湿热大陆：吴楚湘桂北粤北四川老湖广话、侗台苗瑶南亚藏缅南岛语，印度－雅利安

语族的 Hindi、Sindi、Urdu、Marathi、Gujarati、Nepali，达罗毗荼系的 Teluku，南亚系的 Mundari，藏语支的 Newari，等等。非洲也有气声，如西非 Niger-Congo 的 Igbo 语，南部非洲的 Tsonga、! Xóõ、Khoisan。美洲个别语言也有，如墨西哥 Mazatec 语。

气声的田野资料很不系统，不过从现有材料来看，可以说在世界语言中，气声、声调、内爆音地理上共现。具有非冽嗓的语言都是喉头活动活跃的语言，有复杂的音高变化，也有各类发声态，包括喉头升降的内爆音。这些语音的天然资源一旦音法化了，就成为具有语言学功能的音节成分：声域、声调。

Everett 等（2015）关于湿热是产生声调的原因的结论显然错了。一个更精确也更可靠的关于气候和语言特征的概括是：气声，而不是声调，倾向于出现在湿热大陆。例如最湿热地带的孟高棉语、印地语、达罗毗荼语都是有气声而无声调。对上述现象我的猜想是：湿热气声容易在日常生活中引发说者喘气，这种生理和社会行为会影响当地人的言语风格并被编码进语言。有关声调起因，可参考朱晓农（2019）。

（九）同现：复合调、假声、小体型

另一个与声调密切相关的发声态是假声，它也在中国南方和东南亚与其他复合声调同现。在我的调查材料中，南方九省区（江浙赣鄂湘粤桂云贵）35 个点发现有假声。假声出现的地域的居民身材一般比较矮小。据有关数据①，欧洲人在世界上五个地区的人群中身材最高（男 178.5cm，女 165.6cm），其次是华北八个无假声的省份（男 173.0cm，女 165.3cm，不计新疆、内蒙古等民族地区）。排在第四的华南九省区②（男 168.5cm，女 160.0cm）都有假声。排第三的西非、中非（男 168.8cm，女 161.7cm）有气声，但没有关于假声的报道。排最后的东南亚（男 163.8cm，女 152.4cm），偶有假声记载，如 Pakphanang 泰语的 T1 “是个超高调……其声质常为假声”（Rose，1997）。

有假声的中国南方和东南亚居民身材较为矮小，这一相关性并不是不可预料的，因为身材矮小者声带成比例地短而薄，常态频域也较小。一旦超出这一频域就会产生假声（和嘎裂声）。所以我们可以提出一个假设：小体型倾向于引发超高的假声，或体型与假声出现是负相关关系，详见朱晓农（2019）。

① 欧洲和非洲：https：//en. m. wikipedia. org/wiki/List_of_average_human_height_worldwide；东南亚：https：//globalnation. inquirer. net/102688 ；中国南北方：https：//baike. baidu. com/item/% E4% B8% AD% E5% 9B% BD% E5% 90% 84% E7% 9C% 81% E7% 94% B7% E5% A5% B3% E5% B9% B3% E5% 9D% 87% E8% BA% AB% E9% AB% 98% E8% A1% A8.

② 只有以闽语为主的福建和台湾没有发现假声，与此相关的是，闽南布袋戏可能是地方戏曲中唯一不用假声唱腔的戏种。

四、声调的表达：分域四度制

（一）分域四度模型

汉藏语的声调一向是用国际音标中的五度制（Chao，1930）来听感记音的。分域四度制（分四制，见图2）最初是为处理含有特殊发声态的复合调系设计的（Zhu，1999）。它是五度制的细化和简化。细化是说如果某声调语中有特殊发声态，那么就需要分域处理；简化是说每个声域比如常态声域中只需四度就够了。复合调系比官粤客语那种单纯调系来得复杂，是其他标调法无法应付的。其实就算处理单纯调系，四度制依然更为有效，因为它减少了冗余度，提高了必要性。用分四制来描写声调，首先是根据是否有起区别作用的特殊发声态来分域。如果有特殊发声态，那就只有一个底伏域常域（modal register）。如果有假声或张声起到区别作用，那就增加一个上域（upper register）。如果有气声（振声）或僵声起区别作用，那就加一个下域（lower register）。迄今为止，最多有三个域同时出现于一个语言中。

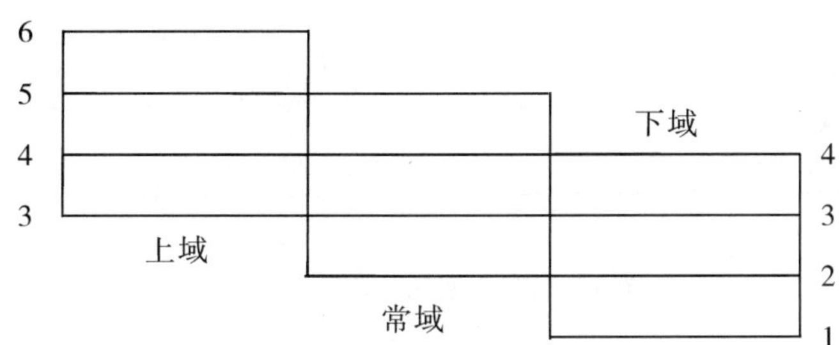

图2　分域四度声调模型

每个域中的音高高度分为四度。相邻的两个域之间的音高高度相差一度，即上域整体高度高于常域一度，常域高于下域一度。所以，双域调系的高度总共有五度，三域调系有六度调高。调值标在花括号｛｝里。下域的调高从｛1｝度到｛4｝度，常域从｛2｝度到｛5｝度，上域从｛3｝度到｜6｝度。

声调学中的基本单位是调型（tonotype）。调型用放在两条竖杠中的数字代码来表示，如常域高平型是｜55｜，上域高平型是｜*66*｜（上域代码用斜体字），下域高平型是｜**44**｜（下域代码用粗体）。这些数字是调型代码。调型的语音实现或调值放在花括号中，如｛55/42｝等。｜35｜和｛35｝的区别就是型和例（type vs. token）的不同。

分域四度制是个大系统，按域度可分出四个子系统，或者说四个分体模型：单域四度制、上常双域五度制、常下双域五度制、三域六度制。把它们装配起来，就成了一个分域四度制总体模型。

分域四度制的基本假设是：

（1）发音人的音高范围各有不同，但听者大脑会自动把它们按声域不同进行归一化处理。

（2）听感处理的结果是每个域中分为大致相当的四份（听感最高和最低的那份会宽些），听者就是根据这相对的四度音高来对应不同频域中的基频。

（3）三域六度能容纳的理论上允许的平调总数是 12 个，但由于声域的限制（常域允许 4 个；下域不会有最高平调，所以是 3 个；上域不会有 2 个假声平调，所以只能是 1 个），实际能出现的最多是 8 个区别性平调，不包括央短调。

（二）例图

单纯调系只有一个常域，调值从｛2｝度到｛5｝度。客粤官话基本上都是单域的。图 3 是用四度制表示的三个单域调系的调型。

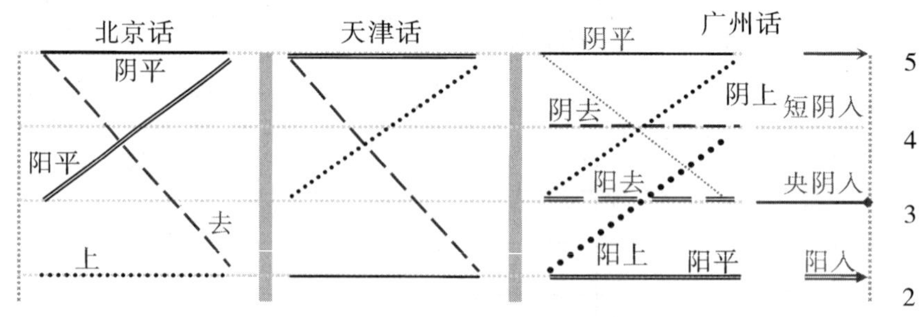

图 3　三个调系的单域四度表达

双声域调系广泛存在于中部汉语方言吴楚湘语和苗瑶侗台语中。图 4 是湘语岳阳话和吴语德清话声调的分域四度表达。

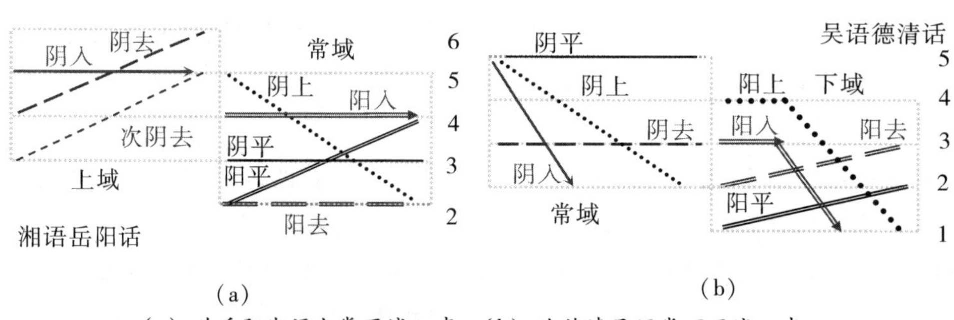

（a）为岳阳湘语上常两域八声；（b）为德清吴语常下两域八声。

图 4　双声域调系

德清话和岳阳话都有两个声域，但域度不同。德清话是常域加弛声下域；岳阳话是常域加假/张声上域。德清话保留中古 8 个调类，阴阳调分别分布在常下两个域中。岳阳话也是 8 个声调，阳上归阳去，阴去（分化出一个较低的次阴去）、阴入都在上域，其余 5 个在常域中。

三域调系相比之下较少见，不过还是比原先想象的多，吴语瓯江片和楚语大通、都昌片，苗瑶侗台语中都有很多三域调系。迄今为止，还未发现多于三域六度的调系。图 5 是温州话的八个声调。阴阳上有假/张声性质，其余阳声类为弛声。

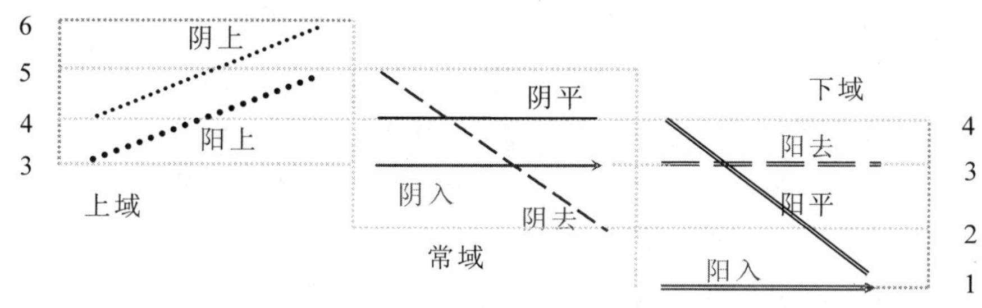

图 5　温州话三域调系

五、作为形式系统的分四制

（一）形式系统的两大要求

标调制是一种形式系统。作为形式系统，一般认为要符合三项要求：起点的自洽性，这是强制性要求；终点的完备性，这是尽可能完成的目标；以及途中的简明性，这是竞争理论的互搏标准。我把这三条压缩为两条：充分性和必要性。充分性即完备性，必要性即简明性；两者都符合，即满足自洽性。所谓充分而又必要，就是在一个以特征定义的内部自洽的形式系统中，多一个特征便成赘冗，少一个便不足以区分。充要性原则是判断任何一个分类系统优劣的唯一重要标准。一个声调模型在描写、表达、容纳数以千计的实际声调系统时，应该是充分而又必要的。这也是理论合理性的首要标准。

国内通行的五度制和国外流行的 H/L 规约，在实战中显现出很大的局限性：一方面无法容纳语言事实，无法处理某些语言材料——缺乏充分性；另一方面又具有太多的冗余度（Zhu，2012；朱晓农，2006），从而造成很多系统内部歧义，并作出错误的预测——缺少必要性。分域四度制完全满足充分性，对必要性做到了尽可能少的冗余度。

（二）分四制的优点

分四制的优点，我们有详细讨论（朱晓农，2006、2020；Zhu，2012）。本节内简单罗列几条。

单域四度的充分性——单域四度主要指常域四度。在没有特殊发声态的北京调系或广州调系中，四度足够。不但够，多了反而滋生歧义，即五度缺乏必要性。现知常域最多只有四个平调，如广州话和龙胜伶语，四度足够描写它们的四平调：{55，44，33，22}。

分域的必要性——也有些语言需要五度，这些语言都需分域。贵州高坝侗语有五个平调，四个常态发声 {55，44，33，22}，最高的 T5 是用假声发的，上域 {*66*}，两域五度正好描写（朱晓农、吴和德，2007；Zhu，2012）。需要分域的例子不胜枚举。总之，如果不分域，有发声态区别的声调就无法描写；单声域的声调和多声域的声调无法进行跨语言比较，无法进行类型学研究。

六度的必要性——甚至还有六平调的语言，见于贵州鱼粮苗语（朱晓农、石德富、韦名应，2012）。其六个平调中最高的那个是张声上域 {*66*}，最低的两个都是气声下域 {**22**，**11**}，其余三个在常域。

有人非要用五度制来表达鱼粮苗语六平调，他把最低的气声平调扭曲成［21］。这样处理一方面显出五度制的捉襟见肘；另一方面是真的歪曲了最低平，因为那个平调有一半例字是气声严重到基频消散的地步，根本就画不出一条完整的基频曲线，只是听感上是蜂音感扰耳的低沉感。

有助于定义初始调——在我们的元调（初始状态声调）理论中，初始状态是分域四度制中的常域 {3} 度。但在五度制中就难以定义了，是［2］还是［3］是两可的。

有助于处理松紧元音——辨认出不同的声域，还有利于处理松紧元音。例如缅彝语里的紧元音是嘎裂元音（松元音是常声元音），南亚系语言中的松元音是气化元音（紧元音是常声元音），所以需要至少两个声域才能精确描写。

有利于跨语言比较——没有分四制无法进行跨语言比较。这就是声调研究 100 年来无法建立类型学的基本原因。举个简单例子，北京话阳平、温州话阴上、岳阳话阴去都是［35］，但如果就此得出三者都有相同的高升调，那就错了：北京话是常域 {35}，而温州话、岳阳话都是假声上域高升话 {*46*}。

减少歧义，提升描写精度，减少冗余度，提高必要性——我们常常会为一个昂调记成［35］还是［24］犯愁。这实际上怪不得记音人的耳朵，而是五度制本身冗余度滋生了这一歧义，结果造成对同一声调多种差不多的描写。举个研究得非常充分的例子：上海话的阴平降调，听感描写有五种：［53，52，51，42，41］；使用分域四度制，只有两种可能的记法：{52，53}；而再对照普适调型库，只剩下高降型 |52| 这么一种可能性，{53} 只是一种语音变体。这符合“描写充分性”这条原则。

消除虚假问题——北京话上上连调一般认为等同于“阳上＋上”，即［35＋214］。但徐世荣（1993）认为是［24＋214］。后一看法纯粹是由五度制带来的歧义空间造成的。在四度制和普适调型库中不会出现这一问题。

解释声学和听感的不匹配——例见下文北京话和上海话的降、凹拱比较（第六小节听感性原理）。

有利于后续发现——声调研究一个世纪以来，基本上没有类型学和演化学的概念。改用分域四度制后没几年，类型学研究赫然成型。在此基础上，演化声调学接踵而来。

分域四度制的理论预测——在这个模型中，声域数和度数相互决定对方，因此能作以下推断。

（1）如果没有声域对立，最多可以有四个平调。如果多于四个平调，则一定有声域对立。

（2）如果有两个声域，最多可以有五个平调。如果有五个平调，则至少有两个声域。如台巩县施洞口清江黑苗方言五平调（Gwan，1971）有气声下域，高坝侗语五平调有假声上域（朱晓农、吴和德，2007）。

（3）如果有三个域，最多可以有六个平调。如果有六个平调，则一定有三个声域。得到证实的六平调系统有鱼粮苗语（朱晓农、石德富、韦名应，2012）。

基本单位和简明性问题——这本来是两个问题，但形式派理论家把它们搅和成一个问题，以为用最小的分析性单位 H/L 作为声调的基本单位，就体现了形式派研究的最终目标——简明性。

问题在于：①整体大于部分之和，整体的性质不能由还原主义来获得，这是常识。凹调表示为三个平调的系列 HLH，但凹调的音法性质、派生、演化等都是平调无法表示的。②就算是简明性，也只有全局性简明值得追求，某处的局部简明并不意味着他处简明或处处简明。表达单位简明了，会导致全局表达的复杂，比如需要很多附加符号或很多实现规则，结果得不偿失（朱晓农，2020）。③简明性在形式科学中是途中目标，很重要，但它不是作为经验科学的语言学所力求的，经验科学的途中要求是实证检验。爱因斯坦说：“任何事情都应做得越简单越好，但别过简。”

确定表达单位考虑的标准包括：最大程度的描写充分性和理论充分性、最小冗余度、类型共性和跨语言的可比性、演化阶段的可表达性。

六、分四制的三项性质

（一）听感性原理

听感对立是刻画声调特征和用以分类的首要标准，这也是音系学标准，然后才是声学和生理特征。这就是设定标调制和调型库的最基本的听感性原理。

从琼斯最早的两层四度制，至 Pike 的四层制、赵元任的五度制，以及化简五度记音材料的 H/L 标记，再到朱晓农三域六度制所表达的拱形，甚至 1 500 年前沈约“平上去入”的描绘，用的都是听感标准，而不是声学标准，不是基频的映射，不以基频作为标度。

下面来看一个遇到不匹配时，听感优先于声学的例子。北京话和上海话中都有一个高降拱和一个低凹拱：北京话［51，214］，上海话［52，213］。分别比较它们的最低点会发现一个奇怪的现象。北京话的声学资料和听感描写相当吻合。根据 Howie（1976），北京话上声凹调的拐点是最低点（约 90Hz），降调的终点稍高（约 105Hz）。图 6（d）是一个播音员的发音数据（朱晓农，2010），凹拱低拐点和降拱最低点是相同的（108Hz）。听感描写都降到最低的［1］度：［51］和［214］。

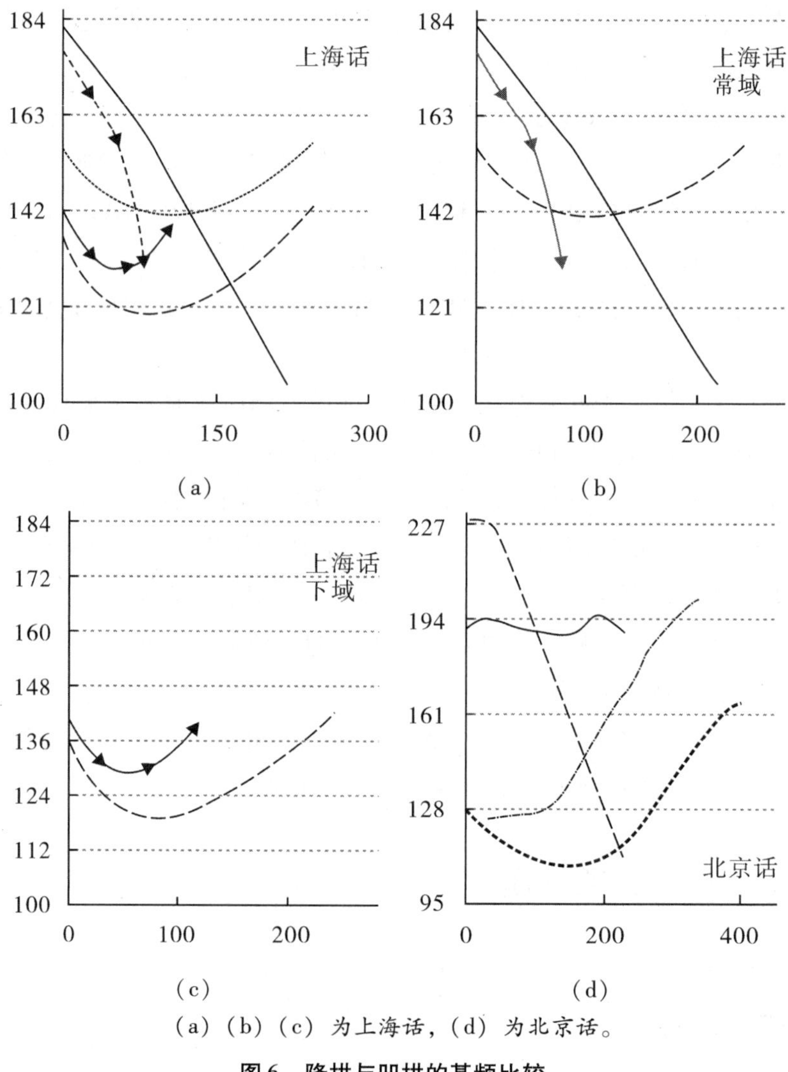

（a）（b）（c）为上海话，（d）为北京话。

图 6　降拱与凹拱的基频比较

与此不同的是，上海话的声学资料和听感描写不一致。它的降拱终点远低于凹拱拐点［图6（a）至图6（c）］：如果上海话的凹拱的基频是［213］，那么它的降拱的基频应该是［50］。令人困惑不解的是，所有对该降拱终点的听感描写，都毫无异议地记成高于［1］，即［52，42］，甚至［53］。而那个凹拱的拐点却是最低的［1］。

这里显现出的声学—听感不匹配，在听感性的双域五度模型（图7）中得到完美解释。尽管上海降拱的基频降得超低，但听上去却比凹拱的拐点高，是因为降拱在常域中，凹拱在气声下域中，常域比下域高一度［图7（a）］。另外，北京话只有一个域，所以那两个调的最低点都在常域的同一度上［图7（b）］。

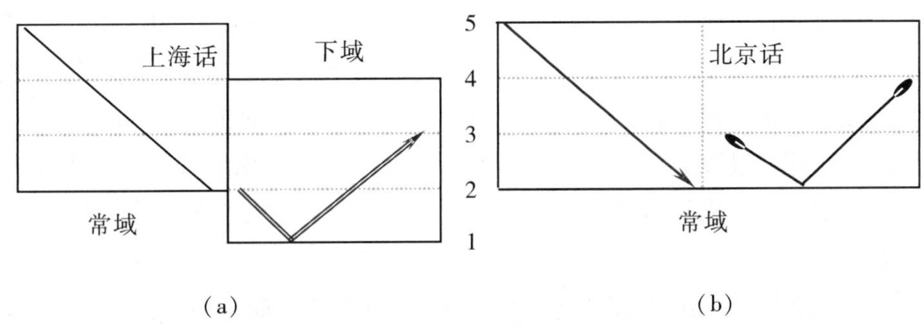

图7　双域五度模型中的上海话与北京话中降调和凹/昂调

声调及其表达方式是听感性的，这一点一定要讲清楚。今天的研究多了很多测量声学、生理参数的仪器，但是，目前我们能用的声学、生理数据只能是第二位的材料。

材料的获取有三种取向。取向A：赵元任的一贯态度是听感为准，声学材料不足为训。这是田野工作者的实践A1，也是形式派音系学的立场A2。取向B是一种近年来盲目的机械式声学数据决定论。我们用的是取向C：从听感切入（=A），构建类型学框架和音节学模型（C）作为理论依据（≠A2），语音学用以佐证（≈B）。实践表明此路可行，能满足描写和理论的充分性。

（二）声域独立性

前文（第四节例图）那些分域图看上去如在一个平面上，像是音高和长度的二维图，但实际上是三维图，第三维是声域。声域维度的三项取值 *U*、*M*、*L* 并不在一个平面上，可以把它想象成一个三面立体图形，或中式屏风（见图8）。当然为方便起见也可拉直在一个平面上，如上文那些分域四度的直线示意图。

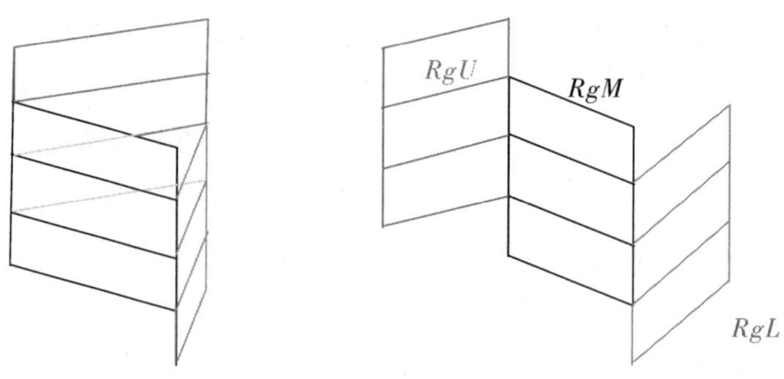

图 8 立体状三域六度模型

不同声域在各自平面上自成一空间——这在上一小节上海话常域降拱与下域凹拱的共时描写中得到充分展示。下面再来看一个演化的例子（朱晓农等，2008）。闽南语入声阴低阳高貌似反常的现象，在王士元的词汇扩散论里叫作翻转（flip-flop），作为语音突变的证据。在演变过程中，古代较高的阴入逐渐降低，而原本较低的阳入逐渐升高，然后突然一个翻转，变成阳高阴低。如果没有这么一种基频突然翻转，阴阳入就会在中间相逢而合并。

潮安话阳入韵尾为张声喉塞尾或唯闭音 -k˺，声带绷紧而基频提高；阴入调尾伴有嘎裂声，基频降低。闽语入声高低翻转其实是通过调尾发声态转换进行的。历史上是阴入高而阳入低。后来阴入获得嘎裂声基频下降。因此，闽语阴阳入高低翻转，其实不是突变翻转，而是发声态先起变化，然后带动基频渐变：阳入在常声平面上音高连续升高。阴入则处于僵声另一发声平面上，音高则在那个平面上连续变低。用图 8 立体状三域六度模型很容易理解，不同发声态在不同平面上，不同平面上的基频各行其是，互不干扰。

这个猜想在 10 年后的一项 65 个潮汕闽语点的区域类型学研究中（张静芬、朱晓农，2018）得到证实：第一阶段假定早期潮汕像今天樟泉片晋江一样阴高阳低［图 9（a）］。然后阴入获得嘎裂尾音高逐渐变低，而阳入则逐渐变高，两者在中间相逢而不合并，是因为发声态不同。然后继续这一进程直到第四阶段阳高阴低，就是今天潮汕包括潮安的普遍情况[①]。

① 从变化已定的共时平面上来说，由于这是韵尾的局部发声态，不是音节的全局性发声态，所以不用分域。

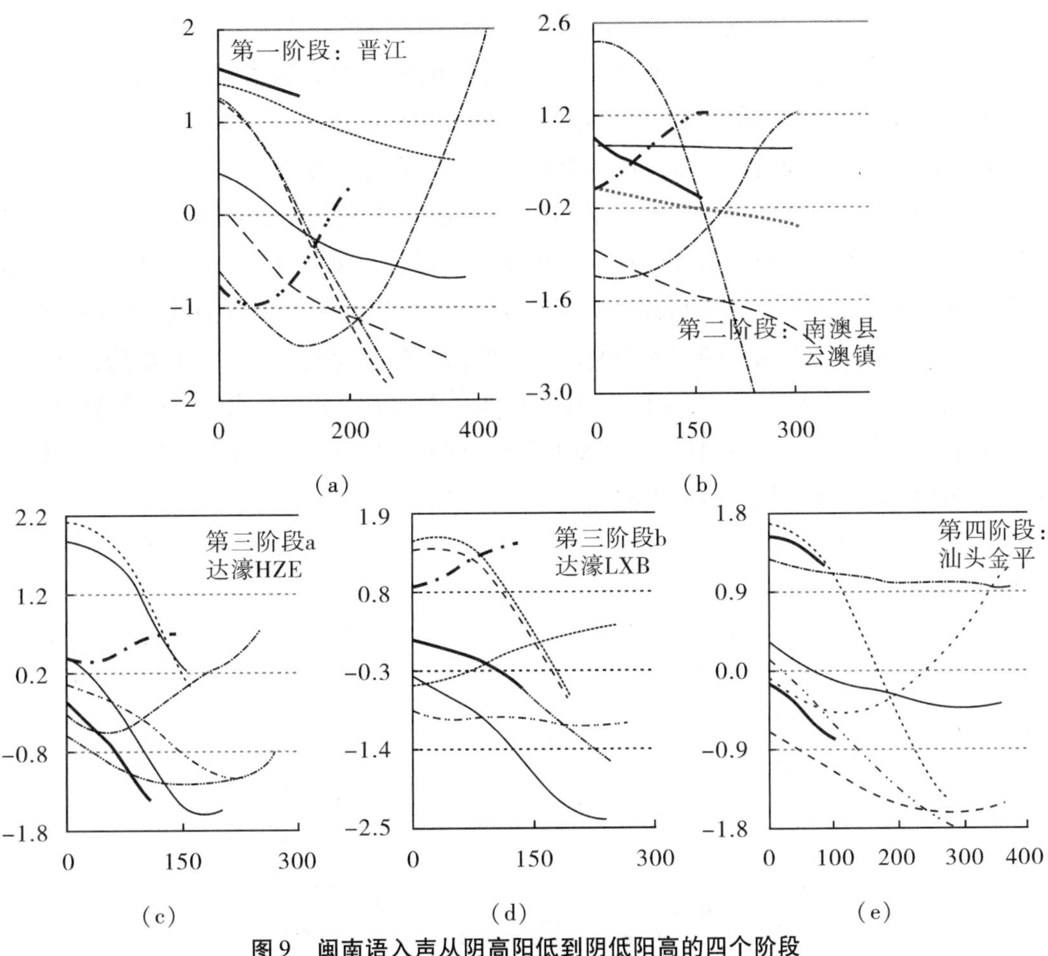

图 9　闽南语入声从阴高阳低到阴低阳高的四个阶段

打个比方，不同的发声态像不同的电梯轿箱，有 A 发声态的 A 调在 A 电梯里上行，有 B 发声态的 B 调在 B 电梯里下行，两者在中间错过而不会相撞而合并。

（三）不等比准则

上文图 8 的立体三域六度模型也间接回答了一个问题，即不同声域的音高 Y 轴不一定要对齐，这就是与听感性原理相关的标度的不等比准则。

最近 20 年来由于高效的计算机软件的普及而大量使用基频数据，让一些研究者误认为可以用基频等分的方法来对应五度制。也有人认为要比较不同发声态的音高就需要把标度对齐，这实际上又回到了五度制，把不同发声态的声调的音高打统账。这是没有理解五度或四度标调制的听感属性。基频不能直接线性换算成五度或四度，因为两者并不总是成比例的。不同声域中的音高是独立的，这是复合调系表达中的关键性概念之一，见上文声域独立性。

（1）不同声域中的基频不可直接比较，这又分为不同语言和同一语言。

①不同语言中不同声域的基频和听感标度不可直接相比，例如上文上海话和北京话的两个凹调尽管都记为［213］，但实际上上海话的凹拱更低，因为它在下域中。

②同一语言中的基频由于发声态不同，而无法等距划分空间。图 7 中，上海话的双域如果要画四度间隔的话，常域每度 21Hz 要比下域每度 12Hz 大得多。再看一个基频完全不成比例的例子。高坝侗语有五个平调，其中 T5 是上域假声，另四个在常域。两者的基频完全不成比例。如果用线性标度［图 10（a）］，最低的 T1'标为［11］，那么最高的 T5 就应该是［99］。上面曾说，如果不同声域的基频标度一致的话，就破坏了分域而回到五度制。高坝侗语的例子说明这样不但回不到五度制，连五度制都给毁了。因此，当它们分开在两个声域中的时候［图 10（b）与（c）］，必须各标各的频域（上下限和频域范围都不同：上域 180Hz 到 380Hz 共 200Hz，下域 115Hz 到 235Hz 仅 120Hz），各有各的四度间隔（上域每度 50Hz，下域每度 30Hz）。

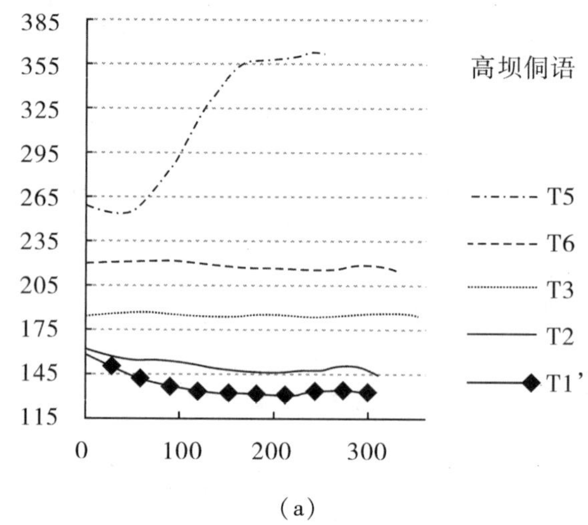

（a）

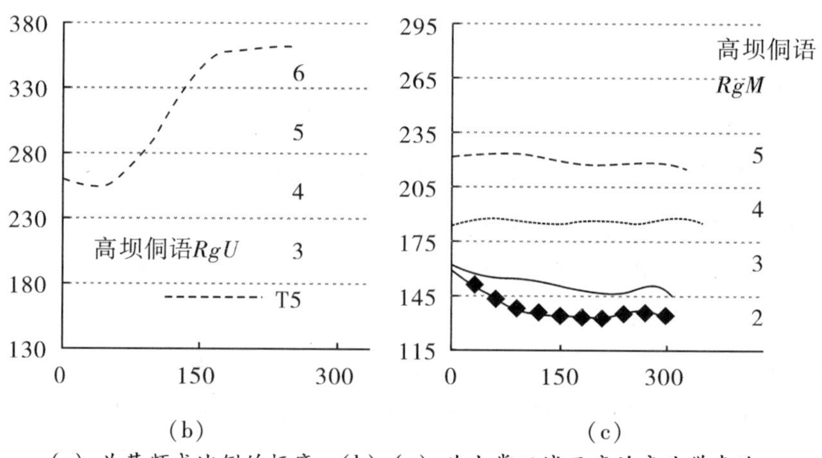

（b） （c）

（a）为基频成比例的标度；（b）（c）为上常双域五度的音法学表达。

图 10 高坝侗语五个平调（朱晓农、吴和德，2007）

（2）单一常域中四度不成比例，高端｛5｝度和低端｛2｝度占据较宽的频域。

①低界扩大例。图 11（a）是上海话常域中的三个阴调，最低的｛2｝度占据了超大的频域。阴平高降调降得特别低，按比例算的话，它的｛2｝度（48Hz = 140Hz − 92Hz）占据了和上面 3 度一样的宽度（48Hz = 188Hz − 140Hz）。但从音系学和类型学角度看，不管怎么低，在分域四度制中它仍然是｛52｝，不能按线性比例把它标成 61。

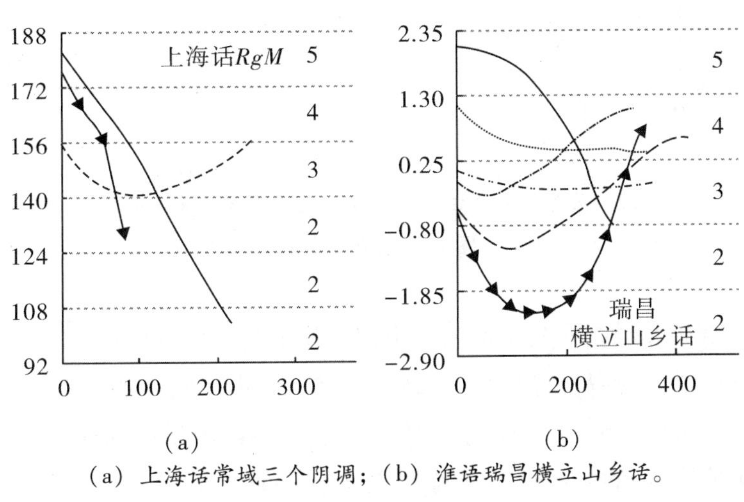

（a）上海话常域三个阴调；（b）淮语瑞昌横立山乡话。

图 11 低界扩大例

图 11（b）是淮语瑞昌横立山乡话的一个低度区不成比例的例子，｛2｝度占据了双倍空间。它的入声凹调发得特别“足”，即凹点降得特别低，而峰点升得特别高。峰点高不至于影响分度的比例，而谷点低就会影响。这个凹调降得这么低且无嘎裂声，除非把凹点附近的基频抹去才能大致成比例。现在只能将｛2｝度的空间扩大，以容纳阴去中升｛24｝的低点；否则的话，就会影响中间四个调类（1b，T2，3a，3b）的相对高度关系，即两个平调可能都是｛44｝，两个昂调可能都是｛34｝。

②高界扩大例。图 12（a）是粤语新会古井话的一个高度区不成比例的例子，｛5｝度占据了双倍的空间，以容纳升得特别高的上声｛45｝。该调没有假声，否则可以另设一个上域安置它。

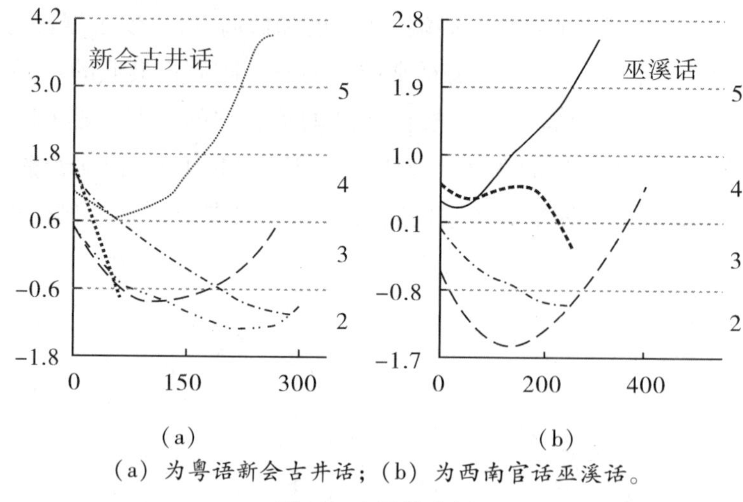

(a) 为粤语新会古井话；(b) 为西南官话巫溪话。

图 12　高界扩大例

图 12（b）是西南官话巫溪话的四个声调，其中阴平高微升调｛45｝的实际升幅很大，跟去声中升｛24｝平行，但它不是高升｛35｝，因为它的起点就是｛4｝度，但也不是｛46｝，因为常域｛5｝度到顶了。所以只能委屈或者说放纵这个高微升，让它的｛5｝占据其他度数两倍的频域。成渝片重庆块中此类例子甚多，见寸熙、朱晓农（2013）。

不管是单域还是多域，高端和低端的频域范围都有可能占据比中间两度更宽的区间。也就是说，作为音法学概念的分域四度标调，不是直接与基频成正比的。标度必须按照听感和类型学调型要求来设置。

简而言之，最近二三十年来对于声调的认知进展很大。我们已经能够为声调下逻辑定义，也能确认声调的下属成分。声调的表达方式——标调制也在充分性和必要性两方面都得到了极大的改善。本文还发掘出标调制的三项性质：听感性原理、声域独立性、不等比准则，并强调声学数据不能直接转换成听感标度。

参考文献

[1] 寸熙，朱晓农．成渝官话的声调类型［J］．语言研究，2013，33（4）．
[2] 魏阳，朱晓农．演化视野中的胶辽声调类型［J］．民俗典籍文字研究，2021（1）．
[3] 徐世荣．普通话语音常识［M］．北京：语文出版社，1993.
[4] 徐越，朱晓农．喉塞尾入声是怎么舒化的：孝丰个案研究［J］．中国语文，2011（3）．
[5] 张静芬，朱晓农．潮汕入声：从阴高阳低到阴低阳高［J］．语言研究，2018，38（4）．
[6] 朱晓农．论分域四度标调制［M］//音韵研究．北京：商务印书馆，2006.
[7] 朱晓农．语音学［M］．北京：商务印书馆，2010.
[8] 朱晓农．声调发生的五项前提［J］．语言科学，2019，18（6）．

[9] 朱晓农．上海声调实验录［M］.2 版．上海：上海教育出版社，2020.

[10] 朱晓农，关英伟．桂北全州文桥土话音节的四分发声活动：兼论自发内爆音[J]．方言，2010（4）.

[11] 朱晓农，焦磊，严至诚，等．入声演化三途［J］．中国语文，2008（4）.

[12] 朱晓农，焦磊，张偲偲．声调四维度［C]//潘悟云，沈钟伟．研究之乐：庆祝王士元先生七十五寿辰学术论文集．上海：上海教育出版社，2010.

[13] 朱晓农，阮廷贤．越南语三域八调：语音性质和音法类型［J］．民族语文，2014（6）.

[14] 朱晓农，石德富，韦名应．鱼粮苗语六平调和三域六度标调制［J］．民族语文，2012（4）.

[15] 朱晓农，吴和德．高坝侗语五平调和分域四度制［C］//复旦大学汉语言文字学科《语言研究集刊》编委会．语言研究集刊：第四辑．上海：上海辞书出版社，2007.

[16] 朱晓农，张瀛月．东部中原官话的声调类型［J］．语言研究，2016，36（3）.

[17] CHAO Y R. Cantonese primer [M]. Boston: Harvard University Press, 1947.

[18] CHAO Y R. ə sɩstəm əv toun lɛtəz [J]. Le Maître Phonétique, 1930, 45.

[19] EVERETT C, BLASI D E, ROBERTS S G. Climate, vocal folds, and tonal languages: connecting the physiological and geographic dots [J]. Proceedings of the national academy of sciences of the USA, 2015, 112 (5).

[20] GWAN J C. Ch'ing Chiang Miao phonology [J]. Tsing Hua journal of Chinese studies, 1971 (9).

[21] HOUSE A S, FAIRBANKS G. The influence of consonantal environment on the secondary acoustical characteristics of vowels [J]. Journal of acoustical society of America, 1953, 25 (1).

[22] HOWIE J M. Acoustical studies of mandarin vowels and tones [M]. Cambridge: Cambridge University Press, 1976.

[23] IPA. The handbook of the international phonetic association: a guide to the use of the international phonetic alphabet [M]. Cambridge: Cambridge University Press, 1999.

[24] JONES D, WOO K T. A Cantonese phonetic reader [M]. London: University of London Press, 1912.

[25] LEHISTE I. Suprasegmentals [M]. Cambridge: MIT, 1970.

[26] LEHISTE I, PETERSON G E. Some basic considerations in the analysis of intonation [J]. Journal of the acoustical society of America, 1960, 32 (11).

[27] MADDIESON I. "Tone" and "glottalized consonants" [M] //DRYER M S, HASPELMATH M. The world atlas of language structures online. Leipzig: Max Planck Institute for Evolutionary Anthropology, 2013.

[28] MOHR B. Intrinsic variations in the speech signal [J]. Phonetica, 1971, 23 (2).

[29] OHALA J. How is pitch lowered? [J]. Journal of the acoustical society of American, 1972, 52 (1A).

[30] ROSE P. A seven-tone dialect in Southern Thai with super-high: Pakphanang tonal acoustics and physiologyical inferences [C] //ABRAMSON A. Southeast Asian linguistic studies in honour of Vichin Panupong, 191 – 208. Bangkok: Chulalongkorn University Press, 1997.

[31] YIP M. Tone [M]. Cambridge: Cambridge University Press, 2002.

[32] ZHU X N. Multi registers and four levels: a new tonal model [J]. Journal of Chinese linguistics, 2012, 40 (1).

[33] ZHU X N. Shanghai tonetics [M]. Muenchen: Lincom Europa, 1999.

Tone: Attributes and Presentations

ZHU Xiaonong

【Abstract】This paper pinpoints major issues during the development of the exploration of tone. Firstly, it has been controversial to what tone belongs. Does it belong to the vowel, rhyme, syllable or its voiced part, mora, or the abstract unit of TBU (Tone Bearing Unit)? A generally received viewpoint now is the syllable. Secondly, tone has been considered to be a kind of pitch and pitch only. This paper provides another definition that tone is a complex that consists of register and length besides of pitch, which, in turn, consists of height and contour. Tonal presentations from Jones' 4-levels, Chao's 5-levels, to Zhu's multi-register-and-four-level model, demonstrate the progress of the power of necessity and sufficiency of the formal systems. This paper identifies three attributes of tonal models: the principle of perception, three independent registers, and nonproportional principle.

【Keywords】tone, syllable, multi-register-and-four-level model, perception, three independent registers, nonproportional principle

论音段与发声态的关系

——以浊阻塞音与气嗓音发声态为例①

陈忠敏②

（复旦大学中文系、现代语言学研究院　上海　200433）

【提　要】本文从发音生理动作以及空气动力学两方面来说明发音时声门上系统的收紧动作会影响声门系统声带振动的方式（发声态）。具体讲就是随着声门上收紧程度加深，一直到完全闭塞，声门系统中的声带振动会越来越倾向于气嗓音发声态。气嗓音发声声带振动的频率就慢。由于发声态具有超音段性，浊阻塞音此一发声态音征会延续到后接元音，使得后接元音也带有气嗓音发声态音征和基频低的音征。浊阻塞音这些音征健全，围绕在浊阻塞音周围（浊阻塞音与后接元音），起到了增强浊阻塞音的感知度的作用。

【关键词】浊阻塞音　气嗓音发声态　基频　声门上系统　声门系统

一、引言

本文所说的音段（segments）是指语流中可切分的最小语音单位，通常还可以分为不同的辅音与元音。发声态（phonation）是指声门的状态或声带振动的方式或类型，一般分为四种：声门打开，声带不振动的清音（voiceless）；声带全长振动的浊音（voiced）；声带一部分振动，其余部分（通常在杓状软骨处）微开的气嗓发声（breathy voice）；声带在杓状软骨处紧闭，其余部分振动的挤喉发声（creaky voice）（Gordon & Ladefoged，2001；Ladefoged & Johnson，2015：156－158）。

除了清浊音涉及声带振动与否，音段的分类与区别更多地与声门上共鸣腔体的不同有关，而发声态的不同则是与声门的状态与声带振动的方式有关。语音的分类和分析按声门

① 本文写作受国家社会科学基金重大项目“上海城市方言现状与历史研究及数据库建设”（项目编号：19ZDA303）的资助，特此鸣谢。

② 陈忠敏（1962—　），语言学博士，上海复旦大学中文系、现代语言学研究院教授，主要研究方向为历史语言学、实验语言学、汉语方言学。

上特征与声门特征区分，使人想起语言发音产生的“声源 + 滤波”理论（source-filter theory）（Fant，1960）。根据“声源 + 滤波”理论，语音的产生由两部分组成，声门系统（glottal system）中的声带振动所产生的声源，加上声门上系统（supraglottal system）共鸣腔对此声源的修饰（滤波）。声门系统所产生的声源与声门上系统的滤波是两个功能不同的系统，可以各自独立运作。比如相同的声源可以配上不同的共鸣腔产生不同的元辅音；不同的声源配上相同的共鸣腔也可以产生不同语调或声调的元音、音节、短语、句子等。

随着研究的深入，我们发现在语音产生的过程中，声门系统与声门上系统并非截然独立运作，很多音声门的发声动作与声门上的动作是协调的。典型的清浊阻塞音（voiced obstruent）的区别虽说是持阻段（擦音段）声门系统中声带不振动/振动的区别，但是语言里有清浊阻塞音对立的，往往还有很多声门上系统的发音动作的不同（下文除有必要，否则只用塞音来指称阻塞音）。比如浊塞音声门上收紧点爆破能量比对应的清塞音弱（Repp，1979）；持阻时浊塞音声门上空间比对应的清塞音大（Westbury，1983）；浊塞音持阻时长比对应清塞音的要短（Lisker，1975）；相较于对应的清塞音，浊塞音持阻段整个舌体往前，咽腔部扩大（Ahn，2018）；相较于对应的清塞音，浊塞音后接元音第一共振峰（F1）较低（Kingston et al.，2008；Ahn，2018）；浊塞音后接元音的起始基频（F0）比对应清塞音的低（Hombert et al.，1979）。也就是说，声门上调音动作也会对声门的发声有直接的影响（Bickley & Stevens，1987）。

声门系统与声门上系统发音动作的这些协同具有共生性（co-occurrence），即声门上系统的发音动作会引起声门系统发声状态的改变；反之，声门发声状态的不同也要求声门上系统的发音动作的协调。本文讨论浊塞音声门系统与声门上系统发音动作的某些共生现象，具体来说是浊塞音会有气嗓音的倾向，气嗓音又会引起低调。本文还讨论这些共生的生理、感知机制对应的声学结果，以及这些共生失衡所引起的一些音变。

二、浊塞音持阻段舌根前移引起气嗓音发声

声门系统与声门上系统的共变有的跟发音生理机制有关，有的跟音类的感知要求有关。讨论浊塞音声门系统与声门上系统的共变现象得先了解浊塞音的发音生理机制。图1是浊塞音持阻时声门上下气压差示意图。

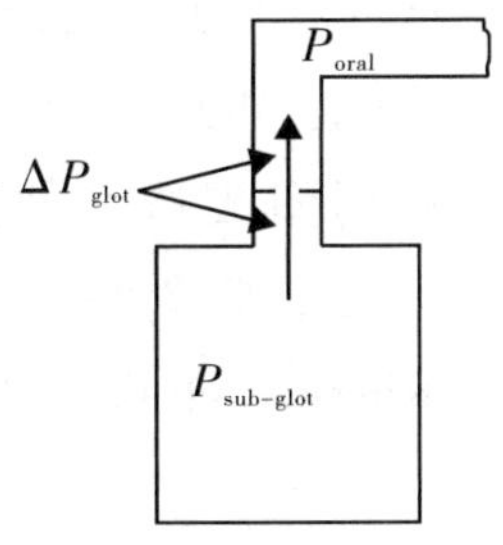

图1 浊塞音持阻时声门上下气压差示意图

图 1 里 P_{oral}是指声门上压力，ΔP_{glot}是指声门上下气压差，$P_{sub\text{-}glot}$是指声门下压力。浊塞音在持阻阶段声门上某一点完全闭塞，此时声带振动必须有急促的气流穿过，产生伯努利效应（Bernoulli effect）才能促使声带靠拢振动。但是持阻阶段声门上有阻塞点，随着声带一次次振动，声门上下气压差（ΔP_{glot}）会快速变小，气压差小到临界点时（$\Delta P_{glot} \geqslant 2 \sim 3cm/H_2O$）（Ohala，1983；Stevens，1998：471）声带就无法振动了。根据压力大小与空间大小成反比的波义耳（Boyle）定律，要使持阻段声门上压力小，就必须使声门上的空间大，以起到降低声门上压力的作用，这样才能有足够的声门上下气压差，使急促的气流穿过靠拢的声带产生伯努利效应驱动声带振动。很多研究表明，在清浊对立的语言，相较于对应的清塞音，浊塞音持阻时都有舌根向前推进（advanced tongue root，+ATR），扩大咽腔的声门上动作（Westbury，1983；Kingston & Diehl，1994；Ahn，2018）。图 2 是元音间（intervocalic）浊塞音/d/持阻开始时（实线）和持阻结束爆破前（虚线）两时间点声门上空间的变化（Stevens，1998：467，Figure 8.69）。

图 2　元音间浊塞音/d/持阻阶段声门上系统变化示意图

很明显，从持阻开始到爆破整个持阻阶段，浊塞音声门上空间是逐渐变大的。根据图 2 可以知道扩大声门上空间主要是靠舌根前移和喉头下沉。舌根前移扩大声门上咽腔的容积是浊塞音持阻阶段声带振动的需要，此项声门上的协调动作本来是为发浊塞音服务的，不过声门上的调节动作也会引起声门发声态的不同。舌根前移扩大咽腔（+ATR）常常也是气嗓音发声态的特征。其生理机制是舌根前移的动作通过舌骨舌肌（hyoglossus muscle，见图 3。下列解剖图据 McFarland，2009：103，Figure 2 - 10、Figure 2 - 6、Figure 2 - 37、Figure 1 - 7 解剖图改造）使连接会厌与杓状软骨的会杓肌（aryepiglottal muscle，见图 4、图 5）收紧，收紧的会杓肌会引起两片杓状软骨（arytenoid cartilages）稍微分开向前滑动（Kingston et al.，1997）。

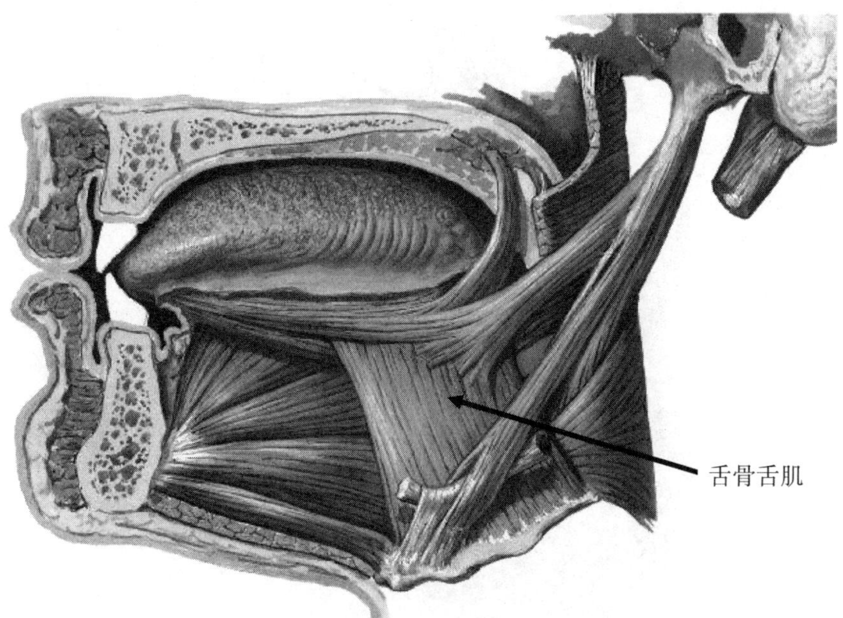

图3　舌骨舌肌位置

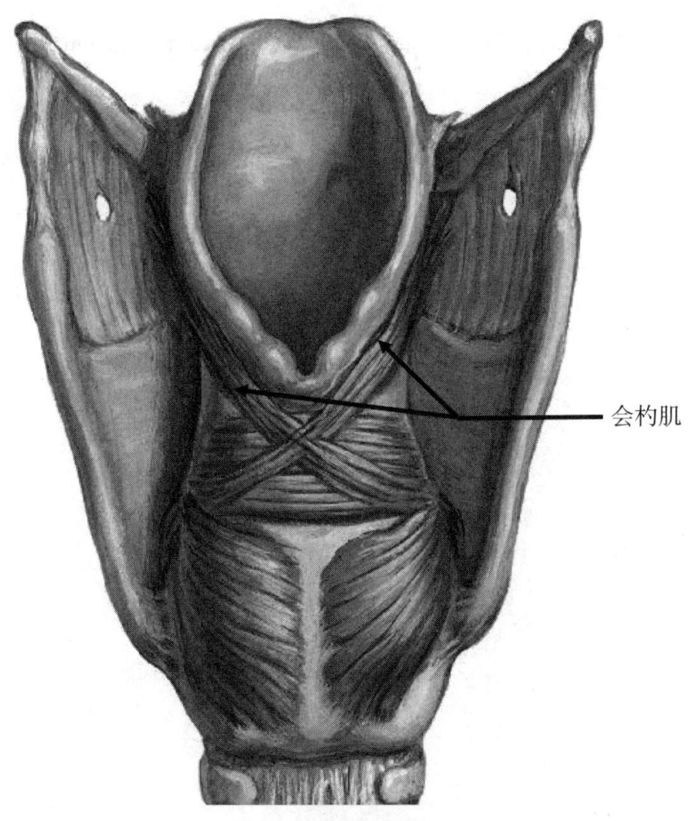

图4　会杓肌背面图

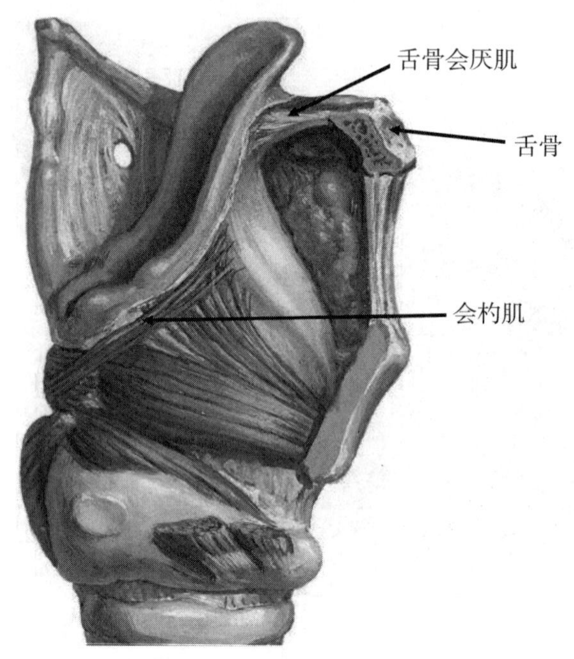

图5　会杓肌侧面图

声带的后部（posterior）是附着在两片杓状软骨（arytenoid cartilages）的突出上的（见图6）。

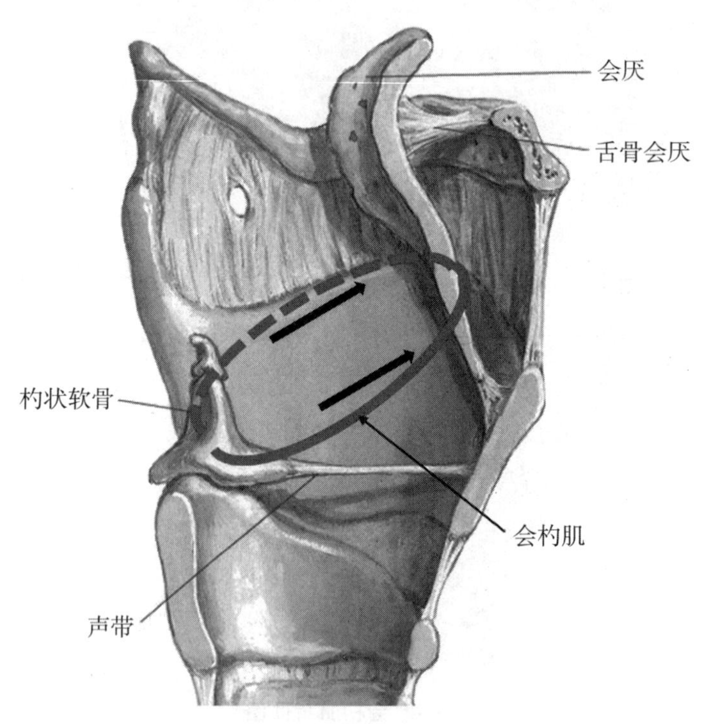

图6　杓状软骨、声带以及会杓肌侧面示意图

会杓肌是一种连接会厌与杓状软骨的括约肌，连接在杓状软骨的后部。图 6 中的粗线就是会杓肌括约走向，实曲线是外侧，虚曲线是内侧。当舌根前移（+ATR，用黑色箭头指出前移方向，下同），舌骨会通过舌骨会厌肌牵动会厌也稍微同步前倾，会厌向前倾斜也使得会杓肌紧张，从而引起杓状软骨稍微前移，同时也使两片杓状软骨微微分开。杓状软骨这两个动作其实跟气嗓音有密切关系。杓状软骨向前滑动使得绷紧的声带松弛下来，两片杓状软骨微微分开也就使得声带后部留有空隙。此时声带做振动的状况就是松弛的声带前部做振动，振动频率相对较低；靠近杓状软骨处的声带由于两片杓状软骨微微分开，产生了空隙，急促的气流从空隙处逸出，产生高频噪音。这是典型的气嗓音发声态。舌根前移扩大咽腔对浊塞音在持阻阶段维持声带振动有利，但它不是声带振动的必要条件，扩大声门上空间以降低持阻或摩擦时声门上压力还可以有其他策略。比如升高软腭、喉头下沉、降低舌体、轻微打开鼻咽通道等动作也可达到扩大声门上空间，降低声门上压力的效果。舌根前移的程度也有可能由于发音部位的不同呈现差异。如双唇部位的音，收紧点后的空间较大，舌根前移以扩大咽腔的需求不是那么紧迫，舌根前移的幅度可能较小。发浊塞音在持阻时舌根前移虽说在许多语言里都十分普遍，但是它也只是发浊塞音的一种策略，也可以说是浊塞音的副产品（by-production），所以可以说浊塞音（浊阻塞音）具有气嗓音发声的强力倾向性。

三、浊塞音持阻段声门上压力引起气嗓音发声态

浊塞音有强力的气嗓音发声倾向的另外一个原因是持阻时声门上气压对声门振动方式的影响。有学者认为这是声门上收紧点产生的高压对振动的声带产生的影响（Titze，2009），即声门上某一部位阻塞或收紧，此时声门上的气压急剧上升。升高了的声门上压力反作用于声带，使得声带间产生压力填充物（intraglottal pressure），这种声带间的压力填充物首先会对声带的上边缘（upper edge of the vocal fords）产生一个向外的张力，使声带上边缘分离，不参与振动，只有声带下边缘参与左右轻微碰撞振动。随着声门上压力的增加，声门间的压力填充物也随之增大，连声带下边缘也会分离，作不接触振动。声带这种发声状态会有两种声学结果：①声门波与常态发声态不同，会变得更圆；②高频的声能会降低（Bickley & Stevens，1987；Stevens，1998：94－97）。为了说明声门上收紧点对声带振动的发声态的影响，Titze 教授在 2009 年的文章里做过一个实验。他请 10 位成年发音人（5 男 5 女）嘴含 2.5mm 直径的细吸管（straw）发元音，用 EGG（Electroglottographic，电子喉头声门仪）观察声带振动时的闭合情况。含 2.5mm 直径的细吸管相当于口腔处在半封闭（semi-occluded）状态，此时声带振动发声，声门上的半封闭处相当于有较窄的收紧点。随着声带一次次振动，气流从声门快速逸出，声门上收紧点后的压力必定会快速增高。升高的压力反作用于声带，在两片声带间产生压力填充物，此时声带振动就倾向于作不接触的振动。图 7 是其中一位男性发音人发不同基频时

EGG 信号的一组图。其中（a）至（e）五幅图都是含细吸管（with straw）时的 EGG 电信号图，（f）则是不含细吸管的正常发音（normal speech）时的 EGG 电信号图，作为对比（Titze，2009）。

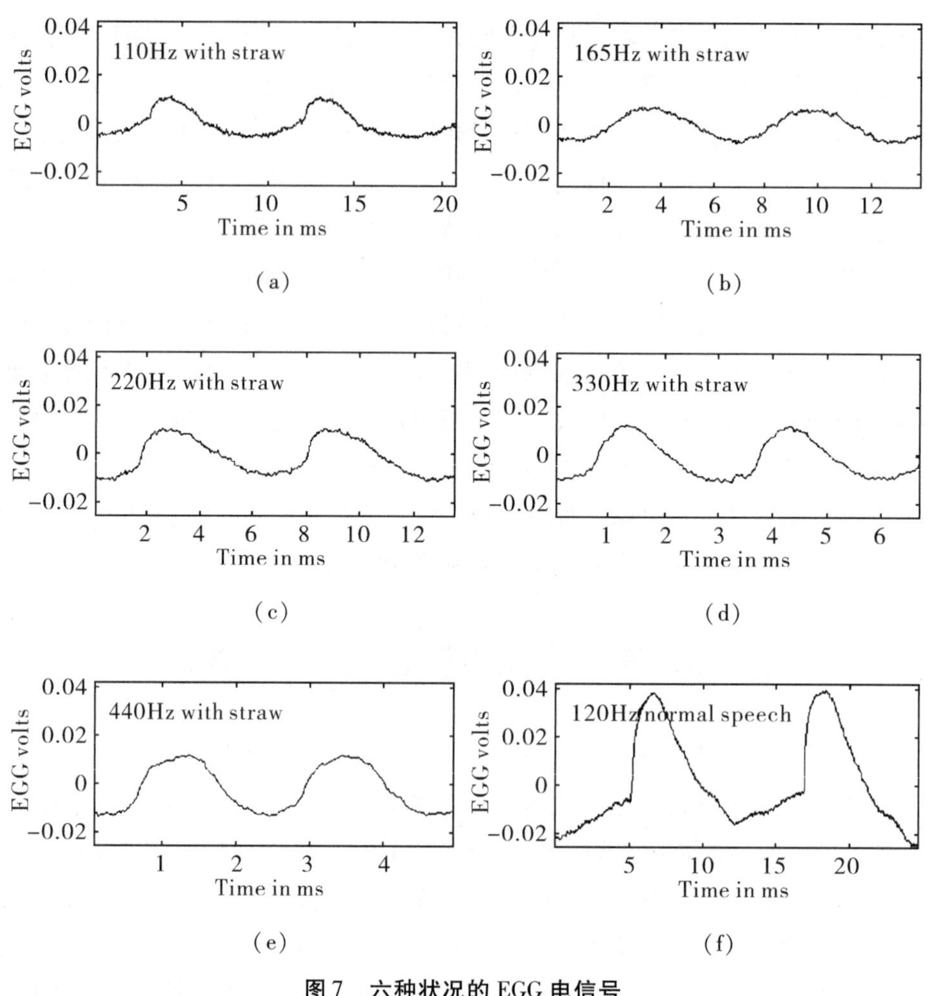

图 7　六种状况的 EGG 电信号

图 7（f）是不含细吸管正常发元音时的电信号图（120Hz normal speech）。两片声带有一定厚度。声门上无收紧点时，声带闭合首先是靠近气管的底部先合拢，然后快速波及声带上边缘。两片声带分离也是从底部开始，逐渐波及声带上边缘。常态发声态两片声带合拢的速度要快于分离的速度，所以合拢的斜率陡峭，分离的斜率较为平缓。图 8 是用电流量来表示常态发声声门波的（电信号图与声门波正好成镜像。电流量最大，则声门波振幅最小；电流量最小，则声门波振幅最大）。

图 8　声带振动一个周期和对应的 EGG 电信号示意图

如图 8 所示，1、2、3 阶段是声带快速合拢接触阶段，到达 3 阶段是两片声带接触面积最大的时候，此时电阻最小，电流量则最大。此时通过声门的气流量是零，故此声门波振幅等于零。整个合拢阶段也相当快速，所以 1、2、3 阶段的上升曲线是陡峭的。4、5、6 是两片声带分离阶段。相比合拢阶段，声带分离阶段速度比较慢，所以下降的电流量曲线没有 1、2、3 上升阶段电流量曲线那么陡峭。到 6 阶段则是电流量最小（电阻最大），说明两片声带完全不接触，图 7（f）正是这种情况，这是常态发声态的情形。图 7（a）、（b）、（c）、（d）、（e）是口含细吸管发音时的 EGG 电信号图，它们与图 7（f）常态发声完全不同。不同点有两点：第一，图 7（a）、（b）、（c）、（d）、（e）五种状态电信号曲线都接近正弦状，也就是电信号曲线（声门波是对应的镜像图）变成圆形，这说明两片声带作无全面接触的振动。第二，与图 7（f）相比，图 7（a）、（b）、（c）、（d）、（e）五种状态的电流量要小很多，说明这五种状况电阻大，原因就是声门间有压力填充物，使得声带不能作全长的接触振动。这也符合气嗓音发声的状态。

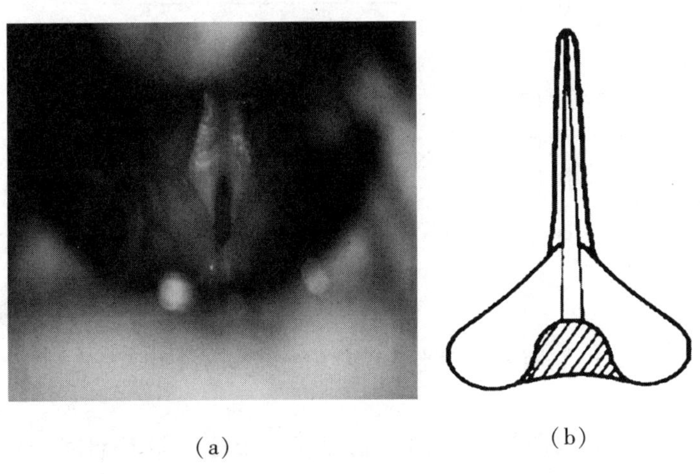

（a）　　　（b）

图 9　气嗓音发声态俯视图

图9（a）是通过 laryngoscopy 高速摄像机拍下的气嗓音发声时声带的照片。声带在杓状软骨处有闭合不全空隙。发声时声带前部振动，声门下气流从声带后部空隙处逸出。图9（b）是气嗓音声带后部闭合不全示意图（取自 Stevens，1998：89，Figure 2.19）。气嗓音发声声带不是全长接触振动，特别是声带后部杓状软骨处由于有声门间压力，闭合不全，空气是绝缘的，电阻大，相比全长接触的声带，通过的电流量就小。从电流量再次可以证明图7（a）、（b）、（c）、（d）、（e）五种状态下是气嗓音发声。口含细吸管半封闭状态尚且是气嗓音发声，如果是口腔内全闭塞的浊塞音，或摩擦感较强的浊擦音，持阻或摩擦段收紧点后口内气压必定更高，所以两片声带更倾向于作不接触振动，这种状态下声带振动更有可能是气嗓音发声。

Bickley 和 Stevens（1987）以及 Stevens（1998：94－97）通过实验证明随着声门上收紧点越来越收窄，涉及声门系统的声学变化是：①声带振动的开商（声带打开的时间）增大；②声门波的斜率（slop of the glottal waveform）会变大；③第一共振峰（F1）的带宽会增大。这些都是气嗓音的声学特点。下面我们来逐一解读这些声学特点，从而说明声门上动作与声门系统的关系。

Bickley 和 Stevens 1987 年的文章通过控制声门上收紧程度并结合电子喉头声门仪来观察声门上收紧程度与声带振动时声带打开的时间，被试有六位，分别是 CB、CH、BH、KS、RS、PI。唇部收紧点的面积（constriction areas）从小到大依次为 0.079、0.12、0.18、0.32（cm^2）。不同程度的收紧与声带振动打开时间的百分比如图10所示。

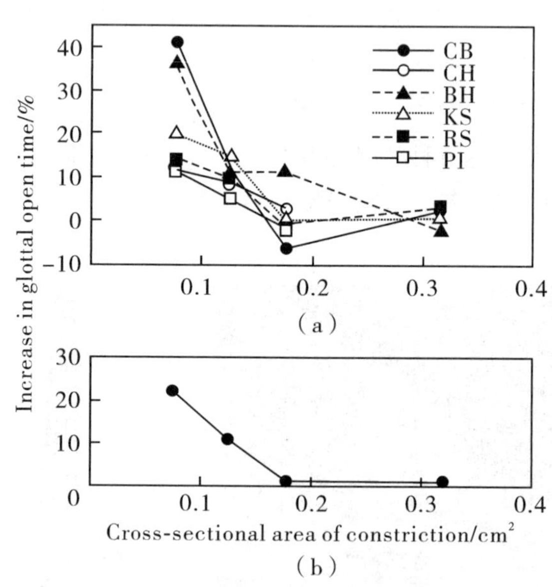

图10　声门上不同收紧程度下的声带开启时间百分比

图10（a）是六位被试声门上不同收紧程度下个体声带开启时间的百分比，图10（b）是平均值。从图10可见，随着声门上收紧点面积的缩小，声带振动时开启时间的

百分比会逐渐增大。声门上收紧点面积逐渐变小，意味着收紧点后的压力逐渐变大。增大的声门上压力反作用于声带，使振动的声带开启时间的百分比也增大，从而也说明声门上压力的增加会改变声带的发声状态——逐渐变为气声发声。

Bickley 和 Stevens 1987 年的文章还指出随着声门上收紧点面积的缩小，收紧点爆破以后后接元音第一共振峰（F1）的带宽会增大。这是因为气嗓音发声态这一音征延续到后接元音，闭合不全的声门可以看作一个留有空隙的收紧点，收紧点上是共鸣腔，收紧点下是气管连着肺部，这种共鸣模式会产生声学耦合（coupling）效果，使得共振峰带宽变粗。

声门波斜率变大是指低频处声能变化不大，高频处声能降低，这样就造成低频到高频的声能斜率变大。图 11 是两例常态发声（modal voice，虚线）与气嗓音发声（breathy voice，实线）声门波的斜率频谱图［Stevens，1998：90，Figure 2. 21（c）］。

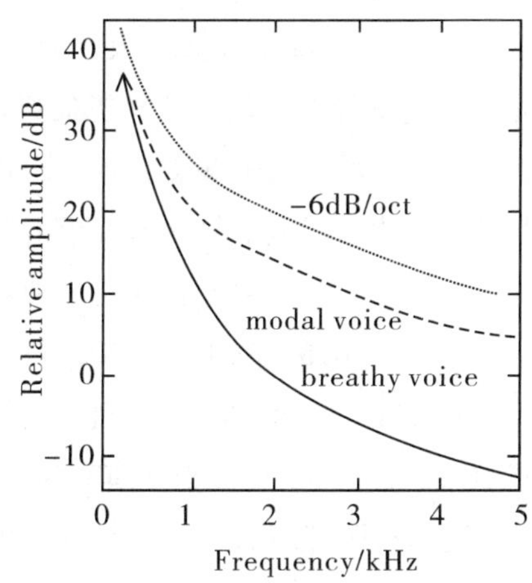

图 11　常态发声（虚线）与气嗓音发声（实线）声门波的斜率频谱图

从图 11 两种发声态斜率对比可以看出，常态发声与气嗓音发声在低频处声能相差不大，主要差别在高频。随着频率升高，气嗓音发声态能量损耗比常态发声态的要大得多。如果常态发声频率每上升一个倍频程（octave）声能就下降 6dB，那么气嗓音发声每上升一个倍频程其声能损耗则远远大于 6dB，通常在 12dB 左右。这是因为随着声门上收紧点变窄，以至于完全阻塞，声门上压力会迫使声带上边缘张开，只有声带边缘作不接触振动，于是声门波会变得越来越像正弦波，如图 7 中五种状态声门波曲线都呈近正弦状。这种正弦波对应的频谱就是高频能量下降（Stevens，1998：96）。

综上所述，持阻阶段声门上系统如果有收紧点或阻塞点，会对声门系统中声带的振动状态产生影响，无论是声门上的发音动作，还是声门上空气动力制约因素，都指向声带振动会做气嗓音发声态。

四、声门系统特征的跨音段影响

浊阻塞音持阻或摩擦阶段，声门上有收紧点或阻塞点，根据上述论证，此时声门系统中的声带振动倾向于作气嗓音发声。发声态具有跨音段性质，浊阻塞音的气嗓音发声态会延续到后接元音，使得后接元音也带有气嗓音发声的特点，气嗓音发声由于声带作闭合不全的无接触振动，所以与常态发声相比，气嗓音发声声带的纵向收紧度（longitudinal tension）和横向挤压度（medial compression）都是很松或很弱的（Chasaide，Gobl，1999）。松弛的声带其振动频率自然不会高，这是气嗓音发声声带振动频率低的一个原因。另外一个原因是声带振动的原动力比较弱。气嗓音发声时一部分气流已经从声带闭合不全处逸出，所以跟正常浊音发声相比，声门下撞击声带，使声带作不接触振动的气压要小得多。声门下压力小，声带振动的频率也会低（Öhman & Lindqvist，1966；Ladefoged，1963），所以后接元音基频低也是浊阻塞音的一个重要音征［关于音征的概念和定义请看陈忠敏（2022b）］。声带振动要有急促的气流从肺部穿过两片靠拢的声带，产生伯努利效应来驱动声带振动，如图1所示。但声门上有收紧点或阻塞点，随着声带的振动，收紧点或阻塞点后快速聚集高压，满足驱动声带所需的声门上下气压差要求的时间是很短的，也即此种状态下持阻或摩擦段不可能长。所以与相应的清阻塞音相比，浊阻塞音的持阻段或摩擦段都具有时长短的特点（王轶之、陈忠敏，2016；陈忠敏，2022a）。由于有空气动力学上的限制（The Aerodynamic Voicing Constraint，简称 AVC），浊阻塞音会倾向于清化（Ohala，1983），即持阻段或摩擦段声带不振动，VOT 从小于0 演变为大于或等于0。不过，尽管持阻段声带不振动，其他的音征，比如持阻段时长短、后接元音气嗓音发声等音征也并不会同步变化。图12是浊阻塞音两个阶段音征变化。

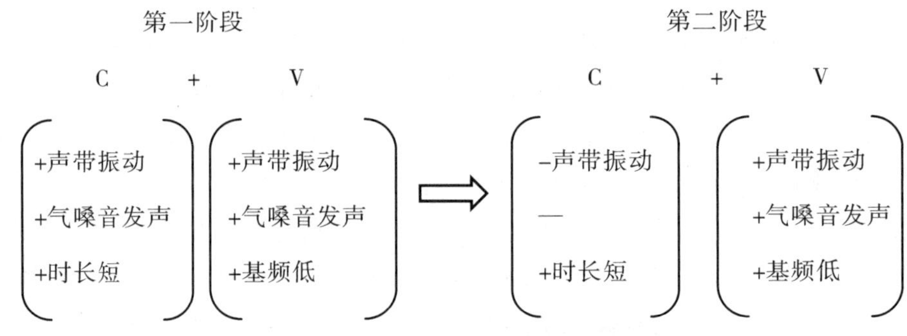

图12　浊阻塞音两个阶段音征变化

第一阶段 CV 音节中的 C（consonants）表示浊阻塞音，声带振动，具有气嗓音发声态音征，同时持阻时长短等也是它的音征；在第一阶段里，浊阻塞音后的元音 V（vowels）声带是振动的，不过受前接浊阻塞音发声态的影响，也是气嗓音发声，这种影响一般在元音的前半段较为明显；另外气嗓音会引起低调，所以后接元音基频低也是一项音征。第二阶段 CV 音节中的 C 由于空气动力学制约，持阻或摩擦阶段声带变得不振动，自然也没有气嗓音发声态，但是持阻时长短的音征仍保留；后接元音声带振动，但仍保持气嗓音发声态；另外基频低的音征也仍保留。现代吴语浊阻塞音就处在第二阶段。第二阶段 CV 音节中的辅音所列的三个音征消失了两个，不过其中的时长短音征仍保留。再看 CV 音节中的元音 V，气嗓音发声态音征以及基频低这两个音征原本是前面浊阻塞音赋予的，当前面的浊阻塞音持阻段或摩擦段声带不振动，后接元音气嗓音音征和基频低音征仍保留着。这说明音征的生成具有共生性（co-occurrence），但生存后的音征不会共变（co-variation）。浊阻塞音声带振动、气嗓音发声态、持阻时长短、后接元音气嗓音发声、后接元音基频低等音征都是相互关联的浊阻塞音音征。

相关联的音征在感知上会指向同一音类，上述音征都是指向浊塞音感知的。音类众多的相关联音征在语言交际中有三大重要作用。第一，在语言交际中音类的相关音征会整合在一起，起到叠加效果，增强音类的感知度和区别度（Stevens & Keyser，1989；Kingston et al.，2008）。第二，在快速的语流和不同的语境里，听者不可能感知某一音类的所有音征，只要能捕捉到某些关键音征就能感知某类音。第三，在一个言语社团中某一音类的音征会有变异，但不会影响音类的感知。这样就保证了一个言语社团在音征充满变异的情况下仍可以正常交际，共时几代人之间的交际是无障碍的。

五、结语

人类语音发声器官是一个和谐统一的系统，声门上系统的发音动作与声门系统中的声带振动状态是相关联的，具体来说声门上的发音动作会影响声门系统中的声带振动状态。随着声门上收紧程度加深，甚至到达完全闭塞，声带振动就会倾向于作气嗓音发声，气嗓音发声声带振动的频率就慢。由于发声态是一种超音段音征，所以此音征会延续到后接元音，使得后接元音也带有气嗓音发声态音征和基频低的音征。浊阻塞音这些音征健全，围绕在浊阻塞音周围（浊阻塞音与后接元音），会增强浊阻塞音的感知度。不过，某些音征由于各种原因发生了变化，并不妨碍人们仍将这类音感知为浊阻塞音，这样就保证了在充满变异的言语社团里人们仍可以自由交际。

参考文献

[1] 陈忠敏．上海话清浊擦音的性质以及音征研究［J］．中国语言学集刊，2022a（15）．

[2] 陈忠敏．音类的音征与语音演变［J］．语言科学，2022b，21（6）．

[3] 王轶之，陈忠敏．吴语全浊塞音声母的感知研究：以上海话为例［J］．语言研究，2016，36（2）．

[4] AHN S. The role of tongue position in laryngeal contrasts: an ultrasound study of English and Brazilian Portuguese [J]. Journal of phonetics, 2018, 71.

[5] BICKLEY C A, STEVENS K N. Effects of a vocal tract constriction on the glottal source: data from voiced consonants [M] // BAER T, SASAKI C, HARRIS K. Laryngeal function in phonation and respiration. San Diego: College Hill Press, 1987.

[6] CHASAIDE A N, GOBL C. Voice source variation and its communicative functions [M] // HARDCASTLE W J, LAVER J. The handbook of phonetic sciences. Oxford: Blackwell, 1999.

[7] FANT G. Acoustic theory of speech production [M]. The Hague: Mouton, 1960.

[8] GORDON M, LADEFOGED P. Phonation types: a cross-linguistic overview [J]. Journal of phonetics, 2001, 29 (4).

[9] HOMBERT J M, OHALA J J, EWAN W G. Phonetic explanations for the development of tones [J]. Language, 1979, 55 (1).

[10] KINGSTON J, DIEHL R L. Phonetic knowledge [J]. Language, 1994, 70 (3).

[11] KINGSTON J, DIEHL R L, KIRK C J, et al. On the internal perceptual structure of distinctive features: the [voice] contrast [J]. Journal of phonetics, 2008, 36 (1) .

[12] KINGSTON J, MACMILLIAN N A, DICKEY W A, et al. Integrality in the perception of tongue root position and voice quality in vowels [J]. Journal of the acoustical society of America, 1997, 101 (3) .

[13] LADEFOGED P. Some physiological parameters in speech [J]. Language and speech, 1963, 6 (3) .

[14] LADEFOGED P, JOHNSON K. A course in phonetics [M]. 7th ed. Stamford: Cengage Learning, 2015.

[15] LISKER L. Is it VOT or a first-formant transition detector? [J]. Journal of the acoustical society of America, 1975, 57 (6) .

[16] MCFARLAND D H. Netter's atlas of anatomy for speech, swallowing and hearing [M]. St. Louis: Mosby Elsevier, 2009.

[17] OHALA J J. The origin of sound patterns in vocal tract constraints [M] //NEILAGE M. The production of speech. New York: Springer-Verlag, 1983.

[18] ÖHMAN S, LINDQVIST J. Analysis-by-synthesis of prosodic pitch contours [S]. Quarterly Progress and Status Reports, Speech Transmission Laboratory, Stockholm, 1964, 4.

[19] REPP B H. Relative amplitude of aspiration noise as a voicing cue for syllable-initial stop consonants [J]. Language and speech, 1979, 22 (2).

[20] STEVENS K N, KEYSER S J. Primary features and their enhancement in consonants [J]. Language, 1989, 65 (1).

[21] STEVENS K N. Acoustic phonetics [M]. Cambridge: MIT, 1998.

[22] TITZE I R. Phonation threshold pressure measurement with a semi-occluded vocal tract [J]. Journal of speech, language, and hearing research, 2009, 52 (4).

[23] WESTBURY J R. Enlargement of the supraglottal cavity and its relation to stop consonant voicing [J]. Journal of the acoustical society of American, 1983, 73 (4).

Effects of Segments on Phonation Types: Evidence from the Relationship Between Obstruent Voicing and Breathy Voice

CHEN Zhongmin

【Abstract】 This paper shows that a vocal-tract constriction of supraglottal system will affect the phonation types in glottal source, based on the physiological action and aerodynamics of sound production. Data show the pattern of vibration of vocal folds will tend to be breathy as a vocal-tract constriction of supraglottal system deepens until it is completely blocked, thus the vocal folds vibrate at a slower rate. The pattern of vibration of vocal folds will spread to the following vowel. If these cues of voiced obstruents are complete, and also surround the obstruents, the perception of the voiced obstruents will be enhanced.

【Keywords】 voiced obstruents, breathy voice, F0, supraglottal system, glottal system

客家方言与赣中方言浊上字的演变[①]

——兼论赣、客方言的关系

谢留文[②]

（中国社会科学院语言研究所　北京　100732）

【提　要】《中国语言地图集》把“部分次浊平、次浊上和全浊上声字归阴平”作为划分客家方言的标准。近些年来，随着方言调查的不断深入，人们发现这个标准并不能覆盖所有的客家话。客家话浊上字演变有多种类型。另外，江西中部的赣语除了有“浊上归阴平”的特点外，其浊上字的演变也有多种类型，其中的核心演变类型与客家话几乎一致。结合客家先民的迁徙历史来看，客家先民的方言与江西中部赣语曾经深度接触。客家方言浊上字的演变类型滥觞于历史上这一接触时期。

【关键词】 客家方言　赣中方言　浊上字　演变类型　赣客方言关系

一、引言

客家话主要分布于我国的广东省、广西壮族自治区、福建省、台湾省、海南省、江西省、湖南省、四川省、香港特别行政区等九个省区，两百多个市县。其中以广东省东部、中部地区，福建省西部地区，江西省南部地区的客家人分布最集中。

对于客家话特点的认识，有一个逐步深入的过程。

桥本万太郎（Hashimoto，1973：440－441）认为，“所有已知的客家话都有的而其他方言没有的一个特点是［有些］次浊上声字读阴平”，‘马礼买理晚领老米李耳两卵’等字与‘歌鸡’等字声调相同”。

罗杰瑞（1989）提出凡是“马买暖鲤懒咬”读阴平，“网耳两（二）卵瓦五”读

---

①　项目支持：2021 年度国家社会科学基金重点项目“赣中方言语音、词汇、语法的深度调查与研究”（项目编号：21AYY008）；2022 年度国家“万人计划”哲学社会科学领军人才项目“江西赣客方言重点调查”（项目编号：22VRC078）。本文吉安（新圩）、吉安（横江）、上高（野市）、吉水（醪桥）、安福（瓜畲）、崇仁方言材料为作者本人调查所得。

②　谢留文（1968—　），中国社会科学院语言研究所研究员。

上声的很可能属于客家方言。

黄雪贞（1988）列举了十六处客家方言浊上今读阴平的例字，其中古次浊声母上声字有“马惹野也每美尾里理鲤吕礼旅鲁滷买乃卯恼咬某有满懒免暖软忍冷猛领岭往两斤两痒养”，古全浊声母上声字有“坐簿柱在弟被徛舅淡旱辫断丈动重近下”，认为“客家话声调的特点在于古次浊上声和全浊上声都有读阴平的”。黄雪贞（1989）进一步提出，客家方言声调的另一个特点是若干古平声次浊声母字今读阴平。

李荣（1989）同意黄雪贞的意见，指出“客家话声调的特点在于古次浊平、古次浊上声和全浊上声都有读阴平的”，“这才是客家话区别于其他方言的特点，当然也是客家话区别于赣语的特点”。

1987 年版的《中国语言地图集》以此作为划分客家话的标准。而学界一般将“浊上归阴平”看作客家方言的特点。

二、客家方言浊上字的今读类型

近些年来，随着汉语方言调查的不断深入，学者们发现客家话的“浊上归阴平”这个特点并不能覆盖所有的客家话，“浊上字”还有其他的演变类型。

庄初升（2008）以声调为标准，重新对广东省内的客家方言进行了分类。首先以古浊上的白读层今读阴平与否为标准，将广东省内的客家方言分为“老客家话”和“新客家话”两大类；其次以古浊上的白读层今读阳上、阴去（去声）或阳平为标准，把“老客家话”分为梅桂、雄州、惠韶 3 个类型，以古浊上的白读层今读阴平、古全浊上的文读层与浊去合流之后的调类归并为标准，把“新客家话”分为海陆、韶五、饶丰、兴梅 4 个类型。

（一）老客家话

1. 梅桂型

特点是古浊上的白读层今读阳上。目前只发现广东韶关曲江区的梅村和乳源瑶族自治县的桂头这两个比邻而居的方言点属于这种类型。浊上独立为阳上调，毫无疑问是最原始的一种类型。

2. 雄州型

特点是古浊上的白读层今读阳平。目前只发现广东南雄市政府所在地雄州镇的方言属于这种类型。

3. 惠韶型

特点是古浊上的白读层今读阴去或去声。包括东江流域的“本地话”、北江流域以韶关“本城话”为代表的方言和南雄市乌迳一带的方言。这类方言多分布在广东惠州和韶州故地。

（二）新客家话

特点是古浊上字白读为阴平，内部非常一致。这个特点是以广东梅县为代表的大多数客家话的特点。

（三）项梦冰、庄初升关于客家方言浊上字的分类

项梦冰（2009）在观察了164个客家方言点的基础上，将客家方言古浊上字的类型归纳为6种：

（1）梅县型：古浊上白读层归阴平，文读层全浊上归去声/阳去，次浊上归上声。

（2）明溪型：古浊上白读层归上声，文读层同梅县型。

（3）连城（朋口）型：古浊上白读层归阳入，文读层同梅县型。

（4）河源型：古浊上白读层归阴去，文读层同梅县型。

（5）大余型：古浊上白读层归去声，文读层全浊上归阴平，古浊去也归阴平，次浊上归上声。

（6）兴国（潋江）型：古浊上全浊归阳去，次浊归上声。

兴国（潋江）古浊上字今还有读上声的例子，如“拌肚人腹苎舐社旱”，其前身应该同明溪型方言。

庄初升[①]在调查了42种海内外客家方言的基础上，指出古浊上字的今读类型有5种：

（1）古浊上字白读层保留独立的阳上调。如粤东龙川（龙母）话和赣南上犹（东山）话。表1是例字对照表，前9个是古次浊上声字，后9个是古全浊上声字（下同）。

表1　古浊上字白读层保留独立的阳上调

	买	尾	咬	有	懒	暖	软	痒	冷
龙川	꜀mai	꜃mui	꜃ŋau	꜃ʒiu	꜃lan	꜃nɔn	꜃ȵiɔn	꜃ʒɔŋ	꜃laŋ
上犹	꜂mæ	꜃mi	꜂ŋɔ	꜃iu	꜃lã	꜃noẽ	꜃niẽ	iɔ˜	꜃lã
	坐	柱	被~子	舅	淡	旱	断~绝	动	重轻~
龙川	꜃tsʰɔ	꜃tʃʰu	꜃pʰi	꜃kʰiu	꜃tʰan	꜃hɔn	꜃tʰɔn	꜃tʰuŋ	꜃tʃʰuŋ
上犹	꜃tsʰo	꜃tsʰu	pʰi꜆	꜃tɕʰiu	꜃tʰã	꜀hoẽ	꜃tʰoẽ	꜃tʰəŋ	꜃tsʰəŋ

① 2023年国家社会科学基金重大项目“海内外客家方言的语料库建设和综合比较研究”（项目编号：14ZDB103）结项稿。

（2）古浊上字白读层今读阴平。这在客家方言中是最为普遍的现象。例字从略。

（3）古浊上字今读阴去或去声，本质上主要与清去字合流。如广东的惠州、连平，江西的大余，见表2。

表2　古浊上字今读阴去或去声

	买	尾	咬	有	懒	暖	软	痒	冷
惠州	maiᵓ	miᵓ	ŋauᵓ	jiuᵓ	lanᵓ	nɔnᵓ	ȵyɛnᵓ	jiɔŋᵓ	laŋᵓ
连平	꜀mai	miᵓ	ŋauᵓ	ziuᵓ	lanᵓ	lɔnᵓ	ȵiɔnᵓ	zɔŋᵓ	laŋᵓ
大余	mæᵓ	miᵓ	ᶜŋɔ	iuᵓ	nãᵓ	lɔ̃ᵓ	niãᵓ	iᵓ	nãᵓ
	坐	柱	被~子	舅	淡	旱	断~绝	动	重轻~
惠州	tsʰɔᵓ	tɕʰyᵓ	pʰiᵓ	kʰiuᵓ	tʰamᵓ tʰam꜅	hɔnᵓ	tʰɔnᵓ	tʰəŋ꜅	tsʰəŋᵓ tsʰəŋ꜅
连平	tsʰɔᵓ	tsʰiᵓ	pʰiᵓ	kʰiuᵓ	tʰamᵓ	hɔnᵓ	tʰɔnᵓ	꜀tʰoŋ	tsʰoŋᵓ
大余	tsʰoᵓ	ᶜtɕʰy	pʰiᵓ	tɕʰiuᵓ ꜀tɕʰiu	tʰãᵓ	hɔ̃ᵓ	tʰɔ̃ᵓ	tʰəŋᵓ	tsʰəŋᵓ

（4）古浊上字今读上声，本质上主要与清上字合流。如江西兴国、安远（鹤子）、信丰（铁石口），见表3。

表3　古浊上字今读上声

	买	尾	咬	有	懒	暖	软	痒	冷
兴国	ᶜmæ	ᶜmi ᶜve	ᶜŋɑ	ᶜiʊ	ᶜlã	ᶜnuã	ᶜȵyã	ᶜioŋ	ᶜlã
安远	ᶜmai	ᶜmei ᶜmei	ᶜŋɔ	ᶜy	ᶜlã	ᶜnõ	ᶜȵiõ	꜀iɔŋ ᶜiɔŋ	ᶜliɔŋ
信丰	ᶜmæ	ᶜme	ᶜŋɔ	ᶜiə	ᶜlã	ᶜnm	ᶜnĩ	ᶜiɔŋ	ᶜlaŋ
	坐	柱	被~子	舅	淡	旱	断~绝	动	重轻~
兴国	꜁tsʰo	ᶜtʂʰu	꜁pʰi	ᶜtɕʰio	ᶜtʰã	Xuã꜅	ᶜtʰuã	tʰɤŋ꜅	tʂʰɤŋ꜅
安远	ᶜtsʰou	ᶜtsʰu	ᶜpʰi	ᶜkʰy	ᶜtʰã	ᶜhõ	ᶜtʰõ	ᶜtʰəŋ tʰəŋ꜅	ᶜtsʰəŋ
信丰	ᶜtsʰʉ	ᶜtsʰu	ᶜpʰi	꜁tɕʰiə	ᶜtʰã	ᶜxm	ᶜtʰm	ᶜtʰəŋ	ᶜtsʰəŋ

（5）古浊上字今读阳平，只见于广东南雄一个方言点，见表4 。

表 4　古浊上字今读阳平

	买	尾	咬	有	懒	暖	软	痒	冷
南雄	꜁mɔɑ	꜀mɤ	꜁ŋau	꜁io ꜀iɤ	꜁lɔa˜	꜁nõ	꜁ȵiõ	꜁iɔŋ	꜁lã
	坐	柱	被~子	舅	淡	旱	断~绝	动	重轻~
南雄	꜁tso	꜁tɕy	꜁pi	꜁tɕiɤ	꜁tɔa˜	꜀hõ	꜁tõ	꜁təŋ təŋ꜅	꜁tsəŋ

综合项梦冰、庄初升的观点，客家话古浊上字的演变类型如下：

（1）古浊上字白读层今读阴平，文读阳去或去声。这在客家方言中是最为普遍的现象。

（2）古浊上字白读层保留独立的阳上调。如广东龙川（龙母）、曲江（梅村）、乳源（桂头）和赣南上犹（东山）。

（3）古浊上字白读层今读上声，本质上主要与清上字合流。如江西南部的兴国（潋江）、安远（鹤子）、信丰（铁石口），以及福建明溪。江西兴国（潋江）古浊上的全浊归阳去、次浊归上声。但古浊上字今还有读上声的例子，如“拌肚人腹苎舐社旱”，也应该属于古浊上字白读层今读上声的类型。

（4）古浊上字白读层今读阴去或去声，本质上主要与清去字合流。如河源、惠州、连平、南雄（乌迳）、大余。

（5）古浊上字今读阳平，只见于广东南雄一个方言点。

（6）古浊上白读层归阳入。如福建连城（朋口）。

其中（1）型是客家话最常见的类型，（2）（3）（4）型比较少见，（5）（6）型在客家话中非常少见。

梅县型“古浊上字白读层今读阴平”在客家方言中占绝对优势，其他各型都有不同程度的“浊上归阴平”现象。

三、赣中方言古浊上字的演变类型

所谓赣中方言，指的是江西中部以吉安、抚州地区为代表的方言，这一带方言被《中国语言地图集》归为赣语，与赣南客家话接壤。吉安地区还有明清以来从广东、福建迁徙而来的客家人，说客家话，一般分布在各县相对偏僻的地方。

赣中方言中，抚州地区的赣语都有“浊上归阴平”的特点，但是内部并不一致。南丰、南城、广昌等方言古全浊上、次浊上都有读阴平的，而有的方言只有全浊上归阴平，次浊上很少归阴平，如崇仁方言。根据胡润冬（2023），抚州地区的浊上字的今读有四种类型：

（1）古全浊上白读层今读上声，文读阴平和阳去。闽西的建宁、泰宁赣语属于这种类型。建宁、泰宁虽然隶属福建，但是在语言特点上属于赣语抚广片方言。

（2）古全浊上声和次浊上白读阴平，文读去声或阳去。如南丰（杨梅）、南丰（傅坊）、广昌（塘坊）、广昌（盱江）、黎川（宏村）、黎川（城关）。

（3）古上声全浊声母部分字白读阴平。次浊上不读阴平或很少读阴平。这种类型抚州地区最多。

（4）古上声全浊声母和去声浊声母字今读阴平。如崇仁（相山）、宜黄（新丰）、东乡（城关）、东乡（瑶圩）。这种类型演变有两种可能：一是全浊上声字先与浊去字合流，然后再都归入阴平；二是古全浊上声字先读阴平，后来古浊去声字因为调值与阴平相近而归入阴平。当然也有连读变调中调类合并造成单字调进一步合并。

吉安地区的赣语，古浊上字有4种演变类型：

（1）古浊上字白读层今读上声。例如：泰和（南溪）方言古全浊上声字今读上声的有“肚下动词舐坐厚轿淡件断重动尽近上动词荡”。永丰方言“近柱”、吉水（金滩）方言“是舐幸杏蚌”、新干（三湖）方言“拌簟”，等等。

（2）最典型的是吉水（八都）方言，古全浊上声字今几乎都读上声。如“仕似士柿氏被弟技部簿父户肚柱苎距巨拒竖下夏厦祸社舵坐亥解姓倍汇抱道稻造皂赵厚后舅拌伴缓断笨辨辩近范限淡践件键健俭盾蠢尽近静幸上项象像动重”。

（3）少数字读阳平，如“是绍序”，类似广东南雄客家话。

（4）古浊上字白读层保留独立的阳上调。如安福（瓜畲）、莲花（闪石）、遂川（禾源）等方言。以安福（瓜畲）方言为例，见表5。

表5 安福（瓜畲）方言的浊上字的今读

安福（瓜畲）方言	古浊上字	
	全浊上	次浊上
阴平 44	腐~竹下方位词是	
阳平 21		
阴上 53	舐社解姓荠市皂淡混上~车	五女
阳上 213	坐徛陡厚舵柿近杖簟重	哪我也你李~子篓暖远两~两痒冷岭
去声 22	丈动	

古浊上字今读有以下四种类型：①部分古全浊上和次浊上的字今读阳上调213。②部分古全浊上声字今读阴上调53。③部分古全浊上声字今读阴平调44。④大部分古全浊上声字读去声。

（1）安福（瓜畲）方言是浊上字演变最为复杂的一种类型。莲花（闪石）方言也属于这种类型。

(2) 遂川(禾源)古次浊上今读阴上,不读阳上调,这是与安福(瓜畲)、莲花(闪石)不同的地方。

(3) 古全浊上声和次浊上白读阴平,文读去声或阳去。如永新方言。

(4) 古全浊上声字今白读阴平,次浊上声字不读阴平或很少读阴平。如吉安(新圩)、吉安(横江)、上高(野市)、吉水(醪桥)、吉水(螺田)、安福(瓜畲)、莲花(闪石)、永丰、遂川,等等。

(5) 吉安地区方言与抚州地区相比,只多了一个保留阳上调方言的类型,其他几乎一样。

四、客家话与赣中方言"浊上字"演变的异同

客家话与赣中方言"浊上字"演变的异同如表6所示,具体如下:

1. 相同点

(1) 都有"古浊上字白读层今读上声"的方言。客家话如:江西南部的兴国(激江)、安远(鹤子)、信丰(铁石口)以及福建明溪。赣中方言如:吉水(八都)、泰和(南溪)、永丰、吉水(金滩)、新干(三湖)。

(2) 都有"保留阳上调"的方言。客家话如:广东龙川(龙母)、曲江(梅村)、乳源(桂头)和赣南上犹(东山);赣中方言如:安福(瓜畲)、莲花(闪石)。

(3) 都有"浊上归阴平"现象。

2. 不同点

以下三种类型不见于赣中方言。

(1) 古浊上字白读层今读阴去或去声。客家话如:河源、惠州、连平、南雄(乌迳)、大余。

(2) 古浊上字今读阳平,只见于广东南雄一个方言点。

(3) 古浊上白读层归阳入。如福建连城(朋口)。

表6 客家话与赣中方言"浊上字"演变的异同

	客家话	赣中方言
古浊上字白读层今读上声	+	+
保留阳上调	+	+
古浊上字白读层今读阴平	+	+
古浊上字白读层今读阴去或去声	+	–
古浊上字今读阳平	+	–
古浊上白读层归阳入	+	–

五、笔者的观点

赣中方言与客家话的相同点比不同点更重要。这是因为：

（1）从浊上字的历史演变来看，无论是浊上归上声还是浊上归阳上，都是浊上字演变最原始的类型，区别在于浊上字与清上字是否发生分化。

（2）“浊上归阴平”在客家方言覆盖面最广，涉及绝大部分的客家方言，赣中方言也有此现象，说明二者历史上关系密切。

（3）古浊上字白读层无论今读阴平、阴去或去声，实际上是古上声字清浊分化以后，浊上字再次演变的结果，是一个相对晚起的演变，只不过“浊上归阴平”覆盖范围更广。

（4）古浊上字今读阳平只见于广东南雄一个方言点。但是在赣中的吉水（八都）有少数字也有这个特点。

（5）古浊上白读层归阳入只见于福建连城（朋口）一个方言点，也应该是古上声字清浊分化以后，浊上字归阳入，也是一个相对晚起的演变。

综上所述，古浊上字的演变最核心的问题有以下三点：

（1）古上声字是否发生过清浊分化？

从部分客家话如江西南部的兴国（潋江）、安远（鹤子）、信丰（铁石口），以及福建明溪等“古浊上字白读层今读上声”来看，古上声字似乎没有发生过清浊分化，如江西信丰（铁石口）客家话，古浊上字最早读上声，后来受“浊上归阴平”影响，部分字有文白读，白读上声，文读阴平。全浊上读阳去是官话影响的层次。古浊上字有文白三个层次：白读为上声，文读为阳去。读阴平相对于读上声是文读，相对于阳去是白读。

赣中方言如吉水（八都）、泰和（南溪）、永丰、吉水（金滩）、新干（三湖）。以吉水（八都）最为典型，浊上字绝大多数归上声，少数几个字归阳平。

（2）如果发生过清浊分化，是否保留独立的阳上调？

有的客家方言保留了阳上调，如广东龙川（龙母）、曲江（梅村）、乳源（桂头）和赣南上犹（东山）等方言。赣中方言保留阳上调的有安福（瓜畲）、莲花（闪石）、遂川（禾源）等方言。

（3）没有独立的阳上调，浊上归阴平。

“浊上归阴平”是最重要的演变类型，覆盖赣中和绝大多数客家话。其他如古浊上字白读层今读阴去或去声、古浊上白读层归阳入等方言点比较少，只见于客家话，应该是客家话自身发展的结果，不见于赣中方言。

关于客、赣方言“浊上字”的问题，严修鸿（2004）、项梦冰（2006、2009），庄初升（2008）都有过精彩讨论，限于篇幅，这里不赘述。三位先生都认为，早期的客家话有独立的阳上调，也就是说，客家方言的上声字早期是按声母的清浊分为阴上和阳上。“浊上字”后来的其他变化都是阳上调进一步发展的结果，包括“浊上归阴平”“浊上读上声”“浊上归阴去”“浊上归阳平”等。

笔者认为，除了少数保留独立阳上调的客家话，大多数客家话浊上字确实经历过清浊分调。浊上字归阳上调，然后阳上调再进一步分化。但是从赣中方言和赣南客家话观察，我觉得这里面还有一些问题需要讨论。

我们注意到，存在古全浊上声字白读层今读上声现象的方言，大多数为赣中赣语和赣南客家话。是不是可以推测，早期的一些赣中、赣南方言，古全浊上声字曾经都读上声，可能并没有按声母的清浊分化出阴上和阳上来。因为那些“古浊上白读层为上声”的方言，如果早期上声按声母清浊分为阴上和阳上，那么后来为什么又合流了？尤其是类似赣中吉水（八都）方言，古全浊上声字今几乎都读上声，怎么解释？目前还没有证据能够证明这些方言古上声字曾经经历过清浊分化，分为阴上、阳上两个调，然后阴上、阳上又合流。姑且可以认为这些方言古上声字没有经历过清浊分化，都读上声，后来又受到“浊上归阴平”和“浊上归去”的影响，有些字产生了文白异读。

所以古全浊上声字白读层今读上声，可能是早期部分赣中地区方言（包括客家先民语言）的共同特点。下面以吉安（横江）方言为例来说明这一点。

吉安（横江）方言有五个声调：阴平 45、阳平 11、上声 52、阴去 33、阳去 13。

吉安（横江）方言有变调现象，不过不同于一般的连读变调，结合周围江西中部方言类似现象来看，更像是小称音变，只不过小称意义已经不明显。

吉安（横江）方言的变调分为带词尾“里”的变调和不带词尾“里”的变调。

带词尾“里”的变调，请看下面例子：（“里”相当于北京话的“子”或“儿”尾）

①阴平［45］+里→［52+50］。

梳里 su$^{45-52}$ li^{50}梳子　瓯里 ŋiɛu$^{45-52}$ li^{50}小杯子　鸭里 ŋiɛ$^{45-52}$ li^{50}鸭子

柑里 kon$^{45-52}$ li^{50}橘子　橘里 tɕio$^{45-52}$ li^{50}柚子　辫里 pien$^{45-52}$ li^{50}辫子

屑里 ɕio$^{45-52}$ li^{50}木屑　栓里 ts‘on$^{45-52}$ li^{50}门栓　桩里 tsɔŋ$^{45-52}$ li^{50}木桩

竹里 tio$^{45-52}$ li^{50}竹子　粟里 ɕio$^{45-52}$ li^{50}高粱　鞭里 pien$^{45-52}$ li^{50}鞭子

鸽里 ko$^{45-52}$ li^{50}鸽子　袜里 mɛ$^{45-52}$ li^{50}袜子　筛里 sai$^{45-52}$ li^{50}筛子

日里 nie$^{45-52}$ li^{50}白天　撬里 tɕ‘iau$^{45-52}$li^{50}箩底部两根交叉的尖竹片，支撑箩底

②上声［52］+里→［11+50］。

马里 ma$^{52-11}$ li^{50}总称马　奶里 lai$^{52-11}$ li^{50}乳房、乳汁　肚里 tu$^{52-11}$ li^{50}肚子

椅里 i$^{52-11}$ li^{50}椅子　鲤里 ti$^{52-11}$ li^{50}鲤鱼　狗里 kiɛu$^{52-11}$ li^{50}总称狗

网里 mɔŋ$^{52-11}$ li^{50}渔网　□里 kaŋ$^{52-11}$ li^{50}牛轭　鲩里 uan$^{52-11}$ li^{50}草鱼

李里 li$^{52-11}$ li^{50}李子　梗里 kuaŋ$^{52-11}$ li^{50}（菜）梗儿

虮里 t‘e$^{52-11}$ li^{50}鸡身上的小虫子

卵里 lon$^{52-11}$ li^{50}男阴　簿里 p‘u$^{52-11}$ li^{50}作业本

③阳去［13］+里→［55+50］。

芋里 y^{13-55} li^{50}芋头这种植物　柿里 $ts‘ɿ^{13-55}$ li^{50}柿子　盒里 ho^{13-55} li^{50}盒子

勺里 so^{13-55} li^{50}勺子　席里 $ɕia^{13-55}$ li^{50}席子　豆里 $hɛu^{13-55}$ li^{50}总称豆子

磨里 mo^{13-55} li^{50}石磨　篾里 $miɛ^{13-55}$ li^{50}篾子　屐里 $tɕ‘ia^{13-55}$ li^{50}木屐

叶里 $iɛ^{13-55}$ li^{50}叶子　横里 $uaŋ^{13-55}$ li^{50}椅子掌儿　碟里 $t‘iɛ^{13-55}$ li^{50}碟子

凿里 $ts‘o^{13-55}$ li^{50}凿子

这里需要注意的是，②上声［52］+里→［11+50］的变调中，“簿里 $p‘u^{52-11}$ li^{50}作业本”的“簿”和“蚔里 $t‘e^{52-11}$ li^{50}鸡身上的小虫子”的“蚔”，都不单说，也就是读不出本调。

如果全浊上声字“簿、蚔”单字调读阴平，其变调方式应该同阴平字一样，读变调52，如①阴平［45］+里→［52+50］。

如果全浊上声字“簿、蚔”单字调读阳去，其变调方式应该同阳去字一样，读变调55，如③阳去［13］+里→［55+50］。

但是，今天“簿”和“蚔”的变调方式同②上声［52］+里→［11+50］，说明早期“簿”和“蚔”应该读上声［52］调，也就是说古全浊上声字今读上声。

“蚔”，《广韵》平声巨支切“虫也”。《集韵》有两个读音：平声“翘移切”，同《广韵》巨支切。又上声丈尒（ěr）切“虫名，蚑也”。“蚑”，《广韵》“蚑蚑虫行貌”。笔者母语江西南昌（蒋巷）方言读［ʨ‘i］，来源于《广韵》巨支切，吉安（横江）方言读［$t‘e^{52}$］，来源于《集韵》丈尒切。澄母今读［t‘］，声韵调均符合规律。

不带词尾“里［li^{50}］”的变调，请看例子：

①前字为上声，无论后字什么调，前字一律变为［11］调。例如：

饱谷 pau^{52-11} kuo^{45}饱满的稻子　颈筋 $tɕiaŋ^{52-11}$ $tɕin^{45}$脖子上的筋　苦瓜 $k‘u^{52-11}$ kua^{45}

顶针 tin^{52-11} tin^{45}　眼珠 $ŋan^{52-11}$ ty^{45}　米筛 mi^{52-11} sai^{45}

卵浆 lon^{52-11} $tɕiɔŋ^{45}$精液　手巾 $ɕiu^{52-11}$ $tɕin^{50}$手绢儿　点心 $tiɛn^{52-11}$ $ɕin^{50}$午饭

狗婆 $kiɛu^{52-11}$ $p‘o^{11-50}$母狗　晚头 man^{52-11} $hɛu^{50}$夜里　早晨 $tsau^{52-11}$ $ɕin^{50}$

野崽 ia^{52-11} tse^{52}私生子　早禾 $tsau^{52-11}$ uo^{11-50}早稻　晚禾 uan^{52-11} uo^{11-50}晚稻

口□ $hɛu^{52-11}$ lan^{11-50}口水　扁担 $pien^{52-11}$ tan^{33}　板凳 pan^{52-11} ten^{33}

②前字阳去，后字有两种变调方式：

a. 前字来源于古全浊去声字，无论后字什么调，前字均变为［55］调。例如：

夜晡 ia^{13-55} pu^{45}深夜　饭汤 fan^{13-55} $hɔŋ^{50}$米汤

白鹭 $p‘a^{13-55}$ lu^{50}　大栗 ho^{13-55} $tiɛ^{45}$板栗，相对于“毛栗子”而言

b. 前字来源于古全浊上声字，无论后字什么调，前字均变为［11］调。例如：

社日 sa^{13-11} ni^{45}　抱裙 $p‘au^{13-11}$ $tɕ‘yen^{50}$围住婴儿腰和屁股的衣服

柿饼 $ts‘ɿ^{13-11}$ $piaŋ^{20}$　后背 $hɛu^{13-11}$ pe^{50}后面

阳去字因为古音来历的不同，今变调方式也不一样。来源于古全浊上声字的变调方

式与来源于古全浊去声字的变调方式不同，而是与前字为上声的变调模式相同，前字都变成［11］，反映了古全浊上声字在早期仍读上声，与古全浊去声字不混。

赣中吉安（横江）方言古全浊上声字今读上声的非常少，仅有“上、下”等字今读上声。但是从该方言的变调来看，今天读阳去的古全浊上声字如“簿、蚳、社、柿、抱、后”等，虽然不能单说，但在变调方式上不同于全浊去声字，而与古上声字变调方式相同，说明这些字在早期也是读上声的。

据此我们也可以推测，有类似现象的可能并不只吉安（横江）一种方言，赣中地区可能有很多方言古全浊上声字早期都是读上声的，后来受北方方言“浊上变去”的影响，单字调变为阳去调，只有在变调中还能看出早期读上声的痕迹。

六、关于赣、客方言关系的讨论

赣中方言和客家话古浊上字在核心演变上有共同之处，这恐怕不是偶合，说明赣中方言与客家话在古浊上字的演变上有密切关系。这种关系又与历史上客家先民的南迁有关。

关于客家先民南迁的背景和经过，详见罗香林（2018）。客家先民第一次迁徙的动因是晋永嘉之乱后元帝的渡江，大量中原居民南迁到达长江南北两岸，有些人已到达江西的北部甚至中部。“当时为安插河南、安徽一带的流民，在浔阳郡所属地方侨置郡县。”（罗常培，1958）第二次迁徙源于唐末黄巢起义，当时战乱纷起，唯江西东南部（即上饶以南、赣水以东，福建西南部即旧日汀州八属，以及广东东部、东北部即清南、韶连、惠、潮、嘉各属）堪称乐土，因此有一大部分客家先民迁于上述地区。这次迁徙，使大量的外来人口涌入江西的中部和东部。这从江西历史人口的统计情况中可以看出一些眉目来。据许怀林（1984），从西汉到清朝，江西先后出现过三次人口增长高峰，第一次是公元2世纪中叶的东汉时期，第二次是公元12世纪初的北宋时期，第三次是13世纪的元朝至元时期。其中第二次人口增长高峰最值得注意。从唐天宝到北宋崇宁年间，全江西户增7.76倍，其中吉州、袁州、抚州、虔州增加最多，在8.23～11.32倍之间，洪州、饶州、信州、江州较少，在4.70～5.34倍之间。南宋景定年间（1260—1264），抚州和建昌军共计有41 552户，是唐天宝时期抚州总户数30 605的1.3倍余。按县平均，每县有四万六千余户；在武夷山边的广昌县，也有33 737户，比天宝抚州总户数多三千余。江西中部的吉州、东部的抚州和赣南的虔州等地的人口增长速度高于全省的平均增幅，更高于北部的洪州、江州、饶州等。人口和户数的增长，除了自然增长外，外来人口的涌入是一个重要因素。

我们不知外来人口的涌入对当时江西中部、东部的方言会有什么样的影响，但可以推测，今天客家方言和赣中方言古全浊上声有一批几乎相同的字读阴平，与客家先民第二次迁徙时外来人口与江西本地居民的长期接触融合不无关系。

罗常培的《临川音系》第一次对客、赣关系进行了讨论。罗常培从研究临川方言入手，把临川音系和赵元任调查的梅县城内音相比较，发现两者有许多相同的地方：①全浊一律变次清（今读送气清音）；②晓匣两钮的合口变［f］；③保存闭口的［-m］［-p］韵尾；④存在蟹山两摄参与古一二等分立的痕迹；⑤鱼虞两韵的精钮和见系变［-i］；⑥侯韵读作［-ɛːu］；⑦梗摄的白话音读作［aŋ］或［iaŋ］。所以罗常培“颇疑心他们是‘同系异派’的方言”，并从客家迁徙的历史和路径方面讨论了客家南迁和江西所发生的关系。后来罗常培在他的《语言与文化》一书中又论述到这个问题，并认为一部分江西话可以代表客家先民第二次迁徙所遗留下来的语言。

沙加尔（Sagart，1988）持有类似观点。他认为赣语与客家话有密切的亲属关系。他讨论了唐初和北宋时期江西人口的密度情况。公元8世纪中叶，赣北的南昌、高安与赣东的临川、南城、南丰等地人口密度差不多，大致每平方公里10～50人，赣中的吉安每平方公里1～10人，到了公元12世纪初的北宋，赣东的临川、南城、南丰等地人口密度超过了南昌等赣北地区，达到每平方公里15～20户，吉安的人口密度也赶上了南昌，达到每平方公里10～15户。公元8世纪至12世纪初，赣东、赣中的人口增长速度显然高于赣北。

沙加尔的结论是，唐朝初年涌入江西北部的北方移民带来了一种接近早期中古汉语的语言，这种语言与唐朝前期开拓者所说的南方方言融合后，就形成了今赣北方言的祖先语言——前赣北语。唐朝中、末年间继续涌入江西的移民多到赣中定居，说以前赣北语为基础而带有浓厚北方色彩的新方言——前赣南语。前赣南语是今赣中方言的祖先语言，而客家话是前赣南语与早期东南沿海语言接触的结果，赣中方言与客家话都是前赣南语的不同分支。

王福堂（1998）认为，客家话古次浊上、全浊上、次浊平归阴平这一语言特点作为区别于赣语的主要依据，需要斟酌。客家话古次浊平确有少数字在各地一致归阴平，但这些次浊平归阴平的字不一定都是客家话自身演变的结果，有的字在邻近的湘、粤、闽甚至赣方言也同样读阴平，次浊上归阴平的现象的确普遍见于客家话地区，但也有一些例外情况。一些客家方言（特别是赣南地区）并没有这一特点，而赣方言临川地区的个别方言倒有这一特点。至于全浊上归阴平，更是不仅见于客家话，还见于许多赣方言。客、赣方言中，浊上归阴平，是在同一规律支配下产生的历史音变，各地方言的全浊上声字都参与了归入阴平的演变，浊上归阴平这个音变的核心成分应当是全浊上声字，而不是次浊上声字。

七、赣中方言和客家话古浊上字演变类型的解释

古浊上字在其他汉语方言中的演变相对简单，多数是“浊上归去”，在赣中方言和客家话中则比较复杂，有多种演变类型，如上文所说。那么这些演变类型之间是什么样

的关系？

至少从晚唐开始，北方汉语发生了不同程度的浊音清化现象，比如说著名的“浊上变去”。客家先民第二次迁徙到达赣中地区，应该是晚唐时期，我们设想当时赣中地区的方言还保留浊音，客家先民与江西本地居民经过一定时期的接触融合，随后赣中地区方言发生了浊音清化现象：

(1) 部分方言古上声没有按清浊分化，还读上声［吉水（八都）］，另一部分方言古上声按清浊分化为阴上和阳上［安福（瓜畲）、上犹（东山）］。

(2) 古上声按清浊分化为阴上和阳上的方言，由于阳上调的调值与古清声母平声字的调值接近，最后与清声母平声字合流，也就是“浊上归阴平”。“浊上归阴平”在当时的赣中地区是一条非常强势的音变规律，覆盖面非常广，以至于古上声没有按清浊分化，仍读上声的方言也受到影响，少数古浊上字也有读阴平的现象，这是方言接触的结果。

(3) 赣中方言和客家话的“浊上变去”，是相对晚起的现象，是北方方言不断影响的结果。“宋元时期，吉安方音‘浊上变去’相沿一贯”（李无未、李红，2008：296）。所以今天有些客、赣方言浊上字有文白读现象，文读阳去或去声，白读阴平。而在保留阳上调的客家方言里，浊上字读上声是白读，读去声或阳去是文读，读阴平相对于读上声是文读，相对于读去声或阳去则是白读，有三个层次，前文已说。

综上所述，无论是从客家先民的迁徙与赣中、赣南地区的关系来看，还是从“浊上归阴平”在客、赣方言中的相同表现来看，江西中南部方言和客家话的关系都是非常密切的。古浊上字的核心演变应该是先在赣中、赣南地区发生，包括古上声今读上声、古浊上保留阳上调、浊上归阴平等，时间在客家先民第二次迁徙到达江西中部以后。大量的外来人口涌入江西中部和东部，在此后长达三四百年相对安定的环境下他们与江西本地居民共同生活，直至南宋末年元人南侵，导致客家先民第三次迁徙，许多人又从赣中、赣南迁移到闽西和粤北、粤东地区，这次迁徙奠定了今天客家方言分布于赣南、闽西、粤北、粤东的基本格局。在客家先民第三次迁徙之前，客家话的特点已经形成，要不然无法解释“浊上归阴平”在客家话分布的普遍性，以及核心演变的共同性。

八、余论

本文是从赣中地区以及客家话古浊上字的演变类型，结合历史上客家先民的南迁来看赣、客方言之间的关系，本文认为，客家话古浊上字的核心演变是客家先民二次南迁到赣中地区与当地原住民长期接触时共同发生的，所以今天赣中地区的方言也有几乎相同的核心演变，后来客家话的这些特点随着客家先民的进一步南迁带到了广东、福建客家话地区，否则我们无法解释“浊上归阴平”在江西、广东、福建客家话分布的一致性。

这里面还有一个问题，本文没有讨论，那就是赣中方言次浊上声字是否读阴平的问题。从前文可知，客家话全浊上声字和次浊上声字在白读层是共同演变的，无论浊上今读上声，还是保留独立阳上调，以及读阴平、去声或阳入，等等。而赣中方言古次浊上声字在有些方言读阴平，如南丰（杨梅）、南丰（傅坊）、广昌（塘坊）、广昌（盱江）、黎川（宏村）、黎川（城关），在另外一些方言很少读阴平或不读阴平，吉安和抚州地区多数方言都是如此。如何看待这一现象？

项梦冰、曹晖（2005）把赣中南丰等地全浊上和次浊上白读层读阴平的方言划归客家方言，而对于赣中地区次浊上不读阴平或很少读阴平的方言，认为是客家话的底层或受客家话影响的结果。项梦冰（2009）认为抚州、吉安地区的安福、莲花、遂川、新干、万安、永新、吉水（螺田）、井冈山以及赣东北的赣语等都可归为客家话，同时他认为也可以把抚州、吉安地区的方言看作客、赣方言的过渡地带，称为“南赣走廊”。

笔者认为，赣中地区是早期客家先民与本地居民深度接触的地区，虽然赣中地区在2012年版《中国语言地图集》中被划归为赣语区，但从赣中方言的声调历史演变特点来看，赣中地区的方言可以看作北部赣语和南部客家话的过渡地带，这一点笔者与项梦冰观点相同。然而，赣中地区次浊上不读阴平或很少读阴平的方言不是客家话的底层，更不是受客家话影响的结果，而是赣中方言和客家话共同的层次。赣中方言次浊上声字早期白读层也可能都是读阴平的，今天是否读阴平各地参差不一，应该是受到以南昌话为代表的北部赣语影响的结果。

参考文献

[1] 胡润冬．赣语抚广片方言语音研究［D］．北京：北京语言大学，2023.

[2] 黄雪贞．客家方言声调的特点［J］．方言，1988（4）．

[3] 黄雪贞．客家方言声调的特点续论［J］．方言，1989（2）．

[4] 李荣．汉语方言的分区［J］．方言，1989（4）．

[5] 李如龙，张双庆．客赣方言调查报告［M］．厦门：厦门大学出版社，1992.

[6] 李无未，李红．宋元吉安方音研究［M］．北京：中华书局，2008.

[7] 龙安隆．永新方言研究［M］．北京：中国社会科学出版社，2013.

[8] 罗常培．临川音系［M］．北京：科学出版社，1958.

[9] 罗常培．语言与文化：注释本［M］．北京：北京大学出版社，2009.

[10] 罗杰瑞．什么是客家话［C］//“中央研究院”第二届国际汉学会议论文集·语言与文字组（上）．台北：“中央研究院”，1989.

[11] 罗香林．客家研究导论：外一种：客家源流考［M］．广州：广东人民出版社，2018.

[12] 王福堂．关于客家话和赣方言的分合问题［J］．方言，1998（1）．

[13] 项梦冰．客家话的界定及客赣方言的分合［J］．语言暨语言学，2006，7（2）．

[14] 项梦冰．客家话、赣语古浊上字的今读［M］//北京师范大学民俗典籍文字研究中心．民俗典籍文字研究：第六辑．北京：商务印书馆，2009.
[15] 项梦冰，曹晖．汉语方言地理学［M］．北京：中国文史出版社，2005.
[16] 萧九根．八都方言研究［D］．南宁：广西大学，2001.
[17] 谢留文．重读《临川音系》［J］．方言，1999（3）.
[18] 熊紫琳．遂川赣语语音研究［D］．南昌：江西师范大学，2022.
[19] 许怀林．江西历史人口状况初探［J］．江西社会科学，1984（2）.
[20] 严修鸿．客赣方言浊上字调类演变的历史过程［J］．中国语学研究，2004（23）.
[21] 尹杰．莲花上西话语音研究［D］．福州：福建师范大学，2017.
[22] 曾素云．赣语泰和方言语音研究［D］．福州：福建师范大学，2014.
[23] 钟昆儿．赣语新干三湖话语音研究［D］．福州：福建师范大学，2015.
[24] 周颖．金滩方言语音研究［D］．南昌：江西师范大学，2019.
[25] 朱珠．江西永丰方言语言研究［D］．南昌：江西师范大学，2018.
[26] 庄初升．广东省客家方言的界定、划分及相关问题［M］//潘悟云，陆丙甫．东方语言学：第四辑．上海：上海教育出版社，2008.
[27] HASHIMOTO M J. The Hakka dialect：a linguistic study of its phonology，syntax and lexicon［M］. Cambridge：Cambridge University Press，1973.
[28] SAGART L. On Gan-Hakka［J］. Tsing Hua journal of Chinese studies new series，1988（1）.

On the Involvements of the Characters of MC Shangsheng Tone with Voiced Initials in Hakka Dialects and Gan Dialects in the Middle Jiangxi Province: Also on the Relationship between Gan and Hakka Dialects

XIE Liuwen

【Abstract】The feature that some characters of the MC pingsheng（平声）tone with cizhuo（次浊）initials, MC shangsheng（上声）tone with cizhuo or quanzhuo（全浊）initials are pronounced yinping（阴平）tone is the main principle to define Hakka dialect. As more and more field investigations are carried out, it is found that such feature cannot cover all Hakka dialects. There are several tone involvement types when it refers to the MC shangsheng tone with voiced initials in Hakka dialects. Moreover, such phenomenon can also be found in Gan dialects in the middle Jiangxi province. Among the tone involvement types, the core one is almost identical to that of Hakka dialect. Combining the immigration history of Hakka ancestors, dialects of Hakka ancestors and Gan dialects in the middle Jiangxi province had experienced deep contact, and such tone involvement types may origin at that time.

【Keywords】Hakka dialects, Gan dialects in the middle Jiangxi province, characters of MC shangsheng tone with voiced initials, involvement type, the relationship between Gan and Hakka dialects

介音展唇化

——再论闽南小称后缀“囝”[①] 的历时音变[②]

张以文　张屏生[③]

（北京大学中文系　北京　100871；台湾中山大学中文系　高雄　80441）

【提　要】“囝”作为闽方言的小称后缀经历语法化后在闽南次方言中发展出各式音读，我们在考察123个闽南方言的基础上重新构建“囝”的音变历程，认为“囝”可能存在过一个有央展唇介音 ɨ 的形式 *kɨã。*kɨã 是“囝”的舌根声母尚在时，介音进一步演化终至脱落前的一个重要阶段。央展唇介音 ɨ 不仅能解释闽南泉州的演变，当代闽北方言的介音 y 也与此甚为密切，同时间接指出“囝”是汉语自源而非南亚语源借词的可能性。

【关键词】闽南方言　小称后缀“囝”　央展唇介音　历史比较法

一、前言

闽方言中现存具备完整音节形式的典型小称后缀有两种，第一种是“囝”，第二种是“子”。参照《中国语言地图集》对闽方言的内部分区来看，“囝”分布于闽东、闽南、莆仙三大方言群；“子”则盘踞在闽中和闽北。倘若我们在地理分布的基础上将闽方言的音系属性分为沿海与内陆，“囝”在性质相对保守的沿海闽语中是稳固的词缀形式。

在闽南方言里，“囝”最初是表达“儿子”“孩子”义的名词，历经语法化伴随的语义磨损和语音弱化等过程后才逐渐演变为指小后缀。眼下作为小称后缀的“囝”在

---

① “囝”同时还有另一写法“仔”，学界普遍将“囝”视为本字，“仔”则为俗字。

② 除了感谢审阅人提出的修订意见，在闽南小称后缀“囝”的音变过程重建上，杜建坊、台湾清华大学（南大校区）的董忠司教授与台湾台中教育大学的洪惟仁教授、台湾“中央大学”的郑晓峯副教授皆提供宝贵的意见，受益匪浅，在此一并致谢。

③ 张以文（1991—　），北京大学中文系在读博士研究生，主要研究方向为历史语言学和汉语方言学；张屏生（1960—　），台湾中山大学中文系教授，主要研究方向为汉语方言学、音韵学等。

闽南方言中的指小功能基本呈现衰颓的趋势，许多闽南方言的后缀“囝”跟多数词干结合时小称义不明显，有些甚至进一步虚化为不具任何表义功能的词尾。这种词尾通常也无法与其依附的词干切分。从共时词法的角度来说，这种成分不能称为严格意义上的小称词缀，不过从历时的层面而言它们先前应该具有指小的意涵，所以我们还是将其音形列入考察范围。

前人从历时方面对“囝”的研究，除了在语法化视角下探索语义和语音演化的联动性以外，还搜罗闽南各地的语音变体来建构“囝”的音变脉络。从语音演变的立场来说，后者的重要性毋庸置疑；前者的论述虽然集中在语法和语义演变的环节上，但也部分提及了语音演变的内容。本文的核心是再次重建“囝”的语音演变路径，进而说明相关问题。因此我们主要取向后者的研究，同时酌量参照前者的成果。

在专力讨论“囝”的语音演化研究上，曹逢甫、刘秀雪（2001）首先从共时的闽南方言梳理“囝”的演变历程，从而比对其与地理分布的关系。该研究总结的论点是“囝”的词素音形以 * kian 为起点，先经历鼻音韵尾丢失、韵母元音鼻化的步骤，再来是声母脱落，最后是韵母去鼻化，整体可概括为 * kian > kiã/kã > ã/iã > a/ia > ε 的弱化进程。这些变体在地理上大致为由北往南的走向。初始的 * kian 已不复见，其余形式皆有实际变体①，如表 1 所示：

表 1 “囝”的语音变体（据曹逢甫、刘秀雪，2001）

kiã	kã	ã	iã	a	ia	ε
永春桃城 永春蓬壶	惠安埭港	惠安螺城 安溪魁斗	永春蓬壶	泉州鲤城	同安	诏安南诏

目前学界在闽南小称后缀“囝”的音变议题上都以此论调为基础，包括曹逢甫一系列探讨“囝”的“语法化轮回”的研究也都立足于其上。

上述成果对于分析闽南的小称后缀“囝”在一定程度上起到很好的奠基作用，然而在材料、调查方法和音变的思考上仍旧存在改进的空间。从材料来说，曹逢甫等研究者的搜集范围仅限于福建地区。在调查方法上，先前的研究只单纯记录“囝”的音读，并未完整调查方言的音韵系统，取得的语料未经音位化处理。此外，闽南的“囝”在小称后缀的表现上具有高度的不一致性，因此不适合以共同词表的范式来核对各方言的情况。先前绝大多数的研究都未说明此一客观事实。曹逢甫（2006）只陈述了个别方言中小称后缀“囝”的零星词例，语料呈现的方式欠缺量化和系统性；曹逢甫、刘秀雪（2008：648）则是提到各方言中都存在以下情况：某些物体名词作词干时，加上小称后

① 除了闽南以外，曹逢甫、刘秀雪（2001）也附带提到莆田、仙游的材料。其中莆田市与仙游城关的小称“囝”是 kyɒ，yɒ；莆田县和仙游玉田、榜头则为相应的鼻化形式 kyɒ̃，yɒ̃。曹文认为这种相对特殊的音读的成因和方言接触密不可分。

缀“囝”后并非特定物件的指小性质而是专指某种物体。曹、刘认为这种任意性增加了词表设计的困难度，但是他们依然以共同词表的模式来考察方言内部小称后缀“囝”的使用情形。事实上，小称后缀“囝”无论是否指小，在闽南各处的分布原本就有高度的不平衡性。我们经常可以见到相同的名词在某方言具有小称后缀的词形，在彼方言却未必见得到。以“鱼”“猪”这两个词为例，台湾南部地区的闽南方言多半会加小称后缀说成双音节词［$hi5_{33}$ $a2^{51}$］［$ti1_{33}$ $a2^{51}$］；台湾北部地区就不加小称后缀，只说单音节的［$hu5^{13}$］［$tu1^{55}$］。有鉴于此，我们不能先入为主地预设任何一个名词在所有次方言内必然都有相应的小称形式，还是要在基本语汇上因地制宜，挖掘合适的语料。

由此观之，闽南方言小称后缀“囝”的历时音变研究尚有未竟之业，如果能够进行更大规模的调查，重新审视原本的思维，我们很有可能得出新观点。从 1990 年到 2023 年，笔者陆续调查了 123 个闽南次方言的小称词，并且发现了前人对“囝”所作的考察中未出现过的音读变体。这些材料使我们有望完善“囝”的音变过程，寻觅出更有说服力的想法来阐述“囝”的语音演变。

二、闽南小称后缀“囝”的音读表现

本文涉及的语料涵盖台湾、福建、广东、海南、江西等地，其中台湾 41 处、福建 44 处、广东（含雷州半岛）30 处、海南以及其他地区 8 处，详细内容可参阅文后的附录。本文的标音体例在声调部分区分调类与调值。调类以阿拉伯数字 1、2、3、4、5、6、7、8 对应阴平、阴上、阴去、阴入、阳平、阳上、阳去、阳入。调值则采用“五度制标记法”，本调的调值标在右上角，变调的调值标在右下角，如“西瓜”［si_{33} kue^{55}］。“轻声”① 则在该音节前标“·”并将其调值写在该音节右下角。有些材料为了方便读者检阅会同时标注调类和调值，例如“囝”［$a2^{51}$］表示其调类是上声，实际调值是/51/。

在变体数量上，我们一共取得 14 种“囝”的音读形式，每项音读与调查来源列于表 2。在声母类型上，“囝”有舌根辅音声母与零声母两种表现。韵母的部分有两处重点，第一部分是要留意韵母是单元音还是复合元音；第二部分则是观察韵母鼻化与否。声调方面，表中多数为上声调（阴上调），福建龙岩一带体现为阳去调，广东陆河（新田镇）则是阴平调。

---

① 从普通话的声学角度来说，“轻声”有听感上念得较轻、时长短、调域窄等特点。闽南的“轻声”不同，比如“起厝” $k^{h}i_{55}$ $ts^{h}u^{11}$（盖房子）、“许厝” $k^{h}ɔ^{51}$ · $ts^{h}u_{11}$（地名）这两个词汇中的“厝”无法从听感上去辨别，但“起厝”的“厝”是本调，“许厝”则是轻声调。这取决于“厝”前面的词素有没有变调。假如念变调，“厝”就是本调；反之则为轻声。另外闽南的“轻声”存在固定音高，故本文将其调值记在右下角，例如“真个” $tsin^{55}$ · $nẽ_{55}$。

表2 闽南小称后缀“囝”的语音变体及来源

	音读	来源	数量
1	kiã2	福建泉州市（德化县龙浔镇、永春县达埔镇） 广东潮州市（湘桥区意溪镇、潮安区枫溪镇、潮安区金石镇、潮安区凤凰镇）、汕头市、汕头市（潮南区沙陇镇、潮阳区谷饶镇、澄海区上华镇）、揭阳市（榕城区、普宁市大坝镇、惠来县惠城镇、揭西县河婆镇）、汕尾市（陆丰市南塘镇、陆丰市湖东镇）、梅州市（丰顺县汤南镇、丰顺县留隍镇） 江西上饶市（广丰区横山镇）	19
2	ŋiã2	广东潮州市（饶平县黄冈镇）	1
3	kia2	广东湛江市（麻章区、雷州市雷城镇、徐闻县徐城镇、遂溪县江洪镇、廉江市横山镇）、茂名市（电白区霞洞镇、电白区电城镇） 海南海口市（美兰区三亚街）、文昌市（东郊镇）、澄迈县（文儒镇）、万宁市（万城镇）、三亚市（天涯区）、保亭黎族苗族自治县	13
4	kie2	广东湛江市（吴川市覃巴镇吉兆村）	1
5	kã2	福建泉州市（泉港区前黄镇）	1
6	kẽ2	福建泉州市（泉港区涂岭镇）	1
7	kə̃2	福建泉州市（泉港区山腰街道） 浙江南麂岛	2
8	ã2	福建泉州市（南安市）、莆田市（南日岛）	2
9	a2	台湾澎湖县（马公市、望安乡、七美乡、望安乡花屿村、西屿乡、白沙乡后寮村、白沙乡中屯村、白沙乡吉贝村、白沙乡通梁村）、台北市（社子岛）、新北市（芦洲区、三峡区、石碇区）、桃园市（新屋区大牛稠）、新竹县（新丰乡）、苗栗县（白沙屯、卓兰镇）、台中市（梧栖区、沙鹿镇）、南投县（草屯镇）、彰化县（鹿港镇、永靖乡）、云林县（台西乡、北港镇、仑背乡）、嘉义市、嘉义县（东石乡）、台南市（安平区、佳里区）、高雄市（小港区红毛港、小港区大林蒲、旗津区）、屏东县（屏东市、琉球乡、车城乡保力村、满州乡港口村、万峦乡新厝村）、宜兰县（罗东镇）、台东县（绿岛乡） 福建厦门市（思明区、殿前街道、同安区、灌口镇陈井村）、泉州市（鲤城区、泉港区后龙镇、泉港区蜂尾镇、泉港区南埔镇、石狮市、金门县、安溪县蓬莱镇、惠安县张坂镇、惠安县崇武镇）、漳州市（芗城区、龙海区海澄镇、龙海区角美镇、长泰区陈巷镇、平和县五寨乡、平和县九峰镇、漳浦县绥安镇、云霄县莆美镇、南靖县山城镇、华安县华丰镇、东山县铜陵镇、东山县陈城镇）、龙岩市（新罗区、新罗区苏坂镇、新罗区适中镇、新罗区大池镇、漳平市新桥镇、漳平市溪南镇） 广东汕头市（南澳县后宅镇）、梅州市（大埔县光德镇九社村）、广州市（增城区鹤洲村）、云浮市（郁南县连滩镇）	73

（续上表）

	音读	来源	数量
10	ɛ2	福建漳州市（诏安县南诏镇、诏安县四都镇、东山县杏陈镇大嵫村）	3
11	e2	台湾澎湖县（马公市澎南区、湖西乡）	2
12	a7	福建龙岩市（新罗区万安镇、新罗区白沙镇、漳平市菁城街道）	3
13	e7	福建龙岩市（新罗区万安镇）	1
14	a1	广东汕尾市（陆河县新田镇寮前村）	1

在重建这些变体的演变过程前，我们必须先确保它们的语素同一性。以往面对这个问题最常见的做法是找出所谓的“本字”后，再利用该字的音韵地位检视其他共时方言的变体。假如现代方言的形式在声母、韵母、声调三方面皆符合古代音类的语音发展规律，那么就基本可以确定语素音形的来源，若其中一项不符合就只能视研究者在语音对应条件上的宽严态度而定。音韵典籍里仅宋代的《集韵》对“囝”这个字注记“九件切”的切语。此外《全唐诗》顾况诗中有注：“囝音蹇，闽俗呼子曰囝”，变相指出“蹇”“囝”同音。此状况下只能利用这些有限的记载来核对表 2 中的小称变体是否为“囝”。依据《集韵》的切语，声母为舌根辅音、韵母有 i 介音、声调为上声调者是“囝”的后裔无误。声母为零声母形式的变体只要声调仍为上声调依然算“囝”的语音变体。疑虑最大的部分还是声调非上声一类的变体。如果站在声母、韵母、声调三者完全一致对应的层面来看待这批音形，我们很难斩钉截铁地论断它们和“囝”同源，至多合理怀疑这种调类是“囝”在部分闽南次方言语法化为小称后缀后突变的结果。

对照曹逢甫考察到的音读变体，其所提及的 iã/ia 是我们没有观察到的形式。曹文的 iã 源于永春的桃城、蓬壶，ia 出自同安。本文虽也做了永春和同安的调查，但未记录到 iã/ia 的音形。笔者调查的永春方言点为达埔（镇），不同于曹文的桃城、蓬壶，即便达埔与蓬壶、桃城相去未远，我们也不能权且直接把达埔的形式一并视为桃城、蓬壶的真实表现。至于同安的部分，笔者以为个中原因可能是两份研究对于同安方言音系中的小称音韵现象有不同的理解。在同安闽南方言中，小称伴随的音变和变调行为确实不同于其他闽南方言。

（一）同安方言的小称音变：增音

同安、金门、马公、西屿、望安、七美、陈井这些同安或原属同安类型的闽南方言音系多少保有小称后缀的“增音现象”。在小称构词中，词干以 a 结尾的音节后面会衍生一个 i 元音。下面以马公方言为例（见表 3）：

表 3 马公方言小称音变的词干增音现象

词干	相应小称形式	释义
“带” tua^{11}	“带仔” $tuai_{51}\cdot a_{11}$	带子
“林” $nã^{13}$	“林仔菝” $nãi_{33}$ a_{33} put^{5}	番石榴
“篮” $nã^{13}$	“钩篮仔” kau_{33} $nãi_{11}\cdot ã_{11}$	钩篮
“健” lua^{33}	“鸡健仔” kue_{33} $luai_{11}\cdot a_{11}$	小母鸡
“礤” $ts^{h}uaʔ^{3}$	“礤仔” $ts^{h}uai_{51}\cdot a_{11}$	刨具
“裨” $kaʔ^{3}$	“内裨仔” lai_{11} $kai_{51}\cdot a_{11}$	胸罩
“歌” kua^{55}	“歌仔戏” $kuai_{33}$ a_{33} hi^{11}	歌仔戏
“篕” $k^{h}aʔ^{3}$	“篕仔” $k^{h}ai_{51}\cdot a_{11}$	鱼篓
“鸭” $aʔ^{3}$	“鸭仔” $ai_{51}\cdot a_{11}$	小鸭子

词干韵母为 ia 时另有变化：

（1）有些地区受 iai 结构限制，不存在 i 元音的增音，如金门、马公、西屿、望安。

（2）有些次方言容许 iai 的音变形式，比如“锅子”一词在花屿为“鼎仔”［$tiãi_{11}\cdot ã_{33}$］，在中屯为“鼎仔”［$tiãi_{55}$ $ã^{51}$］。

（3）部分方言会先增音再减音，例如“锅子”一词在望安为“鼎仔”［$tãi_{11}\cdot ã_{33}$］，笔者认为这是受限音节结构的音变而非元音替换。

（4）有的方言会发生元音合并的现象，这种音变不通过增音规则把复合元音合为单元音。例如“鼎仔”（锅子）一词兴仁话理论上要念成［$tiã_{11}\cdot ã_{33}$］，但 ia 会合为 e，因此念成［$t\tilde{e}_{11}\cdot ã_{33}$］。①又“拐仔”（拐杖）一词湖西话理论上要念成［$kuai_{11}\cdot e_{33}$］，但 ai 会合为 e，因此念成［$kue_{11}\cdot e_{33}$］。

曹逢甫、刘秀雪等认为同安“囝”的韵母为 ia 显然是把增音分析成小称词内部的音节。他们在没有完整了解同安闽南方言音韵体系的前提下极可能把听到的音值当作音位，径自与其他次方言比较。适逢“囝”在其他闽南次方言也有 kiã 的变体，假如存在 ia 也符合语音演变的连续性。从解释音变的目的来讲，这样固然可行，可是比较法（comparative method）的原则是回溯词素音形的原始形式要排除形态音位。在同安小称音变的增音现象里，后缀在听感上的确带一个 i 介音，但这只是表层结构而非“囝”本来携带的成分。所以我们依然将同安的“囝”韵母看作 a。

（二）同安方言的小称变调：协变调

同安的小称变调机制是一种随前的规则。小称后缀本身没有固定的调值，而是随词

① 规律之外偶尔也有反例，例如虎井的“鼎仔”仍念［$tiã_{11}\cdot ã_{33}$］。

干最后一个音节的声调而调整，简言之就是调尾传布。同安、金门、马公、湖西的小称变调都是这种类型（见表4、表5）。

表4　同安、金门、马公、湖西小称变调表

词干调类	同安	金门	马公	湖西
① 阴平	沟　仔 $kan^{55}_{33>11}\cdot a_{11}$	柑　仔 $kam^{55}_{33>11}\cdot a_{11}$	钩　仔 $kau^{55}_{33}\cdot a_{33}$	弓　仔 $kiŋ^{55}_{33}\cdot ŋ\tilde{e}_{33}$
② 阴上	椅　仔 $i^{31?}_{35>51}\cdot a_{11}$	椅　仔 $i^{51}_{35>11}\cdot a_{33}$	椅　仔 $i^{51}_{35>33}\cdot a_{33}$	港　仔 $kaŋ^{51}_{35>11}\cdot ŋ\tilde{e}_{33}$
③ 阴去	锯　仔 $kɨ^{11}_{51}\cdot a_{11}$	钻　仔 $tsŋ^{11}_{55}\cdot a_{55}$	秤　仔 $ts^hin^{11}_{51}\cdot n\tilde{a}_{11}$	钻　仔 $tsŋ^{11}_{51}\cdot ŋ\tilde{e}_{11}$
④ 阴入	砸　仔 $p^hiat^3_5\cdot la_{11}$	窟　仔 $k^hut^3_5\cdot la_{55}$	竹　仔 $tik_5\cdot ga_{11}$	窟　仔 $k^hut^3_5\cdot le_{11}$
⑤ 阳平	圆　仔 $\tilde{i}^{13}_{11}\cdot \tilde{a}_{11}$	棰　仔 $ts^hɘ^{13}_{11}\cdot a_{11}$	螺　仔 $le^{13}_{11}\cdot a_{11}$	箠　仔 $ts^hɘ^{13}_{11}\cdot e_{11}$
⑥ 阳上				
⑦ 阳去	磨　仔 $bo^{33}_{11}\cdot a_{11}$	袋　仔 $tɘ^{33}_{11}\cdot a_{11}$	袋　仔 $te^{33}_{11}\cdot a_{11}$	鏨　仔 $tsam^{33}_{11}\cdot m\tilde{e}_{11}$
⑧ 阳入	凿　仔 $ts^hak^5_1\cdot ga_{11}$	侄　仔 $tit^5_1\cdot la_{11}$	侄　仔 $tit^5_1\cdot la_{11}$	盒　仔 $ap^5_1\cdot be_{11}$

表5　同安、金门、马公、湖西小称词声调变化分析表

①□　囝 /\ /\　囝变调 →	②□　囝 /\ /\　词干调尾向右传调 →	③□　　囝 /\ - - - /\ →	④□　囝 /\　/\

三、闽南小称后缀“囝”的音读演化

“囝”作为闽南话的小称词在语言的历时演变研究中一直是饶富兴味的课题。学界对此着墨甚多，不过还是有许多可以持续探寻的空间。在“囝”的语音历时演变研究中，Norman（1976）认为“囝”的韵母原始形式具有圆唇性；构拟为 *iɑn（1981）。曹逢甫、刘秀雪（2001）构建的 *kian > kiã/kã > ã/iã > a/ia > ɛ 音变链（以下简称曹氏音变链）是广为学界熟悉的观点。Norman（1976）和曹逢甫的意见虽有相左，可是学界普遍不认为这种对立有任何谈论的必要。从某种程度上来说，Norman 和曹逢甫是从不同的维度来申论彼此的想法。Norman 是在“囝”作为“儿子、孩子”义的实词平面上重构“囝”在共同闽方言中的原始音形；曹逢甫只论证“囝”在闽南语法化为小称后缀的经过。Norman 的研究是鸟瞰式的观察整体闽方言的表现，曹逢甫只是解决闽南的问题。从本文的立场来说，曹逢甫的研究在性质上跟我们比较接近，但是语法化的起点还应是实词，因此在讨论“囝”的语音演变时终究还是要回到实词平面。我们也无可避免地要将这两个想法放在一起比较。

（一）曹氏音变链

曹逢甫、刘秀雪（2001）针对闽南小称词“囝”所提出的音变链是接受度比较高的方案。不过曹氏音变链其实不是一个非常完整的音链，而是更接近演变阶段的简单示意图。这条音变链只划分出大致的阶段，没阐明每个变体从起点到终点的详细过程，而且中间的三个阶段都有两个位阶相同的变体。诸如第三阶段的 iã 是演变自第二阶段的 kã 还是 kiã 等这类问题，曹文并未给出答案，我们也很难凭借曹氏音变链给出精准的回复。

对于 kiã 与 kã 的顺序问题，目前学界普遍认为曹氏音变链中第二阶段的 kã 是 kiã 丢失介音而形成的变体。曹文也支持此论，认为是“泉州常见的音变”。根据我们的考察，舌根塞音声母和韵腹为［ia-］形成的音节在泉州地区确实会有没 i 介音的情况，漳州地区的闽南方言并不存在这种音变。这部分如果用泉州地区的方言韵书《汇音妙悟》来看会更明显。

《汇音妙悟》的体例依稀能看出阴声韵、阳声韵、入声韵三类字的格局，但是在编纂逻辑上不同于其他明清时期官话等韵图的地方在于闽南韵书的阴声韵目所收的字也包括部分入声字，这批入声字在现代闽南方言中都以喉塞辅音结尾；其他入声字则是收于阳声韵，并且在现代闽南方言中都是收 -p、-t、-k 这类塞音韵尾。“囝”在《汇音妙悟》里划归“京韵”，与“京韵”相承的阴声韵目为“嗟韵”。《汇音妙悟》的“嗟”韵字在共时的漳州方言中都有 i 介音，部分泉州地区的闽南方言的 i 介音会脱落。以“嗟韵”的“骑”字而论，“骑马”一词在泉州地区的闽南方言中的说法如表 6 所示：

表 6　泉州地区闽南方言“骑马”词目音读①

泉州	安溪	德化	南安	石狮	惠安	同安
$k^ha_{11}be^{55}$	$k^hia_{11}be^{55}$	$k^hia_{11}be^{51}$	$k^ha_{11}be^{55}$	$k^ha_{11}be^{55}$	$k^hia_{11}be^{553}$	$k^hia_{11}be^{51}$

根据表6，“骑”字丢失 i 介音的次方言有泉州、南安、石狮，然而安溪、德化、惠

① 表内语料皆来自张屏生（2013）。

安、同安的 i 介音并未丢失。“京、嗟”二韵这种音变只能说确定存在于泉州地区的闽南方言里，但不周遍，是否达到“常见”的程度还须斟酌。回到曹氏音变链上，曹文认可 kã 是 kiã 丢失介音的结果，可是在建构音变环节时却把 kã 和 kiã 置于同阶段、同位阶的地位，这在逻辑上显然需要更多的解释。

（二）Norman 的圆唇元音拟测

Norman（1976、1981）针对“囝”的词素音形原始形式先后提出过两次推论。Norman（1976）认为“囝”的原始形式应该具备圆唇韵母，后来 Norman（1981）在原始闽语的框架下把“囝”的韵母拟成 * ian。我们从 Norman（1976）的版本说起。

Norman（1976）的重点是论证“囝”是来自南亚语言的词汇，指出中南半岛和印度地区的某些语言用于表达“儿子”“小孩”的词汇可能跟“囝”同源，甚至有可能是“囝”的来源。相关语例见表 7：

表 7　南亚语言和“囝”的同源词例

中南半岛					印度地区			
高棉语（Khmer）	孟语（Mon）	布鲁语（Bru）	仲语（Chong）	佤语（Wa）	卡西语（Khasi）	卡利亚语（Kharia）	桑塔利语（Santali）	霍语（Ho）
koun	kon	kɔɔn	kheen	kɔn	khuːn	kɔnɔn	hɔn	hon

从表 7 中的材料来看，这些疑似和“囝”同源的南亚词汇几乎都以圆唇元音作为主要元音。闽北的建阳方言把“囝”说成［kyeŋ11］又使 Norman 坚信“囝”的韵母是来自圆唇系列的元音。

Norman（1981：297）将“囝”与“线”“鳝”“□（泼）”① 等词素看成原始语中的同一类韵母，我们可以看到“线”“鳝”“□（泼）”在厦门、揭阳对应的韵母皆有 u 介音，唯独“囝”没有。（见表 8）Norman 把“囝”的韵母拟为 * ian 可能是要试图连结“线”“鳝”“□（泼）”的 ua 和“囝”的 ia 而不单只在“囝”范畴里考虑原始形式。

表 8　Norman（1981）原始闽语 * ian 的拟测

	囝	线	鳝	□（泼）
福安	kiɛn2	siɛn3	tsʰiɛn7	tsiɛt4
福州	kiaŋ2	siaŋ3	tsʰiaŋ7	tsiak4

① “□（泼）”可能是“溅”tsuã7（水或液体喷洒出来）。

（续上表）

	团	线	鳝	□（泼）
厦门	kiã2	suã3	tsʰuã7	tsuã7
揭阳	kiã2	suã3	—	—
建瓯	kyeŋ2	syeŋ3	tsʰyeŋ7	—
建阳	kyeŋ2	syeŋ3	tsʰyeŋ3	（lyeŋ9）
永安	kyẽ2	syẽ3	tsʰyẽ4	—
将乐	kieŋ2	sieŋ3	tsʰieŋ3	—

综合来看 Norman 的意见，笔者认为 Norman（1976）只从与“团”相关的语素音形方面思考问题，后续的研究则上升到音系格局的向度。这两种思路各自蕴含不同的方法论，比起评判孰优孰劣，我们更应该关心哪个“团”的音变构拟方案是更接近语言演变事实的假设。仅以比较法而论，Norman（1976）把“团”拟为圆唇元音的方案可以成立，只是这样不符合《集韵》和《全唐诗》的内容。即便比较法可以在不用仰赖文献的前提下强行执行语音重建，可一旦我们的推论悖离了真相，得到的成果的价值也很有限。

（三）“团”的音变：央展唇介音

从前人对“团”的音变提出的构想来看，闽南的“团”在原始形式上是否必须含有圆唇元音以及 kiã 与 kã 的演变是问题的本质。对我们而言，旧有的阐释已经无法涵盖现在掌握的“团”的语音变体，重新建构音变链来解释“团”的演变是接下来要进行的工程。

在构拟“团”的音变之前，我们需要注意下面对于“团”的语音演变路径的构拟是在声调为上声（阴上调）的前提下构建的。对于读为阳去调的龙岩地区和念作阴平调的陆河（新田镇），本文暂时假设它们代表的语素音形也是“团”这个字。由于尚未有明确的思路说明龙岩、陆河的声调如何从上声（阴上调）转变为其他调类，我们的音链只能解释声母和韵母的演变。（见图 1）

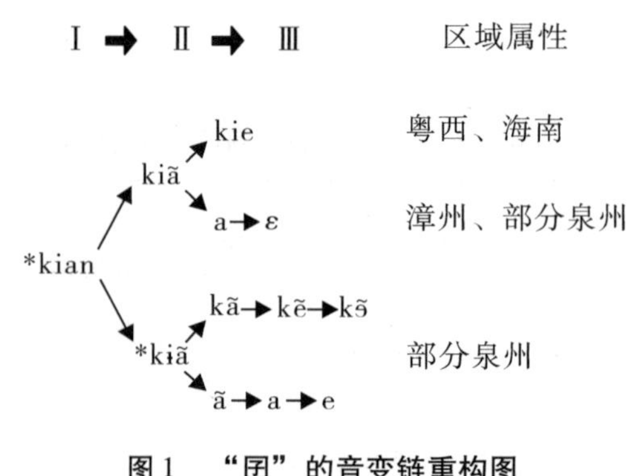

图 1　“团”的音变链重构图

总览本文对“囝”所收的语音形式，“囝”的语音弱化过程除了前人提到的鼻音韵尾脱落导致的元音鼻化、声母脱落以及元音去鼻化这三条规律以外，另有央展唇介音的产生和元音央化这两条规律。央展唇介音的产生与丢失是解释 kã2、kẽ2、kə̃2 这一系列形式的关键。

从语法化的视角而论，“囝”在闽南从实词转化成小称后缀的绝对时间段起点绝不晚于鼻音韵尾脱落的时间，终点更不早于声母脱落的时间。由是观之，鼻音韵尾脱落导致的元音鼻化是“囝”语法化道路上经历的首条规律，接下来“囝”的演变进程在闽南各地会按区域而有所不同：

1. **泉州地区**

泉州地区的闽南方言在“囝”的鼻音韵尾脱落从而使韵腹鼻化后，部分方言的“囝”可能以央展唇元音 ɨ 为介音形成 * kɨã2 的音读，另一部分则是以前高元音 i 为介音，形成 kiã2 的音读。带有央展唇元音 -ɨ 的读音 * kɨã2 后续发生脱落形成现代的 kã2，kẽ2、kə̃2 都是 kã2 元音央化的结果。以前高元音 i 为介音的 kiã2 则会与漳州合流变成去鼻化的 a。

2. **漳州地区**

当代漳州地区闽南方言在“囝”的表现上相当一致，全部都是单元音。唯一需要讨论的地方是诏安南诏的读法为 ɛ2，其他漳州一带的方言都是 a2。虽然现代的漳州方言看不到舌根声母的后缀“囝”，我们只能推论早先时期的漳州地区可能有这样的形式存在。潮州地区的闽南方言在韵母的分合关系上与漳州比较接近，我们可将潮州地区的 kiã 看作漳州前身的延续，粤西、海南的 kie 则是在此基础上又发生去鼻化规律的结果。

四、央展唇介音的方案：鹧鸪音与共时方言比较的旁证

央展唇介音环节的增设主要是为了解释部分现代泉州地区方言中的“囝”舌根声母尚在却无介音的音读模式。“囝”出自《汇音妙悟》的“京韵”，与其韵腹形式相承的韵目为“嗟韵”。

“京、嗟”二韵在当前闽南方言的音系基础单位中虽无 kɨã 的对应形式，但在特定场域下却能见到相关的音形。泉州当地的传统戏曲“南戏”中有一种俗称“鹧鸪音”（又称“照古音”“衔音”“牙音”“骑音”）的唱法，演员在表演时会刻意在某些字的音节中插入一个展唇元音作为介音，目的是演唱时增加该字的时长以达到声情婉转的韵律效果。方言戏曲的唱腔通常会参酌当地方音的成分并加以变化，泉州的“南戏”唱腔极有可能反映出一些泉州闽南方言中比较保守的语音模式。

按《汇音妙悟》的韵目，有“鹧鸪音”演绎形式的字主要出现在“鸡韵”“恩韵”“钩韵”。有些韵目个别的字也可以使用，比如“京韵”的“囝”和“嗟韵”的“骑”。

表9为“鹧鸪音”的具体形式以及部分相关例字，表中的“鹧鸪音”形式主要参考王建设（2000）。王建设将“鹧鸪音”当中的介音拟为后展唇介音 ɯ 而非本文所指的央展唇介音 ɨ 是基于部分现代泉州系统闽南方言的语料表现。《汇音妙悟》部分“居韵”字在泉州南安的语料中主要元音记为 ɯ，比如“居、猪、煮”等字。台湾地区有些泉州系统的闽南方言“居韵”字的主要元音也可见到展唇介音，但都记成 ɨ 的形式，比如台北地区的三峡。对此我们有充分的理由认为 ɯ 与 ɨ 在此本质相同，唯一区别只是符号选用的习惯差异。

表9 南戏“鹧鸪音”形式与《汇音妙悟》的韵目对照

鹧鸪音		《汇音妙悟》韵目	例字
ɯe/ɯeʔ	ɯe	鸡	细替鸡体溪
	ɯeʔ	鸡	切节
ɯa/ɯaʔ	ɯa	花	拖挂
		嗟	寄骹倚骑
	ɯaʔ	嗟	擗
ɯən/ɯət	ɯən	恩	恩恨勤根斤
	ɯət	恩	核
ɯəŋ/ɯək	ɯəŋ	生	僧生灯曾等
	ɯək	生	德刻侧策黑
ɯo	ɯo	钩	厚后母谋头
ɯã	ɯã	京	团
ɯəm	ɯəm	箴	斟怎针
ɯĩ	ɯĩ	熋	千先荔清指

从表9中可见，“团”的“鹧鸪音”明显存在一个展唇介音。虽然这种形式在说唱艺术中才能耳闻，但要以常态音位和形态音位未出现的理由悍然否定历时中未曾出现类似音形的可能性也不妥。我们迫切需要检验的部分在于类似“鹧鸪音”这种音节形式存在于实际闽南方言中的合理性。从音节类型来说，ɨã 是以央展唇元音为介音，前低展唇元音为主要元音的结构。用区别特征表示如下（见图2）：

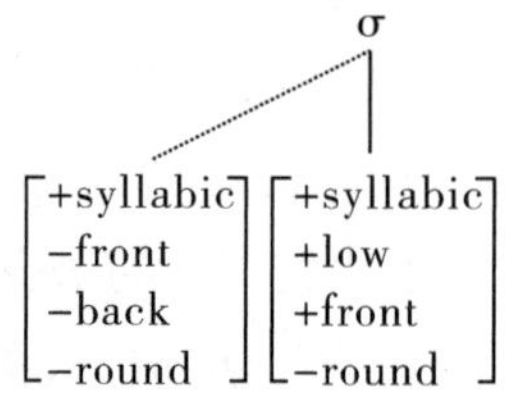

图2 “鹧鸪音”韵母元音区别特征示意图

这种韵母类型在台湾三峡、莺歌的闽南方言中出现过，三峡、莺歌两地的音系性质也属于泉州的系统，相关例字为“鸡”［kɘe1[55]］（张屏生，2007）。虽说其所辖例字分布在《汇音妙悟》的“鸡韵”而非本文讨论的“京、嗟”二韵，但这个案例也是央展唇元音可作介音的证据。

央展唇元音面临的考验还有来自原始闽语的挑战。在所有关于原始闽语的韵母系统里，尚未有以 ɨ 作为介音的拟测观点，可是这不代表以 ɨ 作为介音就是完全不可行的构想。以 ɨ 作为介音的可行性主要还是来自共时对应的证据。在共时的闽方言中，“箸”“鱼”“鼠”这些基本词的主要元音在闽南、闽中、闽北的对应如表 10 所示：

表 10 《汇音妙悟》“居韵字”在闽方言中的对应①

	泉州	厦门	漳州	永安	建瓯
猪	tɨ1	tu1	ti1	—	—
箸	tɨ7	tu7/ti7	ti7	ty7	ty7
鱼	hɨ5	hu5/hi5	hi5	gy5	ŋy3
鼠	$ts^{h}ɨ2$	$ts^{h}u2$	$ts^{h}i2$	$tʃ^{h}y2$	$ts^{h}y2$

《汇音妙悟》的“箸”“鱼”“鼠”这三个“居韵”字在闽南的主要元音有 ɨ、i、u 这三种形式。泉州为 ɨ；漳州为 i；音系主体性质为泉州的厦门有 i 又有 u 的情况应该与其兼有部分漳州系统的音类有关。与闽南遥遥相对的永安、建瓯在这三个字的主要元音上体现出极高的一致性，都以 y 作为主要元音。我们就此可说只要特定音类在闽南地区有 ɨ、i、u 的三重对应，闽中的永安和闽北的建瓯必然会以 y 来回应。“囝”在建瓯为［kyiŋ[21]］（陈章太、李如龙，1991），与 Norman（1976）中提到的同为闽北方言的建阳的音形［kyeŋN [11]］可视为同类。既然“囝”在当前闽南的介音只有 i，闽北的建瓯、建阳为 y，若我们以“居韵”体现的三项对立为立论根基，配合“鹧鸪音”形式的佐证，则“囝”在部分泉州地区方言不排除有央展唇介音 ɨ 形式存在的可能性。

Norman（1976）认为“囝”的韵母原始形式有一个圆唇元音，这样的重构在闽方言里纯粹是站在闽北的立场，会很难衔接闽南地区的情况。这是因为当前闽南地区的表现不管是在介音还是主要元音上都看不出有圆唇元音的痕迹。莆仙方言的“囝”韵母中确实有 y 介音，但考虑到莆仙的音系性质是闽东、闽南两类闽方言群接触融合的系统，莆仙的 y 介音也可能是接触演变的结果。如果把闽北、闽南一起综合比较，透过部分《汇音妙悟》的“居韵”字在闽南的三重对立，就能推断“囝”在现代建瓯、建阳中的 y 介音对应到闽南不应只有 i 介音。理论上现代闽南还有 u 介音及 ɨ 介音的音形。

① 表中泉州、厦门的语料参考张屏生（2013）；漳州引用张屏生（2012）；永安为张屏生（2018）；建瓯为张屏生（2023）。

但唐代《全唐诗》和宋代《集韵》的记载不容许“囝”有合口的 u 介音，若要使闽北的 y 介音成立，我们就有必要给闽南的“囝”在 i 介音之外提供 ɨ 介音的形式。“囝”在现代泉州地区的语音形式有 kia2 和 ka2，除去有 i 介音的 kia2，ka2 极有可能就是来自＊kɨa2。＊kɨa2 的身影目前尽管只能在泉州的南戏中见到，但是它有可能在更早的阶段与 kia2 在闽南“分庭抗礼”，后来＊kɨa2 的 ɨ 介音丢失变为今日的 ka2。如果只把目光放在现代的泉州地区，我们免不了会把 ka2 的形成归咎于 kia2 丢失了 i 介音；只看闽北地区的话，现代泉州地区的表现也会令人费解。倘若从闽南的“囝”音读变体去思考如何使闽北的“囝”产生 y 的对应，具有央展唇介音 ɨ 的＊kɨa2 就会是闽南“囝”的语音演变中必然增设的环节。由此我们还能反向思考把“囝”看作非汉源借词说法的可靠性。

Norman（1976）对闽方言的“囝”所做的拟测构想部分来自南亚语言的启发。王本瑛（1995）、陈忠敏（1999）皆附和其说，认为“囝”是非汉语的借词。其实 Norman（1976）列举的南亚语言材料几乎都是以圆唇音为主要元音，而且都没有复合元音的形式。这与闽方言的“囝”相去甚远。我们不否认这些南亚语言表“孩子”义的词与闽南方言的“囝”有语音相似，可是相似只是一种笼统的叙述而非超越合理怀疑的证据，因此我们也不能排除“囝”是汉语本源的可能。“囝”源于南亚语言一说还待进一步验证。

五、结论

本文在汇整 123 个闽南次方言小称后缀的基础上重新梳理“囝”的音变过程。在新音变链中，央展唇介音＊kɨa2 的环节不仅能在闽南内部起到“囝”的音变解释作用，同时还能联系“囝”在闽北方言的 y 介音形式。Norman（1976）指出“囝”可能源于南亚，然后根据建阳的语素音形提出“囝”的初始音形有圆唇元音的构想。这些南亚词例的音节中几乎都能见到圆唇元音的身影，但这显然不符合“囝”在闽方言的表现，因此“囝”也不能排除是汉语本源词的可能。桥本万太郎（1978：230）曾经质疑出现于汉语文献的词汇未必就是汉语本源词，同理没有本字甚至有音无字的词汇也未必就是非汉语来源的借词。我们固然可以思考这些词汇可能是别的语言的借词，但也不能仅凭语音、语义的相似性或特定语法的同构就轻易判定其为所谓的“非汉底层词”。

在后续研究中，有关闽南方言的“囝”在语音演变上仍有完善的空间。目前我们只能说明“囝”在所有闽南方言中声母和韵母的演变，声调部分暂时无法提供有效的解释。此外，本文尚未涉及莆仙和大田是因为前者音系有高度的接触性质，后者在语音形式和小称音变规律上比较特殊。两地的小称后缀也是未来必然要去处理的课题。

参考文献

[1] 北京大学中国语言文学系语言学教研室．汉语方音字汇：第二版重排本［M］．王福堂，修订．北京：语文出版社，2006.

[2] 陈章太，李如龙．闽语研究［M］．北京：语文出版社，1991.

[3] 陈忠敏．论闽语的小称［J］．中国语言学报专著系列，1999（14）.

[4] 曹逢甫．语法化轮回的研究：以汉语鼻音尾/鼻化小称词为例［J］．汉语学报，2006（2）．

[5] 曹逢甫，陈彦伶．汇音妙悟里的小称音变［J］．语言暨语言学，2012（2）.

[6] 曹逢甫，刘秀雪．闽南语小称词的由来：兼谈历史演变与地理分布的关系［J］．声韵论丛，2001（11）．

[7] 曹逢甫，刘秀雪．闽语小称词语法化研究：语意与语音形式的对应性［J］．语言暨语言学，2008（3）．

[8] 洪惟仁．台湾彰化王功方言：一个多重变调的闽南语方言［C］．元任学会汉语方言资料宝库，1995.

[9] 李如龙．福建县市方言志12种［M］．福州：福建教育出版社，1999.

[10] 桥本万太郎．言语类型地理论［M］．东京：弘文堂，1978．

[11] 王本瑛．汉语方言中小爱称的地理类型与演变［J］．清华学报，1995（4）．

[12] 王建设．南音唱词中的古泉州话声韵系统［J］．方言，2000（4）．

[13] 温端政．苍南方言志［M］．北京：语文出版社，1991.

[14] 曾蓉蓉．浙南洞头闽南方言语音研究［D］．广州：暨南大学，2008.

[15] 张屏生．台湾地区汉语方言的语音和词汇［M］．台南：开朗杂志事业有限公司，2007.

[16] 张屏生．澎湖闽南语次方言的音韵比较［C］//语言与文化面向论文集．高雄：台湾中山大学人文研究中心，2010a.

[17] 张屏生．澎湖县语言地理研究［C］．首届中国地理语言学国际学术研讨会，2010b.

[18] 张屏生．漳州地区闽南话基础语汇稿［M］．未刊本，2012.

[19] 张屏生．泉州地区闽南话基础语汇稿［M］．未刊本，2013.

[20] 张屏生．潮汕话（含南澳岛）基础语汇稿［M］．未刊本，2014a.

[21] 张屏生．龙岩地区闽南话基础语汇稿［M］．未刊本，2014b.

[22] 张屏生．闽东地区闽南话基础语汇稿［M］．未刊本，2015b.

[23] 张屏生．大田地区（含莆田）闽南话基础语汇稿［M］．未刊本，2015b.

[24] 张屏生．粤西地区闽南话基础语汇稿［M］．未刊本，2016a.

[25] 张屏生．海南地区闽南话基础语汇稿［M］．未刊本，2016b.

[26] 张屏生．闽中方言基础语汇稿［M］．未刊本，2018.
[27] 张屏生．浙江南麂岛闽南话研究［M］．高雄：阜盛文教事业有限公司，2020.
[28] 张屏生．闽北方言基础语汇稿［M］．未刊本，2023.
[29] NORMAN J. The Proto-Min finals［C］. Proceedings of the First International Conference on Sinology（Section on Linguistics and Paleography），1981.
[30] NORMAN J，MEI Z L. The austroasiatics in ancient south China：some lexical evidence［J］. Monumenta serica，1976，32.

附录 “囝”的闽南方言音读检索

本附录共分为四部分，第一部分为台湾地区 41 处“囝”的音读；第二部分为福建地区 44 处“囝”的音读；第三部分为广东地区 30 处“囝”的音读；第四部分为海南与其他地区 8 处“囝”的音读。

台湾地区的闽南方言大抵承袭福建的泉州和漳州两大系统。由于泉、漳的方言社群在台湾长期互动密切，双边的音系发生部分结构性变动，形成一种“科伊内方言”(Koine dialect) 扩散到台湾各地，现今已成为台湾闽南方言中最具代表性的口音。台湾学者一般将这种现象俗称“漳泉滥”，相应而生的口音则称为“优势腔”“普通腔”。此处以“普通腔”的“普通”代指。

福建的闽南方言除了泉州、漳州以外，龙岩区域的闽南方言由于体现出和泉、漳不同的结构，因此在附表 2 中自成一类，独立于泉、漳之外。广东的闽南方言以东部潮汕地区为代表。广东西部一带的闽南方言受方言接触的影响甚多，故而在表中与粤东并列。

附表 1 台湾地区（共 41 点）的“囝”

音系性质：泉				
	方言点	调查时间	音读	备注
1	澎湖县马公市	1995. 8	a2-x	同安腔，小称变调类型为随前变调
2	澎湖县马公市澎南区	2002. 6	e2-x	同安腔，小称变调类型为随前变调
3	澎湖县湖西乡	1994. 8	e2-x	同安腔，小称变调类型为随前变调
4	澎湖县望安乡	1997. 9	a2-x	同安腔，小称变调类型为随前变调
5	澎湖县七美乡	1998. 12	a2-x	同安腔，小称变调类型为随前变调
6	澎湖县望安乡花屿村	2009. 4	a2-x	同安腔，小称变调类型为随前变调
7	澎湖县西屿乡	1997. 7	a2-x	同安腔，小称变调类型为随前变调
8	澎湖县白沙乡后寮村	1995. 11	e2-x	同安腔，小称变调类型为固定低平调
9	澎湖县白沙乡中屯村	1997. 4	$a2^{51}$	
10	台北市社子岛	1995. 10	$a2^{51}$	同安腔
11	新北市芦洲区	1994. 10	$a2^{51}$	同安腔
12	新北市三峡区	2000. 12	$a2^{51}$	安溪腔
13	新北市石碇区	2007. 9	$a2^{51}$	安溪腔
14	新竹县新丰乡	2007. 1	$a2^{51}$	
15	苗栗县白沙屯	2007. 8	$a2^{55}$	惠安腔
16	台中市梧栖镇	1994. 4	$a2^{51}$	

（续上表）

音系性质：泉				
17	台中市沙鹿镇	1994. 4	$a2^{51}$	
18	彰化县鹿港镇	1997. 2	$a2^{55}$	
19	云林县台西乡	2004. 3	$a2^{51}$	
20	云林县北港镇	2021. 1	$a2^{51}$	惠安腔
21	嘉义县东石乡	2007. 1	$a2^{51}$	
22	台南市安平区	2007. 3	$a2^{51}$	
23	高雄市小港区红毛港	2006. 5	$a2^{51}$	
24	高雄市小港区大林蒲	2006. 5	$a2^{51}$	
25	屏东县琉球乡	1996. 8	$a2^{51}$	
26	台东县绿岛乡	2001. 2	$a2^{51}$	
音系性质：漳				
1	澎湖县白沙乡吉贝村	1998. 9	$a2^{51}$	
2	澎湖县白沙乡通梁村	1995. 10	$a2^{51}$	
3	宜兰县罗东镇	1996. 8	$a2^{51}$	
4	桃园市新屋区大牛稠	2000. 12	$a2^{51}$	
5	南投县草屯镇	2000. 3	$a2^{51}$	
6	彰化县永靖乡	2007. 11	$a2^{51}$	
7	云林县仑背乡	2001. 12	$a2^{51}$	诏安客家社群所说的闽南话
音系性质：普通				
1	苗栗县卓兰镇	2007. 9	$a2^{51}$	
2	嘉义市	2005. 4	$a2^{51}$	
3	台南市佳里区	2007. 3	$a2^{51}$	
4	高雄市旗津区	2006. 5	$a2^{51}$	原为泉州腔
5	屏东县屏东市	2002. 1	$a2^{51}$	
6	屏东县车城乡保力村	2002. 7	$a2^{51}$	
7	屏东县满州乡港口村	2007. 7	$a2^{51}$	
8	屏东县万峦乡新厝村	2003. 3	$a2^{51}$	平埔族所说的闽南话

附表 2　福建地区（共 44 点）“团”的音读

音系性质：泉				
	方言点	调查时间	音读	备注
1	厦门市思明区	2005. 11	$a2^{51}$	
2	厦门市殿前街道（禾山）	2018. 9	$\cdot a2_{11}$	小称变调类型为固定低平调
3	厦门市同安区	1995. 2	a2x	小称变调类型为随前变调

（续上表）

音系性质：泉				
4	厦门市灌口镇陈井村	2015. 4	· $a2^{51}$	小称念 · $a2_{11}$
5	泉州市金门县	1993. 7	a2-x	小称变调类型为随前变调
6	泉州市鲤城区	2010. 9	$a2^{55}$	
7	泉州市泉港区山腰街道	2010. 9	$k\tilde{ə}2^{51}$	
8	泉州市泉港区前黄镇	2011. 9	$k\tilde{a}2^{51}$	
9	泉州市泉港区涂岭镇	2011. 9	$k\tilde{a}2^{51}$	
10	泉州市泉港区后龙镇	2011. 9	$a2^{55}$	
11	泉州市泉港区蜂尾镇	2011. 9	$a2^{55}$	
12	泉州市泉港区南埔镇	2011. 9	$a2^{55}$	受莆仙话渗透
13	泉州市安溪县蓬莱镇	2010. 8	$a2^{51}$	
14	泉州市德化县龙浔镇	2009. 2	$ki\tilde{a}2^{51}$	
15	泉州市石狮市	2009. 2	$a2^{55}$	
16	泉州市惠安县张坂镇	2005. 11	$a2^{51}$	
17	泉州市惠安县崇武镇	2023. 11	$a2^{51}$	咸水腔
18	泉州市永春县达埔镇	2010. 9	$ki\tilde{a}2^{51}$	
19	泉州市南安市	2014. 2	$\tilde{a}2^{55}$	
20	莆田市南日岛	2013. 8	$\tilde{a}2^{51}$	受莆仙话渗透的惠安腔
音系性质：漳				
1	漳州市芗城区	2009. 11	$a2^{51}$	
2	漳州市龙海区海澄镇	2012. 2	$a2^{51}$	
3	漳州市龙海区角美镇	2012. 2	$a2^{51}$	
4	漳州市长泰区陈巷镇	2009. 11	$a2^{51}$	
5	漳州市平和县五寨乡	2011. 8	$a2^{51}$	
6	漳州市平和县九峰镇	2016. 4	$a2^{51}$	
7	漳州市漳浦县绥安镇	2011. 6	$a2^{51}$	
8	漳州市云霄县莆美镇	2011. 2	$a2^{51}$	
9	漳州市南靖县山城镇	2012. 2	$a2^{51}$	
10	漳州市华安县华丰镇	2012. 2	$a2^{51}$	
11	漳州市诏安县南诏镇	2008. 8	$ɛ2^{51}$	
12	漳州市诏安县四都镇	2015. 7	$ɛ2^{51}$	
13	漳州市东山县铜陵镇	2011. 7	$a2^{51}$	
14	漳州市东山县杏陈镇大嵊村	2011. 7	$ɛ2^{51}$	
15	漳州市东山县陈城镇	2011. 7	$a2^{51}$	小称有时念 a2 或 ɛ2

（续上表）

音系性质：龙岩				
1	龙岩市新罗区	2011. 8	·a2$_{11}$	小称念固定低平调
2	龙岩市新罗区万安镇	2013. 7	e7^{55}	小称念阳去调
3	龙岩市新罗区白沙镇	2013. 7	tse3^{13}	“团”词例极少
4	龙岩市新罗区苏坂镇	2018. 5	a2$_{11}$	
5	龙岩市新罗区适中镇	2018. 5	a2$_{11}$	
6	龙岩市新罗区大池镇	2018. 8	a2$_{11}$	
7	龙岩市漳平市菁城街道	2011. 8	a7^{55}	“团”念阳去调
8	龙岩市漳平市新桥镇	2019. 7	a2x	小称念法不固定
9	龙岩市漳平市溪南镇	2019. 7	a2x	小称念法不固定

附表 3　广东地区（共 30 点）“团”的音读

粤东地区				
	方言点	调查时间	音读	备注
1	潮州市湘桥区意溪镇	2011. 8	kiã2^{51}	
2	潮州市潮安区枫溪镇	2009. 8	kiã2^{51}	
3	潮州市潮安区金石镇	2014. 5	kiã2^{51}	
4	潮州市潮安区凤凰镇	2013. 7	kiã2^{51}	
5	潮州市饶平县黄冈镇	2008. 7	ŋiã2^{51}	“团”的声母为鼻音形式
6	汕头市潮南区沙陇镇	2011. 7	kiã2^{51}	
7	汕头市潮阳区谷饶镇	2012. 8	kiã2^{51}	
8	揭阳市榕城区	2011. 7	kiã2^{51}	
9	汕头市	2011. 7	kiã2^{51}	
10	汕头市澄海区上华镇	2011. 7	kiã2^{51}	
11	揭阳市普宁市大坝镇	2011. 7	kiã2^{51}	
12	揭阳市惠来县惠城镇	2011. 7	kiã2^{51}	
13	汕头市南澳县后宅镇	2012. 6	a2^{51}	
14	汕尾市陆丰市南塘镇	2006. 8	kiã2^{51}	
15	汕尾市陆丰市湖东镇	2006. 8	kiã2^{51}	
16	汕尾市陆河县新田镇寮前村	2008. 7	a1^{55}	“团”念阴平调
17	揭阳市揭西县河婆镇	2012. 6	kiã2^{51}	
18	梅州市丰顺县汤南镇	2013. 8	kiã2^{31}	
19	梅州市丰顺县留隍镇	2014. 8	kiã2^{51}	
20	梅州市大埔县光德镇九社村	2013. 7	a2^{51}	客方言区内的闽南方言岛
21	广州市增城区鹤洲村	2013. 8	a2^{51}	粤方言区内的闽南方言岛

（续上表）

粤西地区				
1	云浮市郁南县连滩镇	2012. 8	a2⁵¹	
2	湛江市雷州市雷城镇	2012. 8	kia2³¹	“雷州”旧称“海康”
3	湛江市徐闻县徐城镇	2012. 8	kia2³¹	
4	茂名市电白区霞洞镇	2012. 8	kia2³¹	亦称“黎话”
5	茂名市电白区电城镇	2013. 2	kia2¹¹	亦称“海话”
6	湛江市遂溪县江洪镇	2013. 2	kia2¹¹	
7	湛江市麻章区	2013. 8	kia2¹¹	
8	湛江市廉江市横山镇	2013. 8	kia2¹¹	
9	湛江市吴川市覃巴镇吉兆村	2013. 2	kie5¹¹	亦称“吉兆海话”

附表 4　海南及其他地区（共 8 点）“囝”的音读

海南地区				
1	海口市美兰区三亚街	2014. 2	kia2³¹	
2	文昌市东郊镇	2014. 2	kia2³¹	
3	澄迈县文儒镇	2016. 1	kiaˀ2³¹	
4	万宁市万城镇	2016. 1	kia2³¹	
5	三亚市天涯区	2016. 1	kia2³¹	
6	保亭黎族苗族自治县	2016. 1	kia2³¹	黎族所说的闽南话
其他地区				
1	江西上绕市广丰区横山镇	2014. 8	kiã2⁵¹	赣东北吴方言区内的闽南方言岛
2	浙江南麂岛	2009. 2	kə̃2⁵¹	受温州话影响。现存于台湾地区

The Central Unrounded Medial of Jian (囝): A Reanalysis of the Sound Change in Southern Min Diminutive Suffix

ZHANG Yiwen ZHANG Pingsheng

【Abstract】This article reconstructed a new chain to explain the sound change of the diminutive suffix jian (囝) in the Southern Min dialect. Based on the variants of jian from 123 dialects, it is supposed to have a stage ＊kɨã which possesses a central unrounded medial. This form could not only explain the sound change of jian in Quanzhou, but it is also related to the meidal y pattern in the Northern Min. At the same time, jian may originate from Chinese, not a loanword from austroasiatic languages.

【Keywords】Southern Min, diminutive suffix jian, central unrounded medial, comparative method

新会话语调焦点效应研究[①]

黄凤兰　王茂林[②]

（暨南大学华文学院　广东广州　510610）

【提　要】本文通过声学实验的方法对新会话语句的语调焦点效应进行了研究。实验采取控制变量的方法，对声调和焦点位置进行了控制，通过对比宽窄焦点情况下的实验数据，得到如下结论：音高方面，宽焦点句存在明显的高音线下倾规律；而窄焦点句中，首词焦点句受焦点影响，高音点抬升，调域扩大，低音点则无明显变化；中词焦点句音高无显著变化，末词焦点句仅调域出现显著变化；焦点前后成分受焦点影响变化不大。时长方面，焦点效应下，重音成分的时长有一定程度的延长，末尾韵律词时长相对较长。

【关键词】焦点　音高　时长　新会话

一、引言

语调主要表现为语句的音高起伏变化，是焦点的重要表现形式之一。一般而言，焦点是语句的语义中心，是说话人期望传达的核心信息（贾媛等，2008）。焦点可以分为宽焦点和窄焦点，宽焦点指整个句子都是焦点，回答“怎么了”“如何安排”这类问题；窄焦点指句中某个成分作为焦点，回答“谁干的”“你什么时候去”等具体问题（曹文，2010）。

凸显焦点的方式很多，重音是主要的语音方式。焦点成分在语流中以重音形式表现，引起音高和时长等声学参数的变化。关于汉语中焦点对音高的影响，赵元任最早使用“橡皮筋”理论进行阐释，指出焦点作用下重音音节会出现音域扩大现象。Shih（1988）发现普通话重音音节的音域扩大体现在高音点的抬升，低音点变化不明显或稍降低。除焦点音

---

① 本文为国家社会科学基金项目“广东粤、闽、客方言韵律特征研究”（项目编号：18BYY187）以及国家社会科学基金重点项目“广东粤闽客三大方言语音特征的系统分层实验研究”（项目编号：22AYY010）的阶段性研究成果。

② 黄凤兰（1999—　），女，硕士研究生；王茂林（1965—　），男，博士，教授，博士生导师。

节外，焦点前后音节的变化也受到关注。Xu（1999）发现焦点后音节的音高明显降低，但前音节变化不明显。马秋武（2017）指出焦点后音节会出现“焦点后压缩”现象，表现为音高骤减、音域缩小等。至于焦点对时长的影响，大部分学者认为焦点会使关键成分时长增长，但增长模式受音节数量等因素影响（赵元任，1979；沈炯，1994，等）。

目前焦点重音的研究成果多集中在汉语普通话方面，焦点成分高音点抬升、调域扩大和时长增长等基本成为共识。这些结论是否适用于汉语方言呢？现有的方言语调焦点研究尚少，段文君、贾媛、冉启斌（2013）对济南、聊城和淄博三地方言的焦点实现方式进行了比较。钟良萍（2015）发现南京、苏州、徐州和常州四地方言的焦点音节均出现时长延长和调域扩大，并且都有焦点后压缩现象。但焦点后压缩现象在方言中并不总是出现，一些南方的方言，如粤语（韩维新等，2013）和台湾闽南语（Xu et al.，2012）中没有出现该现象。

综上所述，目前汉语焦点的研究成果以普通话为主，方言仍有很大的探索空间，对方言的研究有助于进一步认识方言内部的语言特征，揭示方言韵律系统的相关规律。本文以粤语四邑片中的新会话为研究对象，探讨新会话语句在焦点影响下的音高和时长变化模式，以期对焦点研究从方言方面做出补充。

新会位于广东省中南部，地处潭江下游、银洲湖湖畔，归属江门市管辖，境内方言以新会话为主。根据《中国语言地图集》（第2版），新会话属于粤方言四邑片，语音上与广府片有所不同。

二、研究方法

（一）实验材料

本实验旨在探讨新会话语句在焦点影响下的音高和时长变化模式。由于语调会受句长、声调等因素的影响，因此在设计语句时，我们采取控制变量的方法对相关因素进行了控制，本研究设计了两组实验语句，包括宽焦点句和窄焦点句。

实验语句均为由三个双音节韵律词组成的陈述句，因为声调本身具有的声学特征会对实验结果产生影响，本研究对语句内部音节的声调进行了控制。邵慧君、甘于恩（1999）对四邑方言的语音调查结果显示新会话有8个声调，在舒声调中，阴上（45）调值最高，阳上（21）调值最低。因此本实验将双音节词的前字控制为“阴上”，具有高特征，后字控制为“阳上”，具有低特征，便于测量高音点和低音点，如“老人［lou^{45}］［ŋɜn^{21}］”和“保姆［pou^{45}］［mɜu^{21}］”。

为了考察焦点对音高和时长的影响，每组实验语句都包含宽焦点和窄焦点两种情况。自然状态说出的目标句为宽焦点句，通过不同方式的提问来实现答句语义焦点转移所得到的答句为窄焦点句。所有句子均经过多位母语者审核修改，尽可能贴近日常生活表达，举例如下（下划线所在位置为焦点成分）：

宽焦点句：

（1）老人谂［nɜm⁴⁵］住炆饭。（老人想着焖饭。）

窄焦点句：

（2）问句：啊谁谂住炆饭？（谁想着焖饭？）

答句：老人谂住炆饭。（老人想着焖饭。）

（3）问句：老人做么炆饭？（老人怎么焖饭了？）

答句：老人谂住炆饭。（老人想着焖饭。）

（4）问句：老人谂住么嘢？（老人想着什么？）

答句：老人谂住炆饭。（老人想着焖饭。）

（二）发音人及录音

本实验一共邀请了6位发音人录音，4男2女，年龄在20～55岁之间，均为土生土长的新会区双水镇人，以新会话为母语，均无听说障碍。

发音人在录音前有充足的时间熟悉语料并进行适当练习。宽焦点句为发音人使用自然语调流畅说出，窄焦点句采用问答形式，由第一作者使用新会话提问，发音人根据问句进行相应回答。录音时实验语句进行了乱序处理，所有语句重复录5遍，录制结束后共得到240个语句。

实验录音设备使用山逊话筒接外置声卡，录音环境安静，录音结束后音频保存为wav文件。

（三）语音样本处理及声学分析

本研究使用Praat语音分析软件对录音材料进行声学分析。首先使用软件对音频进行音节自动切分，得到TextGrid文件，切分不准确的部分参照语图人工校正。接着使用Praat脚本提取标注的音高和时长数据，保存为PitchTier文件，并进行人工检查。最后使用SPSS对韵律词的高音点、低音点、调域和时长数据进行统计分析，使用Excel制作图表。

对于音高数据，通过赫兹转半音公式对基频数据进行转换，以消除男女基频之间的差异，赫兹转半音公式为：

$$St = 12 \times \log_2 \left(\frac{F_0}{F_0 \min}\right)$$

F_0是某点的基频值，$F_0\min$ 为发音人的基频下限，St 即为该点的半音值。

三、实验结果

本文通过对比分析宽焦点句和窄焦点句的相关数据，探讨新会话语句在焦点影响下的音高和时长变化模式。首先分析宽焦点句中韵律词的音高和时长模式，然后探讨窄焦点句中焦点韵律词的音高变化情况并观察焦点对前后音节的音高影响，最后讨论窄焦点句的时长模式。音高方面将从韵律词的高音点、低音点及调域三个方面进行观察。

（一）宽焦点句音高和时长模式

本小节先对宽焦点句的音高和时长模式进行分析，分析结果可以与后文窄焦点句的情况形成对比，以便发现焦点效应下韵律词的音高和时长变化情况。图 1 为宽焦点句中韵律词的音高模式。

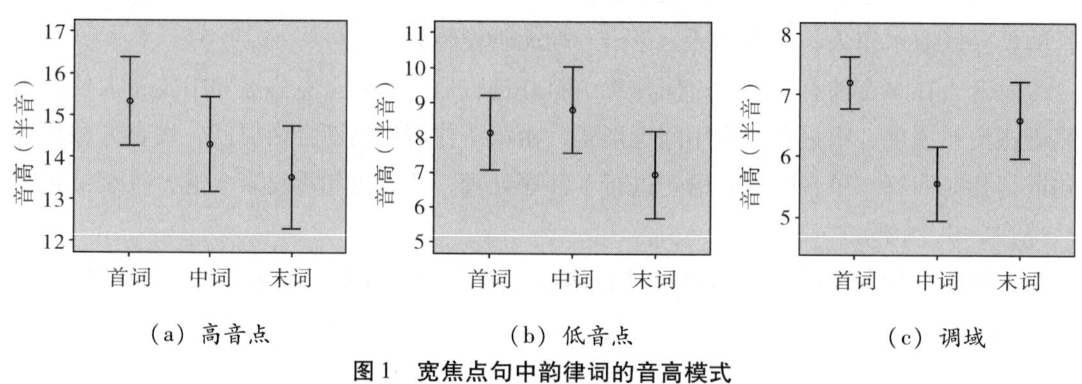

图 1　宽焦点句中韵律词的音高模式

1. 韵律词高音点分析

图 1（a）为宽焦点句中首词、中词、末词的高音点均值比较情况。根据方差分析结果，宽焦点句中的三个韵律词的高音点半音值之间具有显著差异，$F(2, 118) = 122.6$，$p < 0.001$。进一步成对比较显示，首词、中词和末词相互之间的高音点半音值差异也十分显著（ps[①] < 0.001），即三个韵律词的高音点随着位置的后移而出现降低的趋势，呈现出“高—中—低”的音高模式。从具体数值来看，首词的高音点半音值为 15.33，中词的高音点半音值为 14.31，末词的高音点半音值仅为 13.52。

2. 韵律词低音点分析

方差分析结果显示，从主效应上看，宽焦点句内部三个韵律词的低音点半音值之间

① ps 为 p 的复数，表示在两次或两次以上的比较中，p 均为同样的结果。

同样差异显著，$F(2, 118) = 28.57$，$p < 0.001$。进一步成对比较显示，首词、中词和末词相互之间的低音点半音值具有显著差异（$ps < 0.05$）。如图 1（b）所示，中词的低音点最高，半音值是 8.80，首词的低音点次之，半音值是 8.15，而末词的低音点半音值仅有 6.95，是三个位置中最低的。宽焦点句内部韵律词低音点的音高模式为"中—高—低"。

3. 韵律词调域分析

如图 1（c）所示，宽焦点句中首词的调域最大，半音值是 7.19，末词的调域次之，半音值是 6.56，中词的调域最小，半音值仅有 5.51。经过方差分析，首词、中词、末词的调域半音值之间存在显著差异，$F(2, 118) = 21.50$，$p < 0.001$。进一步成对比较显示，宽焦点句调域半音值在首、中、末三个位置上差异显著（$ps < 0.05$）。宽焦点句韵律词的调域模式为"宽—窄—中"。

4. 韵律词时长分析

整体而言，根据方差分析结果，宽焦点句中三个韵律词的时长之间差异显著，$F(2, 118) = 97.79$，$p < 0.001$，其中末词的时长最长，长达 260.0 毫秒，中词的时长次之，具体数值为 206.2 毫秒，首词的时长最短，仅有 200 毫秒。如图 2 所示，呈现出"短—中—长"模式。进一步成对比较显示，宽焦点句中的韵律词两两之间时长差异显著，其中首词和中词的时长差异显著性相对微弱（$p = 0.043$），其他韵律词两两之间时长差异十分显著（$ps < 0.001$）。而前后位置的音节时长之间则没有显著差异，$F(1, 59) = 0.25$，$p > 0.05$。至于韵律词与前后位置的交互效应，方差分析结果显示两者之间存在显著的交互效应，$F(2, 118) = 83.24$，$p < 0.001$，即首词、中词和末词内部的前后字时长之间有明显差异。

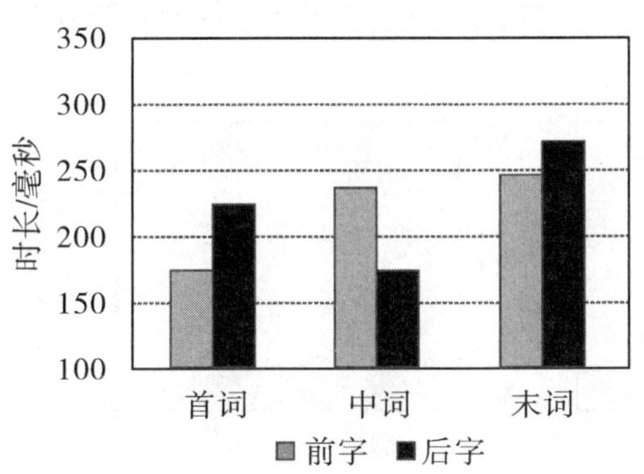

图 2　宽焦点句中韵律词的时长模式

5. 小结

宽焦点状态下，三个双音节韵律词语句的高音点呈现递降的趋势，表现为"高—中—低"模式，而低音点则呈现出"中—高—低"模式，调域为"宽—窄—中"模式。至于时长，宽焦点句中，首词、中词、末词之间的时长差异显著，表现为"短—中—

长”模式，但前后位置的音节时长之间没有显著差异，而韵律词与前后位置对音节时长有显著的交互作用。

（二）窄焦点句音高模式

本小节将对比分析宽焦点句与窄焦点句中相应韵律词的音高表现，以探讨焦点效应对相应韵律词高音点、低音点及调域的影响。

1. 焦点韵律词音高分析

三个韵律词语句的窄焦点情况有三种：首词焦点句、中词焦点句和末词焦点句。此时比较的情况也存在三种，即当首词、中词、末词分别为焦点时，比较焦点韵律词与宽焦点句中对应韵律词的高音点、低音点和调域。

（1）首词焦点。

先看高音点，根据方差分析结果，在宽焦点句和窄焦点句中，首词的高音点半音值之间存在显著差异，$F(1, 59) = 26.01$，$p < 0.001$。由图3（a）可知，首词作为焦点时的高音点音高显著高于在宽焦点句中的高音点音高。从具体数值来看，首词在宽焦点句中的高音点半音值为15.33，在窄焦点句中的高音点半音值为16.05。

再看低音点，方差分析结果显示，在两种不同的焦点状态下，首词的低音点半音值之间并不存在显著差异，$F(1, 59) = 1.87$，$p > 0.05$。这说明焦点对首词低音点的影响不大。

最后观察调域，如图3（c）所示，在窄焦点句中，首词的调域半音值为8.17，而在宽焦点句中，首词的调域半音值为7.19。方差分析结果显示，两者之间具有显著差异，$F(1, 59) = 20.93$，$p < 0.001$。这说明焦点作用下，首词的调域得到显著扩大。

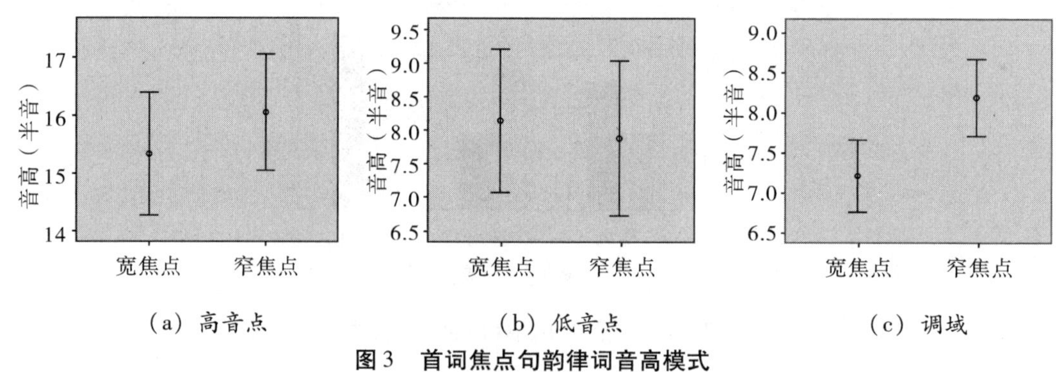

（a）高音点 （b）低音点 （c）调域

图3 首词焦点句韵律词音高模式

（2）中词焦点。

先看高音点，方差分析结果显示，在宽焦点句和窄焦点句中，中词的高音点半音值之间存在显著差异，$F(1, 59) = 39.99$，$p < 0.001$。由图4（a）可知，中词在窄焦点

句中受到焦点影响，高音点抬升，其半音值显著高于在宽焦点句中的半音值。从具体数值来看，中词作为焦点时的高音点半音值为 15.09，而在宽焦点句中的半音值为 14.31。

再看低音点，与首词焦点句中低音点的分析结果一致，在两种不同的焦点状态下，中词的低音点半音值之间并不存在显著差异，$F(1, 59) = 0.04$，$p > 0.05$。

至于调域，根据方差分析结果，在宽焦点句和窄焦点句中，中词的调域半音值之间也不存在显著差异，$F(1, 59) = 2.25$，$p > 0.05$。

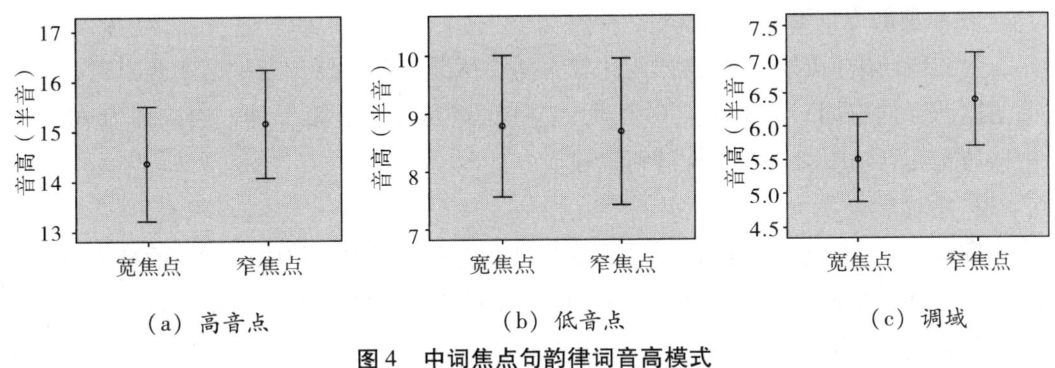

图 4　中词焦点句韵律词音高模式

（3）末词焦点。

根据方差分析结果，末词在窄焦点句中的高音点受到焦点的影响，对比在宽焦点句中的高音点，并没有发生显著变化，两数值的差异不具有统计学意义，$F(1, 59) = 2.40$，$p > 0.05$。

再看低音点，和高音点分析结果一致，在两种不同的焦点状态下，末词的低音点半音值之间同样不具有显著差异，$F(1, 59) = 3.31$，$p > 0.05$。

最后分析调域的变化情况，如图 5（c）所示，末词在窄焦点句和宽焦点句中的调域半音值分别为 7.14 和 6.56。方差分析结果显示，两者之间存在显著差异，$F(1, 59) = 5.56$，$p < 0.05$。

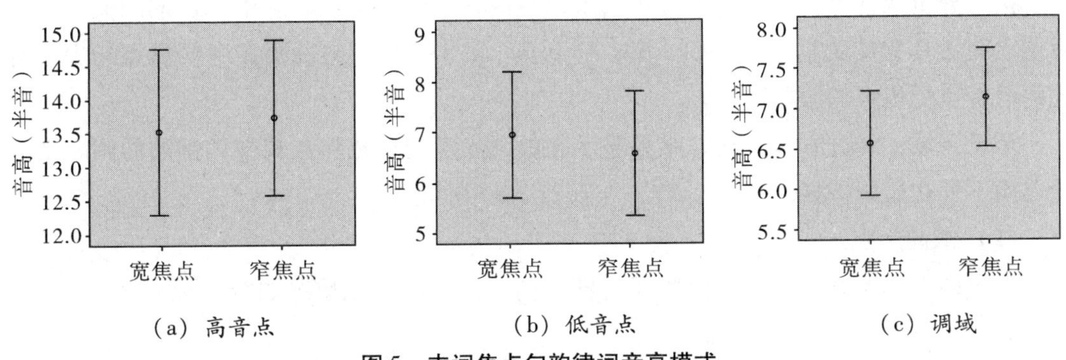

图 5　末词焦点句韵律词音高模式

（4）小结。

对三种情况的焦点韵律词的音高进行分析，可以得到如下结论：就高音点而言，仅首词焦点句中的焦点韵律词高音点受到焦点影响而出现显著抬升，中词焦点句和末词焦点句中的焦点韵律词高音点无显著变化；再看低音点，三种情况下，焦点韵律词的低音点相较宽焦点句中相应韵律词的低音点均没有显著差异；至于调域，首词焦点句和末词焦点句中的焦点韵律词的调域在焦点效应下出现显著变化，表现为显著扩大，而中词焦点句中的焦点韵律词的调域与宽焦点句相比没有出现显著变化。

2. 焦点前韵律词音高分析

三个韵律词语句的焦点前韵律词比较有两种情况：第一种，当中词为焦点时，对焦点前韵律词（即首词）与宽焦点句中对应韵律词进行比较；第二种，当末词为焦点时，对中词与宽焦点句中对应韵律词进行比较。

（1）中词焦点。

先看高音点，方差分析结果显示，在宽焦点句和中词焦点句中，首词的高音点半音值之间具有显著差异，$F(1, 59) = 7.11$，$p < 0.05$。如图 6（a）所示，首词在宽焦点句中的高音点半音值为 15.33，在中词焦点句中的高音点半音值为 15.70，中词焦点句中的高音点更高。

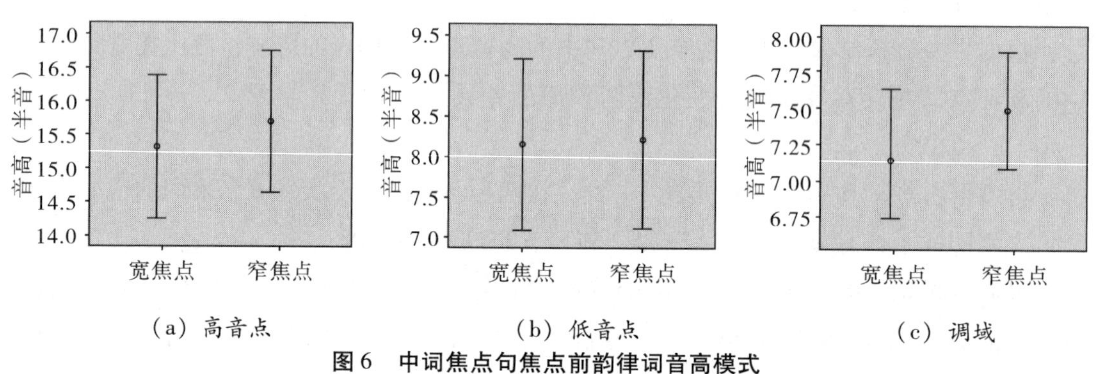

图 6　中词焦点句焦点前韵律词音高模式

接着分析低音点，根据方差分析结果，在两种不同的焦点状态下，首词的低音点半音值之间不具有显著差异，$F(1, 59) = 0.07$，$p > 0.05$。这说明在中词焦点句中，首词的低音点受焦点的影响不大。

至于调域，经过方差分析，结果显示在中词焦点句和宽焦点句中，首词的调域半音值之间不存在显著差异，$F(1, 59) = 1.27$，$p > 0.05$。

（2）末词焦点。

当末词为焦点时，焦点前韵律词（即中词）的音高变化情况如图 7 所示。

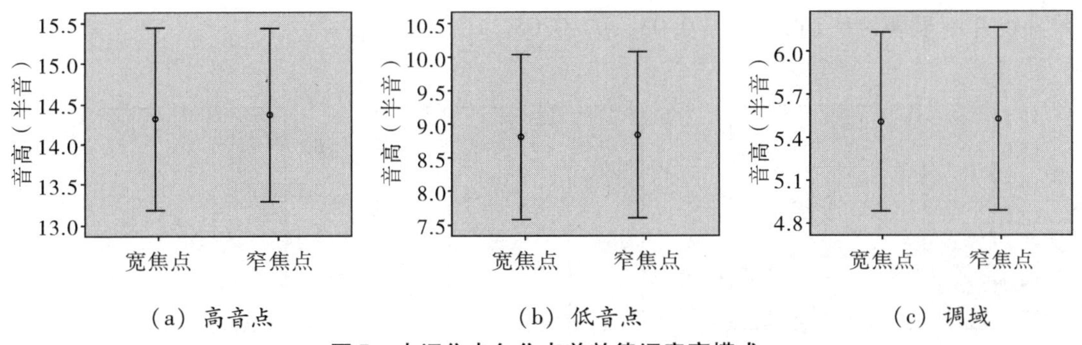

（a）高音点　　（b）低音点　　（c）调域

图 7　末词焦点句焦点前韵律词音高模式

首先对高音点进行分析，在宽焦点句和末词焦点句中，中词的高音点半音值之间差异并不显著，$F(1, 59) = 0.18$，$p > 0.05$，这表明末词为焦点时，焦点前韵律词受焦点的影响不大。

再看低音点，经过方差分析，在宽焦点句和末词焦点句中，中词的低音点半音值之间同样不具有显著差异，$F(1, 59) = 0.02$，$p > 0.05$。

最后对调域进行分析，结果与高音点、低音点一致，在两种不同的焦点情况下，中词的调域半音值之间同样没有表现出显著差异，$F(1, 59) = 0.01$，$p > 0.05$。

（3）小结。

对焦点前韵律词的音高进行分析，可以发现：仅当中词作为焦点时，焦点前韵律词（即首词）的高音点比宽焦点句中相应韵律词的高音点出现显著抬升。其余情况下，即中词作为焦点时，焦点前韵律词（首词）的低音点和调域，以及末词作为焦点时，焦点前韵律词（中词）的高音点、低音点和调域都没有出现显著变化。整体来看，焦点前成分受焦点影响微弱。

3. 焦点后韵律词音高分析

焦点后韵律词的比较同样存在两种情况：第一种，当首词为焦点时，对焦点后韵律词（即中词）与宽焦点句中对应韵律词进行比较；第二种，当中词为焦点时，对末词与宽焦点句中对应韵律词进行比较。

（1）首词焦点。

如图 8（a）所示，在首词焦点句中，中词为焦点后韵律词，其高音点半音值为 13.95，而在宽焦点句中，其高音点半音值为 14.31。根据方差分析结果，中词作为焦点后韵律词时的高音点半音值显著低于在宽焦点句中的高音点半音值，$F(1, 59) = 7.11$，$p < 0.05$。这说明，焦点后韵律词受焦点的影响，其高音点出现一定程度降低。

接着分析低音点，方差分析结果显示，在首词焦点句和宽焦点句中，中词的低音点半音值之间没有显著差异，$F(1, 59) = 2.56$，$p > 0.05$，这说明在首词焦点句中，中词的低音点受焦点的影响并不大。

至于调域，方差分析结果显示，在两种不同的焦点情况下，中词的调域半音值之间差异也并不显著，$F(1, 59)=0.03$，$p>0.05$。

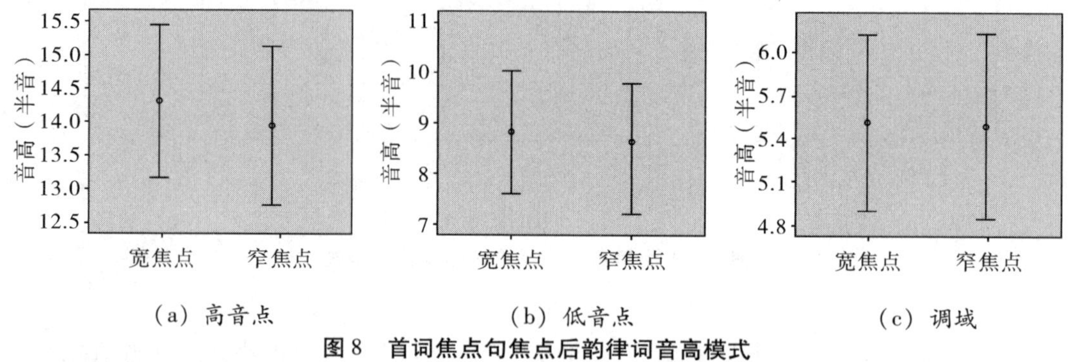

（a）高音点　　（b）低音点　　（c）调域

图 8　首词焦点句焦点后韵律词音高模式

（2）中词焦点。

依然先对焦点后韵律词（即末词）的高音点进行分析，根据方差分析结果，末词作为焦点后韵律词时的高音点半音值与在宽焦点句中的高音点半音值之间没有出现显著变化，$F(1, 59)=3.46$，$p>0.05$。这说明在末词焦点句中，焦点后韵律词的高音点受焦点的影响不大。

再看低音点，方差分析结果显示，末词在宽焦点句和中词焦点句中的低音点半音值之间同样没有呈现出显著差异，$F(1, 59)=1.20$，$p>0.05$。

最后对调域进行分析，方差分析结果显示，在两种不同的焦点情况下，末词的调域半音值之间差异依然不显著，$F(1, 59)=3.15$，$p>0.05$。（见图 9）

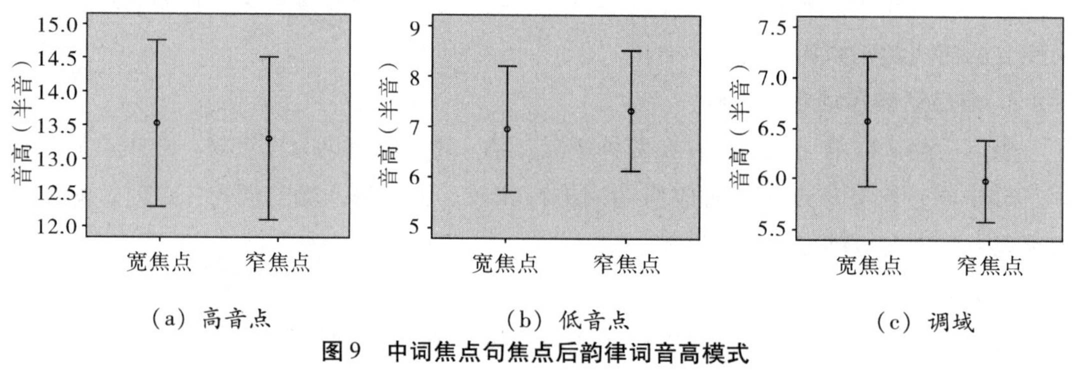

（a）高音点　　（b）低音点　　（c）调域

图 9　中词焦点句焦点后韵律词音高模式

（3）小结。

对焦点后韵律词的音高分析可以发现：就高音点而言，首词焦点句中的焦点后韵律词（即中词）在焦点的影响下高音点变化显著，具体表现为高音点出现一定程度降低。而中词焦点句中的焦点后韵律词（即末词）高音点没有出现明显变化。至于低音点和调域，无论是首词焦点句还是中词焦点句，焦点后韵律词的音高均没有出现显著变化。焦点后成分受焦点的影响十分有限。

（三）窄焦点句时长模式

前人研究发现，在汉语普通话中，焦点成分的时长会受到焦点的影响而出现一定程度的增长。那么焦点成分的延长现象是否也出现在新会话中呢？本小节将对新会话三个韵律词语句的时长模式进行分析，探讨焦点作用下该语句的时长变化情况。

（1）首词焦点。

根据方差分析结果，当首词为焦点时，语句中三个韵律词的时长之间具有显著差异，$F(2, 118) = 38.57$，$p < 0.001$。进一步成对比较显示，首词、中词、末词两两之间的时长差异均十分显著（$ps < 0.001$）。从具体数值来看，首词、中词、末词的时长分别为 212.0 毫秒、194.9 毫秒和 248.6 毫秒。如图 10 所示，首词焦点句的时长模式为“中—短—长”。

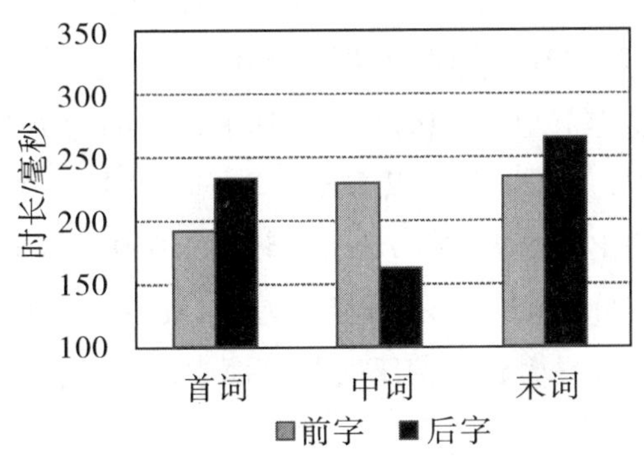

图 10　首词焦点句时长模式

至于前后音节时长，方差分析结果显示前后位置的音节时长之间不具有显著差异，$F(1, 59) = 0.02$，$p > 0.05$。而在韵律词和前后位置的交互作用方面，方差分析结果显示交互效应对音节时长有显著作用，$F(2, 118) = 78.4$，$p < 0.001$。具体表现为，首词和末词的后字时长显著长于前字时长，而中词则是后字时长显著短于前字时长。

（2）中词焦点。

当中词为焦点时，语句中各韵律词的时长之间同样具有显著差异，$F(2, 118) = 48.73$，$p < 0.001$。其中，首词时长为 192.9 毫秒，中词时长为 230.4 毫秒，末词时长为 257.4 毫秒。不同于首词焦点句的“中—短—长”模式，由图 11 可知，中词焦点句表现为“短—中—长”模式，这说明中词受到焦点的影响时长得到一定延长。进一步成对比较显示，三个韵律词两两之间时长差异均十分显著（$ps < 0.001$）。再看前后音节时长，方差分析结果显示前后位置的音节时长之间差异并不显著，$F(1, 59) = 1.40$，$p > 0.05$。至于韵律词和前后位置的交互作用，方差分析结果显示两者对音节时长的交互作用是显著的，$F(2, 118) = 81.85$，$p < 0.001$。和首词焦点句一样，中词焦点句

中也表现为：首词和末词中，后字时长相对较长，而中词则是前字时长相对较长。

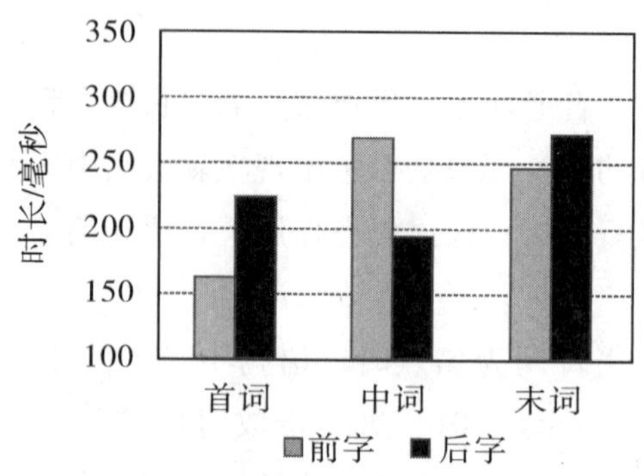

图 11　中词焦点句时长模式

（3）末词焦点。

末词焦点句的分析结果与前面两类焦点句的结果一致。其首词、中词、末词时长之间的差异十分显著，$F\ (2,\ 118)\ =120.4$，$p<0.001$。进一步成对比较显示，三个韵律词之间的时长存在显著差异（$ps<0.001$）。其中，首词为 181.3 毫秒，中词为 197.9 毫秒，末词为 272.0 毫秒，从图 12 可以看出，表现为“短—中—长”模式。前后位置的音节时长之间没有表现出显著差异，$F\ (1,\ 59)\ =0.03$，$p>0.05$。至于韵律词与前后位置的交互作用，方差分析结果显示出显著差异，$F\ (2,\ 118)\ =87.01$，$p<0.001$，其中首词和末词的后字时长显著长于前字时长，而中词则相反。

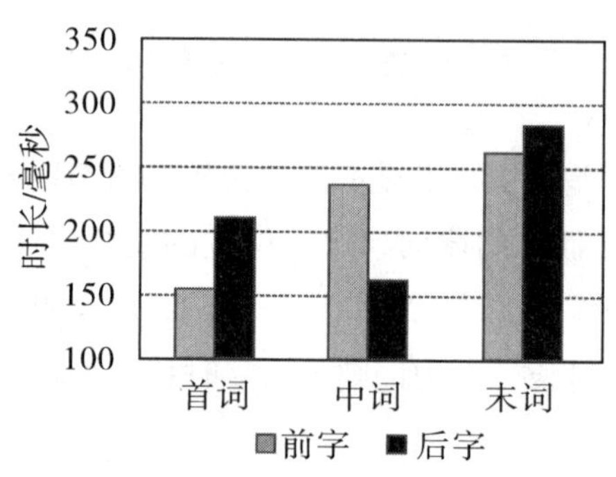

图 12　末词焦点句时长模式

（4）小结。

对窄焦点句的时长进行分析，可以发现：三种情况的焦点句均表现为语句内部韵律词时长之间具有显著差异，时长模式也有一定差异。其中，中词焦点句和末词焦点句的时长模式为“短—中—长”，而首词焦点句的时长模式为“中—短—长”，焦点所在位置的韵律词时长得到一定延长。在三类焦点句中，韵律词前后位置的音节时长之间均没有表现出显著差异，但韵律词与前后位置对音节时长均表现出明显的交互作用。其中，首词和末词的后字时长显著长于前字时长，而中词的前字时长显著长于后字时长。

四、讨论

（1）本文对新会话三个韵律词宽焦点句的音高和时长进行了分析，发现：在宽焦点状态下，语句的高音点从首词开始呈现阶梯状的下降趋势，存在明显的高音线下倾规律，并且句首韵律词的调域最宽，这一点与汉语普通话的情况一致。

但在汉语普通话中，音高下倾不仅包括高音线下倾，还有低音线下倾，低音线下倾可以出现在不同的韵律单元中，如音步、语调短语和语句等（王安红等，2004）。本研究中宽焦点句的低音点呈现“中—高—低”模式，即低音点最低点在句末韵律词，但最高点不在句首韵律词。林茂灿（2002）发现韵律短语中总是出现下倾现象，但语句中由于停顿并不总是出现该现象。本研究中实验语句的韵律词数量相对较多，低音点的最高点出现在中词，这是由于中词处在语句的中间位置，在句内韵律词边界处，人说话时在韵律边界会有一定停顿，尽管韵律词层级的停顿十分短暂，但仍出现语势变弱，低音点上升的情况。另外中词没有承载语句的核心信息，人在说话时基于省力的原则，在此处给予更少的能量进行发音，因此低音点相对较高。

（2）对窄焦点句的焦点韵律词考察发现：受焦点影响，首词焦点句高音点出现明显抬升，调域扩大，低音点无明显变化，这一点印证了前人的结论。中词焦点句和末词焦点句中，仅末词焦点句的调域出现显著变化。我们认为这是符合认识的，宽焦点句中，新会话的中词调域相对较小，受焦点影响，中词焦点句的高音点尽管出现一定抬升，但并没有达到显著程度，而低音点由于自身音高较高，变化不明显，综合作用下调域没有出现显著变化，焦点对语句音高的影响无法突破其常规模式。至于末词焦点句，焦点韵律词处于语句的末端，由于一个人发声的能量有限，所以说话时越靠近语句末端能量越少，会出现音高下降的“降尾”现象。尽管末词在焦点作用下音高出现一定变化，但无法突破本身的“降尾”现象，高音点与低音点的变化不显著，高音点微弱提升，低音点微弱下降，综合作用下只有调域出现明显变化。整体来看，新会话语句受焦点的影响相对较小。

（3）至于窄焦点句中焦点前韵律词的变化，本研究发现：仅中词焦点句中，焦点前韵律词的高音点会出现一定抬升，其余情况下焦点前韵律词的高音点、低音点和调域均没有显著变化。焦点前成分受焦点的影响十分微弱。

至于焦点后韵律词的变化，本研究发现：仅首词焦点句中，焦点后韵律词高音点会出现一定降低，其余情况下焦点前韵律词的高音点、低音点和调域均没有显著变化。焦点后成分受焦点的影响十分有限。

总而言之，新会话的焦点前后成分在焦点的影响下变化不大。这一点与前人研究的焦点前音高变化不显著是基本照应的，也符合学者发现的中国南方的一些方言中没有焦点后压缩现象的结论。

（4）在时长变化方面，我们发现：焦点成分所在位置的音节时长受焦点影响出现一定延长，无论是在首词焦点句、中词焦点句还是末词焦点句中，末尾音节时长都相对较长。

音节时长与该音节承载的信息量呈正相关关系，因此当音节位于焦点成分所在位置时，该音节成为语句的语义中心，承载了语句中最核心的内容，信息量增加，时长也随之延长。实验中，宽焦点句的时长模式是“短—中—长”，但在首词焦点句中，首词承载的语句信息量增加，时长得到增长，时长模式变成“中—短—长”。

林茂灿（2000）提到无声波间断由停顿引起，其前面大部分是拉长的。话语结束前常有停顿，停顿前韵律词往往拉长。在本研究中，无论是宽焦点句还是窄焦点句，位于句末的韵律词的时长都是最长的。这是由于末词位于语句的边界，是一个句子的结尾，一方面没有后续音节的影响，该音节能够完整发出，时长相对完整，另一方面通过音节时长的延长突出语句边界，标志一句话的结束，是语句边界的标记。

五、结语

本文探讨了新会话三个韵律词语句在焦点效应下的音高和时长变化模式，得到以下结论：

（1）新会话三个韵律词语句的宽焦点句从首词开始呈现阶梯状的下降趋势，存在明显的高音线下倾规律，并且句首韵律词的调域最宽，与普通话表现一致。

（2）在窄焦点句中，首词焦点句受焦点影响高音点抬升，调域扩大，低音点无明显变化，中词焦点句和末词焦点句中，仅末词焦点句的调域出现显著变化。而焦点的前后成分，仅中词焦点句的焦点前韵律词高音点出现一定抬升，以及首词焦点句的焦点后韵律词高音点出现一定降低。

（3）焦点效应下，焦点成分所在位置的韵律词时长得到一定延长，并且无论是在首词焦点句、中词焦点句还是末词焦点句中，末词时长都相对较长，三个韵律词的时长差异明显。

参考文献

[1] 曹文．汉语焦点重音的韵律实现［M］．北京：北京语言大学出版社，2010.

[2] 段文君，贾媛，冉启斌．山东方言焦点语音实现的共性和差异性特征：以济南、聊城、淄博方言为例［J］．清华大学学报（自然科学版），2013，53（6）.

[3] 韩维新，王萍，石锋．香港粤语强调焦点句语调的音高表现［J］．中国语音学报，2013（0）.

[4] 贾媛，李爱军，陈轶亚．普通话五字组焦点成分音高和时长模式研究［J］．语言文字应用，2008（4）．

[5] 林茂灿．普通话语句中间断和语句韵律短语［J］．当代语言学，2000（4）．

[6] 林茂灿．普通话语句的韵律结构和基频（F0）高低线构建［J］．当代语言学，2002（4）．

[7] 马秋武．汉语语调焦点重音的韵律实现方式与类型［J］．韵律语法研究，2017（1）．

[8] 邵慧君，甘于恩．广东四邑方言语音特点［J］．方言，1999（2）．

[9] 沈炯．汉语语调构造和语调类型［J］．方言，1994（3）．

[10] 王安红，陈明，吕士楠．基于言语数据库的汉语音高下倾现象研究［J］．声学学报，2004，29（4）．

[11] 赵元任．汉语的字调跟语调［J］．中央研究院历史语言研究所集刊，1933．

[12] 赵元任．汉语口语语法［M］．北京：商务印书馆，1979．

[13] 中国社会科学院语言研究所，中国社会科学院民族学与人类学研究所，香港城市大学语言资讯科学研究中心．中国语言地图集［M］．2 版．北京：商务印书馆，2012．

[14] 钟良萍．焦点重音韵律编码的方言对比研究［D］．南京：南京师范大学，2015．

[15] SHIH C. Tone and intonation in Mandarin［R］. Working papers，Cornell phonetics laboratory，1988.

[16] XU Y，CHEN S W，WANG B. Prosodic focus with and without post-focus compression：a typological divide within the same language family?［C］. The linguistic review，2012（1）.

[17] XU Y. Effects of tone and focus on the formation and alignment of F0 contours［J］. Journal of phonetics，1999，27（1）.

A Study on the Focus Effect of Xinhui Dialect

HUANG Fenglan, WANG Maolin

【Abstract】 This paper used experimental method to study the focus effect of Xinhui dialect. The experiment adopted the method of controlling variables to control the tone, sentence length and focus position. By comparing the experimental data in the no focus sentence and the focus sentence, it was found that the maximum F0 of prosodic words decline obviously in the no focus sentence. In the first word focus sentence, the maximum F0 of the focus prosodic words rises, its pitch scope expands, and its minimum F0 doesn't change consistently. There is no significant change in the pitch of the middle word focus sentence. In the final word focus sentence, only the pitch scope changes significantly. In addition, the prosodic words before and after focus words change little. Finally, under the focus effect, the duration of stress components is extended to a certain extent, and the duration of prosodic words at the end is always relatively long.

【Key words】 focus, pitch, duration, Xinhui dialect

基于系统声学数据的海南闽语屯昌话声调研究[①]

曾莹莹　刘新中[②]

（暨南大学文学院　广东广州　510632

暨南大学汉语方言研究中心　广东广州　510623）

【提　要】 本文利用实验语音学的方法，借助熊子瑜研发的汉语方言字音系列脚本工具对3 051个有效录音进行了分析，总结了屯昌话的单字调系统；梳理了屯昌话声调的古今对应关系：古平声、古去声、古入声分阴阳，非全浊上合并为上声；全浊上与浊去合并为阳去；部分古清入字的白读音脱落塞音韵尾，发生舒化，和一些古去声字的文读音今读为长入。本文还根据实验数据分析了长入调的来源，认为长入调为形态调，长入调现象是琼雷闽语声调演变的一个趋势。

【关键词】 海南闽语　屯昌话　声学数据　声调演变　长入

一、前人研究

目前关于屯昌方言声调的研究较少，大多数采用传统的研究方法来研究屯昌话的单字调。钱奠香（1999）的论文中仅简要提及了屯昌话的单字调和连读调。刘新中（2004）专门研究了海南闽语的语音情况，但主要针对的是文昌地区，只以屯昌县坡心镇为例进行了简单分析，未对屯昌话的声调进行有针对性的研究。辛世彪（2013）在研究海南闽语语音的整体特征时，以屯昌县枫木镇和新兴镇为代表点进行了探讨。陈江雨（2020）的硕士论文从传统音韵学的角度对屯昌话的声调进行了对比分析。前人整理的声调系统如表1所示：

---

① 项目基金：2022年度国家社会科学基金重点项目“广东粤闽客三大方言语音特征的系统分层实验研究”（项目编号：22AYY010）。

② 曾莹莹（1999—　），暨南大学文学院汉语言文字学专业2022级硕士研究生；刘新中（1965—　），教授，暨南大学文学院博士生导师，主要研究方向为汉语方言学、实验语音学。

表 1　前人归纳的屯昌话声调系统

记录人	方言点	阴平	阳平	上声		去声		长入/舒入	阴入	阳入
				阴上	阳上	阴去	阳去			
钱奠香	屯昌	213	31	325	33	35		舒入 55	5	3
刘新中	屯昌坡心	34	31	324		35	33	长入 55	55	33
辛世彪	屯昌新兴	24	31	315	33	35		55	5	3
	屯昌枫木	23	31	435	33	35		55	5	3
陈江雨	屯昌	213	31	325	33	35		长入 55	5	3

表 1 显示，各家对于屯昌话调型的记录基本相同，但在调类的记录上存在上声和去声是否区分阴阳的差异现象。本文将通过实验语音学的研究方法，对屯昌话单字调的音高进行描写分析，归纳总结屯昌话声调的古今对应关系，探讨屯昌话的长入调来源及其命名。

二、实验说明

1. 调查字表、实验工具与语料来源

本次实验通过 xRecorder 进行田野录音，借助熊子瑜研发的汉语方言字音系列脚本工具进行数据提取。从“方言调查字表”中选取 48 个屯昌话中的常用字，形成屯昌话单字调字表，如表 2 所示，声调古今对照则采用脚本中所附带的字表。本次实验共有三名发音人，均为屯昌县屯城镇人，主要发音人为口音地道的中年女性（ZHD，女，1967 年生），对照发音人为一位青年女性（ZYY，女，1999 年生），参考发音人为一位中年男性（ZXL，男，1965 年生），三位发音人所反映的规律基本一致。

表 2　屯昌话单字调字表

调类	例字					
阴平	波	花	瓜	低	芳	深
阳平	河	鹅	婆	头	横	龙
上声	我	左	补	短	肿	理
阴去	况	带	碎	句	怒	贵
阳去	祸	序	五	件	伴	老
长入	做	甲	鸭	距	视	借
阴入	劫	汁	失	落	抹	出
阳入	盒	涉	习	灭	物	律

2. 实验过程

（1）使用 Praat 运行脚本自动生成 TextGrid 数据对象，并进行标注修改；

（2）自动生成顺序校验的 PitchTier 数据对象；

（3）提取声音标注和音高时长数据；

（4）利用石锋的T值计算公式

$$T = \frac{\lg x - \lg\min}{\lg\max - \lg\min} \times 5$$

对声调数据进行归一化处理，绘制单字调调型图、古四声音高曲线图。

三、单字调系统

屯昌话单字调调型图，如图1所示：

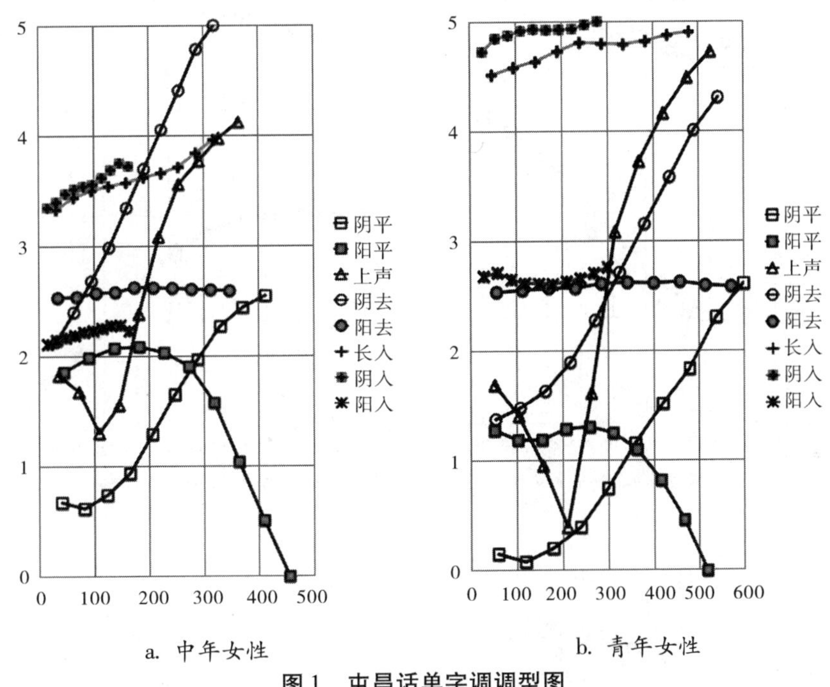

图1　屯昌话单字调调型图

从图1可以看出屯昌话有一个低升调（阴平），一个低降调（阳平），一个曲折调（上声），一个中升调（阴去），两个中平调（阳去、阳入），两个高平调（长入、阴入）。中年女性单字调调值分别为阴平13，阳平31，上声325，阴去35，阳去33，长入44，阴上4，阳上3。青年女性单字调调值分别为阴平13，阳平21，上声215，阴去25，阳去33，长入55，阴上5，阳上3。对于阴平，钱奠香（1999）、陈江雨（2020）记作213，刘新中（2004）记作34，但是从语图上看，阴平调呈现出极短时间内的先下降后上升，下降的趋势不明显，故本文记为13。

四、声调古今演变

根据脚本提取中年女性的3 051个有效单字音，得到各古调的10个音高点的音高均值数据，制作出“古调+古声清浊”分类的音高调型图。以下是屯昌话各个古调类的音高曲线图（见图2、图3）：

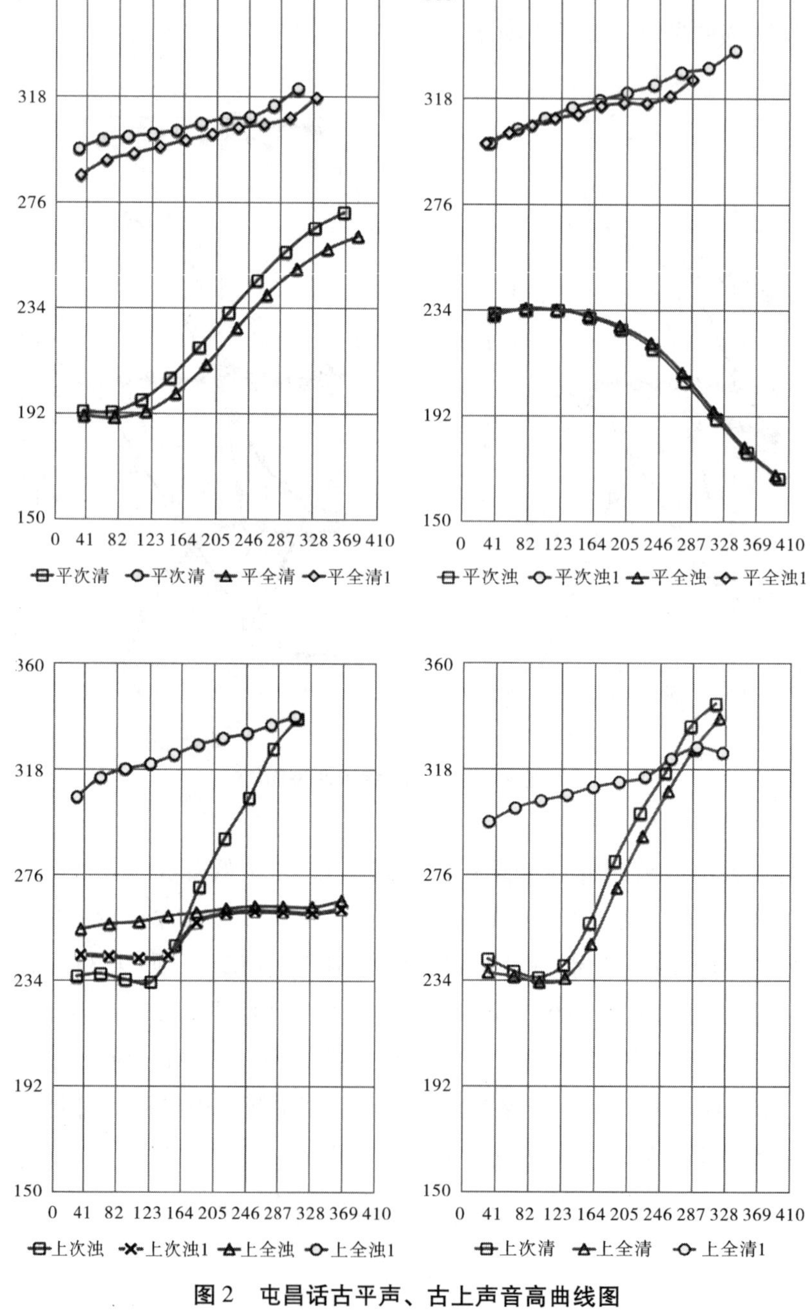

图2 屯昌话古平声、古上声音高曲线图

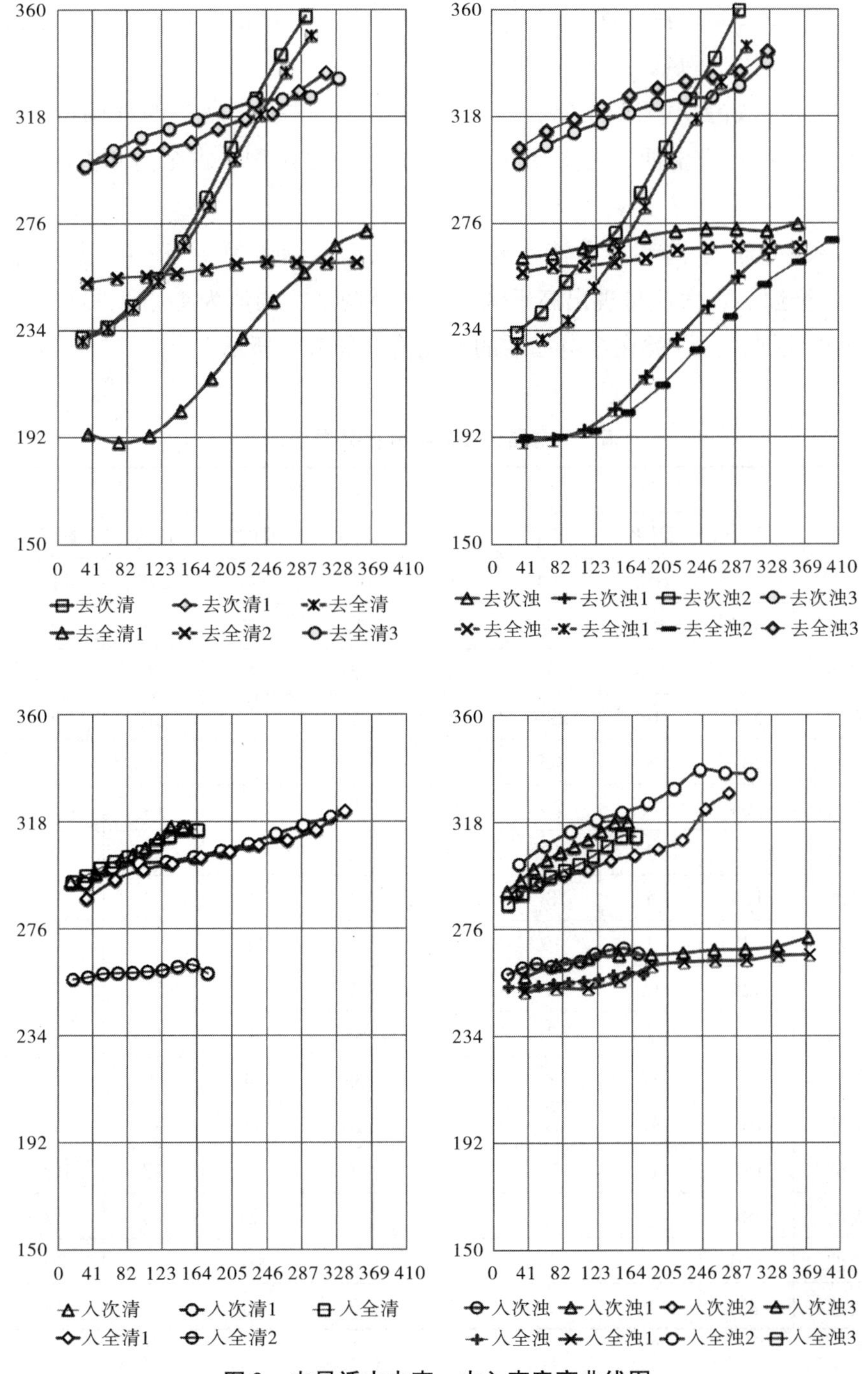

图3　屯昌话古去声、古入声音高曲线图

根据以上音高曲线图，我们可以知道：

（1）古平声：古全清和古次清今呈现低升调型和高平调，调值为13和44；古全浊和古次浊今呈现低降调型和高平调，调值为31和44。

（2）古上声：大多数古全清、古次清和古次浊的今调型保持一致，为先降后升的曲折调型，调值为325；古全浊今主要呈现为中平调型，调值为33；部分古全清、古全浊为高平调型，调值为44。

（3）古去声：古去声调型丰富，有低升、中升、中平、高平四种调型，调值分别为13、35、33、44；古全浊、古次浊的调型主要为中平调型，古全清和古次清主要为中升调型。

（4）古入声：古全清和古次清主要为高平调型，调值为44和4，少数为中平调，调值为3；古全浊、古次浊呈现出高平调型和中平调型，调值为44、4、33、3。

根据实验数据，古调类在今屯昌话的分化情况如表3所示：

表3　屯昌话古调类分化数据统计

古			今							
			阴平	阳平	上声	阴去	阳去	长入	阴入	阳入
			655	641	410	413	311	278	214	129
平	全清	468	400	17	7	14	15	13	2	
	次清	141	118	5	2	5	2	9		
	全浊	338	16	293	8	8	5	5	3	
	次浊	267	8	229	13		7	9		1
上	全清	264	11	24	200	9	4	14		2
	次清	72	3	12	48	2	2	3	2	
	全浊	124	5	8	8	10	69	24		
	次浊	135	3	19	88	3	18	3		1
去	全清	329	16	5	12	217	17	52	7	3
	次清	114	7	3	2	81	4	11	4	2
	全浊	175	27	8	2	33	74	30		1
	次浊	162	32	12	9	18	58	31	1	1
入	全清	187	6	2	6	3	2	47	105	16
	次清	66	1	1	1	4	2	16	39	2
	全浊	110	1	1	2	3	16	7	20	60
	次浊	99	1	2	2	3	16	4	31	40

结合表3，我们可以看出屯昌话古声调演化的情况：

（1）古平声：全清、次清主要归今调“阴平”，6.4%的平次清和2.8%的平全清归今调“长入”；全浊、次浊主要归今调“阳平”；3.4%的平次浊和1.5%的平全浊今读“长入”。古清平字中，“楂、虾、朝、娇、搬”等22个字今读为阳平，“脂、扳、豌”等9个字今读为上声，“过、煎、拼”等19个字今读为阴去，“俱、胜、供”等17个字今读为阳去，“叉、哥、渣”等22个字今读为长入，“煨、搛”2个字今读为阴入。

古浊平字中，“划、殊、辞、捞、捐”等24个字今读为阴平，“摩、爷、回、而、狼”等21个字今读为上声，“跳、降、乘”等8个字今读为阴去，“如、任、盛”等12个字今读为阳去，“妈、姨、馒、跑”等14个字今读为长入，“储、祈、椽”3个字今读为阴入，“磴”字今读阳入。

（2）古上声：非全浊的古上声字主要归今调“上声”；全浊的古上声字主要演变为今调“阳去”，19.4%的上全浊和5.3%的上全清归“长入”。古清上字中，“洒、漂、橄”等14个字今读为阴平，“普、组、始、岛、转”等36个字今读为阳平，“扫、伞、矿”等11个字今读为阴去，“舔、尽、想”等6个字今读为阳去，“企、姐、灸”等17个字今读为长入，“叩、抢”2个字今读为阴入，“陕、绑”2个字今读为阳入。次浊的古上声字中，“也、奶、舀”3个字今读为阴平，“雅、语、暖”等19个字今读为阳平，“努、朗、嚷”3个字今读为阴去，“五、雨、网”等18个字今读为阳去。全浊的古上声字中，“夏、痔、幸”等5个字今读为阴平，“辅、皂、舅”等8个字今读为阳平，“肚、挺、汞”等8个字今读为上声，“士、拌、混”等10个字今读为阴去，“杜、距、肾”等24个字今读为长入。

（3）古去声：大部分的去全清、去次清和18.9%的去全浊、11.1%的去次浊演变为今调“阴去”，大部分的去全浊、去次浊和5.2%的去全清演变为“阳去”；15.8%的去全清、9.6%的去次清、17.1%的去全浊、19.1%的去次浊归“长入”，4.9%的去全清、15.4%的去全浊、19.8%的去次浊合流读“阴平”。古清去字中，“亚、膏、荫、间、空”等23个字今读为阴平，“个、荷、访”等8个字今读为阳平，“倒、好、枕”等14个字今读为上声，“付、爆、断、栋”等21个字今读为阳去，“贷、爸、届、秀”等63个字今读为长入，“塑、恶、厕”等11个字今读为阴入，“秘、弃”等5个字今读为阳入。古浊去字中，“树、大、画、豆、病”等59个字今读为阴平，“磨、和、离”等20个字今读为阳平，“缆、泳”等11个字今读为上声，“募、虑、背、电、辆”等51个字今读为阴去，“预、妹、币、视”等61个字今读为长入，“卧”字今读为阴入，“糯、复”2个字今读为阳入。

（4）古入声：全清、次清的古入声字主要演变成“阴入”，全浊、次浊的古入声字主要演变为“阳入”；18.2%的入全浊和31.3%的入次浊演变为“阴入”，25.1%的入全清和24.2%的入次清演变为“长入”；还有8.6%的入全清演变为“阳入”；14.5%的入全浊和16.2%的入次浊今读“阳去”。古清入字中，“撒、萨”等7个字今读为阴平，“饺、噎”等7个字今读为上声，“错、筑”等7个字今读为阴去，“踏、着”等4个字今读为阳去，“客、答、百、铁”等63个字今读为长入，“夹、的、别、复”等18个字今读为阳入。古浊入字中，“雹、亦”2个字今读为阴平，“摸、钥、浊”3个字今读为阳平，“膜、择、蜀、辱”4个字今读为上声，“炸、籍、液”等6个字今读为阴去，“月、学、活、玉、白”等32个字今读为阳去，“拉、剧”等11个字今读为长入，“疾、密、陆、育、页”等51个字今读为阴入。

总的来说，古平声分阴阳；非上全浊合并为上声；上全浊与浊去合并为阳去；清去主要演化为阴去；古入声主要演化为阴入和阳入，部分全清和次清字脱落塞音韵尾，发生舒化，演变为长入。从古声的分化数量上看，屯昌话的今声调去声分阴阳，上声不分阴阳，这与刘新中（2004）之前的观点相符合。次浊的古上声字中非常用字的白读和书面语用字跟着古清上字走，今读为上声；常用字白读则与古浊上同古浊去合流，今读为阳去；古浊上字中读阴去的主要是文读字，白读今读为阳去。古浊去字中今读阴平的主要是常用字的白读音，今读阴去或者长入的主要是文读字。今长入的来源比较复杂，主要来源于古去声字和古入声字，古去声主要为文读，古入声主要为白读。古浊入字今读为阳去应该是受到近代官话的影响；今读为阴入，可能是文读音造成的结果。

五、长入调声学模式及其来源

海南闽语的声调遵循“四声八调”的原则归类后，还产生了一个新调类，对于海南闽语这个新调类的命名，众多学者存在不同观点，前人命名如表 4 所示：

表 4　前人对长入调的称呼

调查点	整理人	命名
文昌	梁猷刚、王海、刘新中	高去
	云惟利、陈波	长入
	王海	长阴入
	陈波	混合声
琼海	冯成豹	高去
	刘新中	高去
乐东黄流	黄谷甘、刘新中	高去
屯昌	钱奠香、刘新中	舒入/长入
海口	梁猷刚、陈鸿迈、刘新中、杜依倩	长入
昌江、万宁、陵水、东方、琼中、五指山、白沙	刘新中	高去

表 4 显示，前人对于海南闽语新调类的记录有 6 种，其中用得最多的是高去和长入。后文将借助熊子瑜研发的汉语方言字音系列脚本工具，以屯昌话为例来探究这一调类的来源及称呼问题。

1. 长入字来源

经过统计，可以知道屯昌话中的长入调来源比较复杂，在 3 051 条有效录音里有 278 个长入字：古平声 36 个，占 12. 9%；古上声 44 个，占 15. 8%；古去声 124 个，占 44. 6%；古入声 74 个，占 26. 6%。具体分布如表 5 所示：

表5　屯昌话长入调古调类来源

古调类	平全清	平次清	平全浊	平次浊	上全清	上次清	上全浊	上次浊
计数	13	9	5	9	14	3	24	3
古调类	去全清	去次清	去全浊	去次浊	入全清	入次清	入全浊	入次浊
计数	52	11	30	31	47	16	7	4

2. **长入调命名**

“长入调”大多源于古去声字和古清入字，那么该如何给它命名呢？我们将从古调来源看其样貌，以下是屯昌话“长入调”的字及其分布（见表6）：

表6　屯昌话长入调古调类分布字表

古调类	清浊	例字	计数
古平声 12.9%	平次清	搓棵叉杈泡抽筐眶胖	9
	平次浊	妈愉姨撩拈壬馒芒拎	9
	平全清	哥渣哈丫些撕锥钩籊燕冠刚汪	13
	平全浊	搽渠跑饨茎	5
古上声 15.8%	上次清	椭颗企	3
	上次浊	苇绕尹	3
	上全清	跛躲姐剐贿懊小灸杆秆奖涨打梗	14
	上全浊	厦杜绪巨拒距竖婢技妓柿浩鲍绍舰肾盾菌丈仗杖晃棒奉	24
古去声 44.6%	去次清	贷涕脆翠犒灿盼篡串喷困	11
	去次浊	鹭滤预豫喻赖癞厉艺妹卫媚毅谓帽绕耀廖祐谬焰艳漫恋刃嫩浪酿亮妄孟	31
	去全清	爸厦吓借妬做诉傅输戴赛介芥届蔽闭计继剑会桧缀臂庇记既粹愧畏慰奥宿秀绣嗅蘸干燕钻焕怨劲俊杠账障瘴迸凳劲冻贡	52
	去全浊	贺薄藉渡镀寨币毙剂系队惠视寺嗣瑞睡遂隧穗邵袖宙赚尚巷瞪凤缝俸	30
古入声 26.6%	入次清	塔插擦渴揭铁泼缺拍拆客册僻尺斥赤	16
	入次浊	拉捺捏诺	4
	入全清	搭答歆甲胛鸭压摺褶割喝八扎杀鳖歇钵拨刷雪哕血作胳阁各蘸削郭剫桌亿百伯格吓摘责隔迹惜只壁绩析宿叔	47
	入全浊	闸镬剧~烈剧戏~辟轴淑	7

日常口语中，屯昌话还有很多有音无字的读长入调的现象，如下所示：

□［ɓi^{55}］（折起袖子）；□［fi^{55}］~骹叉腿（两大腿张得很大，小腿交叉）；

□［fi^{55}］蓬～（布料起球）；□［vi^{55}］（哨子，象声词）；□［ti^{55}］（闪光）；□［ni^{55}］～仔（表示量少）；□［ni^{55}］～［niau24］（心里想做某件事，嘴上却故意推辞）；□［ni^{55}］～目（眨眼）；□［ni^{55}］～团（一点儿）；□［li^{55}］～［lɔu^{55}］（衣着和行为邋遢）；□［tsi^{55}］小～；□［tsi^{55}］（漂亮）；□［ɕi^{55}］～尿（小孩拉尿）；□［i^{55}］～粄（用糯米粉制作的甜食）；□［ɓu^{55}］（瓜蒂）；□［ɓu^{55}］甜～（莲雾）；□［ɓu^{55}］～芽（长出）；□［ku^{55}］塞～（脑子不灵活，死板）；□［ma^{55}］（抓着）；□［ma^{55}］（凹入）；□［va^{55}］（喇叭）；□［ka^{55}］～被（盖被）；□［a^{55}］（强迫）；□［bɛ^{55}］～责（操心）；□［fɛ^{55}］（扑克牌）；□［zɛ^{55}］［zi^{55}］～（殷勤）；□［ɕia^{55}］（骂）；□［kio^{55}］（液体中的沉淀物）；□［tian^{55}］（铁桶）；□［tsian^{55}］（膨胀大）；□［kiu^{55}］板～（板翘起），□［hiu^{55}］～喙（噘嘴）；□［sai^{55}］［au^{55}］～（超出球场界限）；□［kau^{55}］（久放在潮湿的地方、长时间焖煮）；□［nau^{55}］～去（顺手拿走）；□［sau^{55}］（象声词，形容食物脆）；□［ŋau^{55}］（钩上）；□［mɔi^{55}］（伏藏）；□［kɔi^{55}］拉～（找女朋友）；□［lɔu^{55}］（用谎言哄别人开心）；□［nɔm^{55}］一～沙（小堆）；□［faŋ^{55}］（铁盆）；□［maŋ^{55}］～［haŋ^{55}］（不讲理）；□［naŋ^{55}］［tsi^{55}］～（爱挑剔）；□［laŋ^{55}］（毛线）；□［ɗoŋ^{55}］（凸出）；□［foŋ^{55}］～毛（头发又乱又卷）；□［loŋ^{55}］（桶）。

从表6中我们可以看到，去声字的数量最多，去声字的读音多偏于文读，入声字排第二，这类字的读音偏口语，且生活中的有音无字的长入调现象众多。综合考虑调值、调类的历史来源等因素，我们认为屯昌话中的这类字命名为“长入”比“高去”更为客观准确。

六、小结

本文使用实验语音学的方法对屯昌话的单字调系统进行了总结，通过实验数据初步归纳了屯昌话声调的历史演变规律。同时，就屯昌话的长入调进行了简单的来源分析并对长入调的命名提出了个人看法。通过观察屯昌话的声调历史演变，不难发现其受到近代官话的影响，如古浊上、古浊去合流，部分古浊入舒化今归并阳去。长入调为形态调，海口、定安、澄迈等地也存在着屯昌话中的长入现象；与此同时，长入调这一现象并非只出现在海南闽语，粤西闽语电白水东黎话少数平全清、平次清、平次浊、去全清与部分古入声清声母字失掉塞音韵尾，成为一类，今读为舒入（45），阳入调（21）与音系中原有的阳去调（32）合并（张倡玮，2019：119－126）。同处于雷州半岛的湛江、廉江、遂溪、吴川、雷州、徐闻都不同程度地出现了读55/553的高平型混合调，雷州话混合调以舒化阴入字为主，占比37%，阴去字和阳去字分别占13%、18%，兰石东话的混合调阴入字占47%，阴平占37%，阴去占5%（廖小曼，2019：134－135）。由此可见，高平声调的出现是闽语琼雷片声调演变的趋势，可以猜测日后海南话的长入调中会增加越来越多的阴入字。

参考文献

[1] 陈江雨. 海南屯昌闽语语言研究 [D]. 海口：海南师范大学，2020.

[2] 杜依倩. 海口方言（老派）同音字汇 [J]. 方言，2007（2）.

[3] 符其武，李如龙. 海南闽语声调的演变 [J]. 中国语文，2004（4）.

[4] 李小凡. 调名琐议 [M]//全国汉语方言学会《中国方言学报》编委会. 中国方言学报：第四期. 北京：商务印书馆，2015.

[5] 廖小曼. 湛江闽语语音的地理语言学研究 [D]. 广州：暨南大学，2019.

[6] 刘新中. 海南闽语的语音研究 [D]. 广州：暨南大学，2004.

[7] 刘新中. 汉语方言单字调现有入声的调型 [M]//南方语言学：第十八辑. 广州：世界图书出版广东有限公司，2021.

[8] 钱奠香. 海南屯昌方言语法研究 [D]. 广州：暨南大学，1999.

[9] 辛世彪. 海南闽语比较研究 [M]. 北京：商务印书馆，2013.

[10] 曾玲，余俊毅，刘新中. 基于系统声学实验的赣语遂川话声调研究 [M]//中国社会科学院语言研究所. 中国语音学报：第 17 辑. 北京：中国社会科学出版社，2022.

[11] 张倡玮. 粤西电白黎话入声舒化现象研究 [J]. 语言研究，2019，39（2）.

[12] 郑冠宇，刘新中. 粤西闽语水东话单字调系统实验研究 [M]//刘新中. 南方语言学：第二十辑. 广州：世界图书出版广东有限公司，2022.

[13] 朱晓农，焦磊，严至诚，等. 入声演化三途 [J]. 中国语文，2008（4）.

A Study on the Tones of Min Dialect in Tunchang, Hainan Based on Systematic Acoustic Data

ZENG Yingying　LIU Xinzhong

【Abstract】This paper uses the method of experimental phonology to analyze 3 051 valid recordings with the help of the Chinese dialect word tone series scripting tool developed by Xiong Ziyu, summarizes the single-word tone system of Tunchang dialect, and sorts out the ancient and modern correspondences of Tunchang dialect tones. The early ping tone, the early qu tone, and the early ru tone are divided into yin and yang, and the non-voiced shang tone merges into the shang tone; the voiced shang tone merges with the voiced qu tone to form the yangqu tone; the colloquial pronunciation of some early voiceless ru-tone's words disappearing of ru tone codes and produce laxation, and merge with the literary reading of some of the qu-tone's words to form the changru tone. Based on the experimental data, the origin of the changru tone is analyzed, and it is believed that the changru tone is morphological, and the phenomenon of changru tone is a trend in the tone evolution of Qiong Lei Min dialect.

【Keywords】Hainan Min dialect, Tunchang dialect, acoustic data, tone evolution, changru tone

潮阳话单字调共时分布和历时演变系统实验研究①

黄　震②

（暨南大学文学院　广东广州　510632）

【提　要】 本文使用熊子瑜研发的汉语方言字音系列脚本工具，系统分析了潮阳话的单字调，初步归纳了古调类在今潮阳话中的分布及主要规律。从共时角度看，在潮阳话的7个单字调中，有6个调呈现下降趋势；阴平结束点音高最低，阴去起始点音高最高；平声和入声阴低阳高。历时演变的突出特点是，古次浊上字跟清上字走，对应今阴上；古全浊上字跟清去字走，对应今阴去；古浊去字超过半数今读阴去，约有三成今读阳去。

【关键词】 粤东闽语　潮阳话　单字调　声调演变　实验研究

一、引言

潮阳话指的是今通行于汕头市潮阳、潮南两区的方言。潮南区和潮阳区位于汕头市西南部，历史上隶属潮阳县。2003 年，潮阳市一分为二，分设潮阳、潮南两区，划归汕头市管辖。对于该区域的方言声调研究，过去常以潮阳作为调查和研究重点，如李永明的《潮州方言语音的内部差别》将“潮阳”作为潮州方言的一个方言点进行了比较研究，张盛裕的《潮阳方言的语音系统》比较系统地记录、分析了潮阳话语音系统，金健、施其生的《汕头谷饶方言多个降调的声学分析和感知研究》则从感知的角度研究潮阳谷饶话的降调问题。近年来有学者开始以潮南区作为调查点，如林春雨、甘于恩的《粤东闽语声调的地理类型学研究》对潮南峡山、潮南成田、潮阳和平、潮阳贵屿等方言点进行了田野调查和声调研究，张静芬的《闽南方言的历史

① 项目基金：2022 年度国家社会科学基金重点项目“广东粤闽客三大方言语音特征的系统分层实验研究”（项目编号：22AYY010）。

② 黄震（2000—　），暨南大学文学院汉语言文字学专业 2023 级硕士研究生。

比较及语音构拟》将潮南胪岗话作为潮南话的代表点与其他闽南方言进行了系统性的历史音韵比较研究。由于前人对于潮阳话的声调记录存在差异，在系统实验前，笔者先对潮阳棉城方言点的声调做了初步调查，以一位中年男性和一位青年男性的发音数据为基础，归纳了潮阳棉城的单字调系统。

表 1　前人记录的潮阳话单字调系统

方言点	阴平	阳平	阴上	阳上	阴去	阳去	阴入	阳入
潮阳棉城①（张盛裕，1981）	33	55	53	313	31	11	11	55
潮阳（李永明，1986）	33	55	53	—	42	21	2	5
潮阳谷饶（金健、施其生，2010）	21	23	551	—	51	31	32	5
潮南胪岗（张静芬，2013）	31	33	55	—	51	42	32	54
潮南成田（林春雨、甘于恩，2016）	21	22	34	—	53	31	3	45
潮阳贵屿（林春雨、甘于恩，2016）	21	23	45	—	53	31	32	45
潮南峡山（林春雨、甘于恩，2016）	22	34/44	453	—	53	31	32	45
潮阳和平（林春雨、甘于恩，2016）	21	22/23	34	—	53	31	32	45
潮阳棉城（本文）	31	33	34	—	52	32	32	45

由表 1 可知，学者们对于该方言声调的记录可以分为两种情况：在 20 世纪 80 年代的记录中，阴平、阳平分别为中平调、高平调，阴上为高降调，阴去为中降调；在 2010 年及之后的记录中，阴平为低降调或低平调，阳平为中平调或低升调，阴上为高平调或中升调，阴去为高降调。总体上看，前人对于潮阳话的记录还有以下共同点：①平声和入声阴低阳高；②阳去调结束点音高较低；③新派阳上字声调与阴去合并。

本文采用实验语音学的方法，对潮阳话的单字调进行系统性描写，并初步归纳古调类在今潮阳话中的分布及主要规律。

二、实验说明

本实验所使用的语音标注和分析软件为 Paul Boersma 和 David Weenink 开发的 Praat，分析工具为熊子瑜研发的汉语方言字音系列脚本工具。本次实验共有 4 位发音人，均为汕头市潮南区人，主要发音人为 23 岁的男性青年，对照发音人为一位中年男性，参考发音人为一位老年男性和一位中年女性，4 位发音人所反映的规律基本一致。实验主要步骤如下：

① 此处声调为老派读法。张盛裕认为潮阳话分为新、老两派，新、老派单字调的区别为阳上调和阴去调合并与否，老派阳上调读为 313，新派与阴去调合并读为 31。

（1）在脚本内置字表的基础上进行修改，制作调查字表；

（2）用 xRecorder 进行录音，运行脚本生成录音所对应的 TextGrid 和 PitchTier 文件；

（3）运行脚本进行声调标注，手动调整声调承载段边界，对部分异常的 PitchTier 数据进行优化，剔除无效的音频和数据文件；

（4）运行脚本提取古今调类信息和音高数据，将数据导入 Excel，进行检校和归一化处理；

（5）利用石锋的 T 值计算公式

$$T = \frac{\lg x - \lg\min}{\lg\max - \lg\min} \times 5$$

对声调数据进行归一化处理，绘制古今声调图表，进行数据分析。

三、单字调

本次实验共录制了青年男性的 3 226 个有效单字音和中年男性的 66 个有效单字音。运行脚本后对音频 10 个等分点的音高数据进行提取、归类，并计算出平均音高数据。用石锋的 T 值计算公式对音高数据进行归一化处理，并与声调的时长数据相匹配后，可以画出下图。

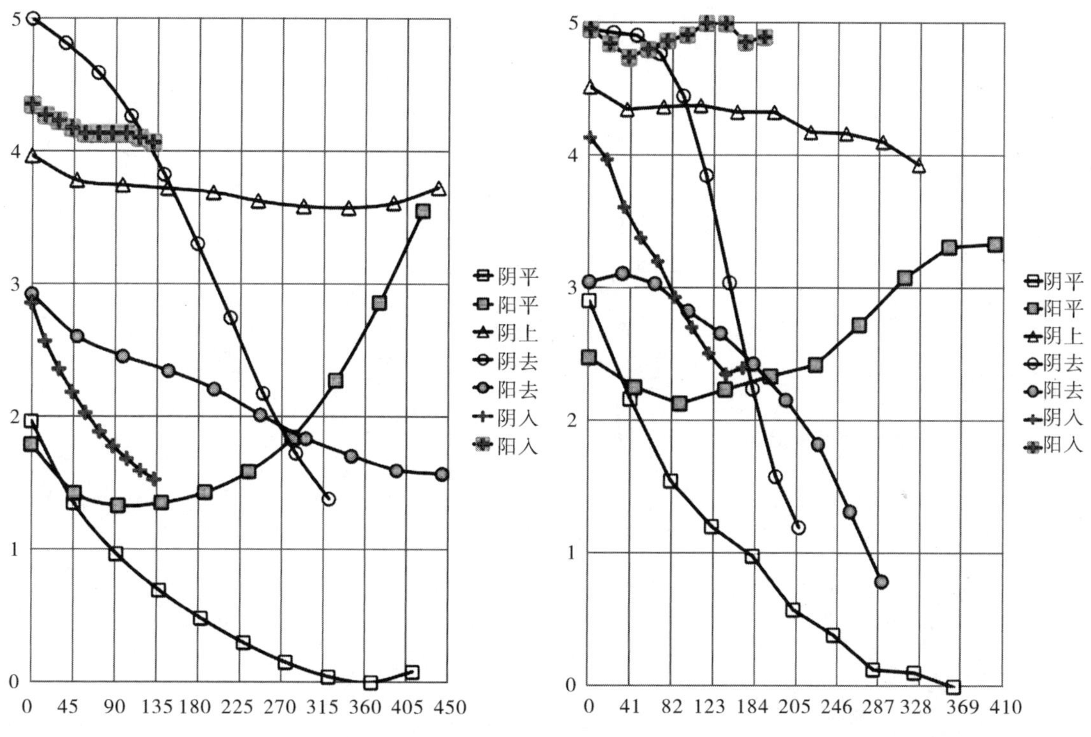

图 1　潮阳话今单字调音高时长图

由图 1 可知，潮阳话今单字调共有 7 个调类，包括阴平、阳平、阴上、阴去、阳去、阴入、阳入，青年男性的单字调调值分别为 21、24、44、52、32、32、5，中年男性的单字调调值分别为 31、34、55、52、41、53、5。从调型上看，7 个调中有 6 个调总体上呈现下降趋势。其中，阴平、阴去、阳去、阴入 4 个降调的斜率绝对值较大，调值下降趋势比较明显；阴上、阳入调为平调，调型整体上看也呈现出微降的趋势；仅有阳平为升调，且斜率的绝对值可能比降调的小。平声和入声中，阴调较低，阳调较高。去声和入声中，阴调比阳调的下降趋势更明显。从持续时间上看，入声时长最短，阴去次之，其他调类时长较长。

从本次实验结果看，潮阳话单字调各个调类具有以下特点：阴平为降调，结束点音高最低；阳平为唯一升调；阴上为高平调；阴去为高降调，起始点音高最高；阳去为降调，起始点音高高于阴平、低于阴去，结束点音高高于阴平；入声持续时间最短，阴低阳高，阴入为降调。

四、单字调的古今演变

运行脚本后，以青年男性的 3 226 个有效单字音为基础，计算、提取声调古今对照相关数据，并用 Excel 制作声调古今对照图（见图 2）。

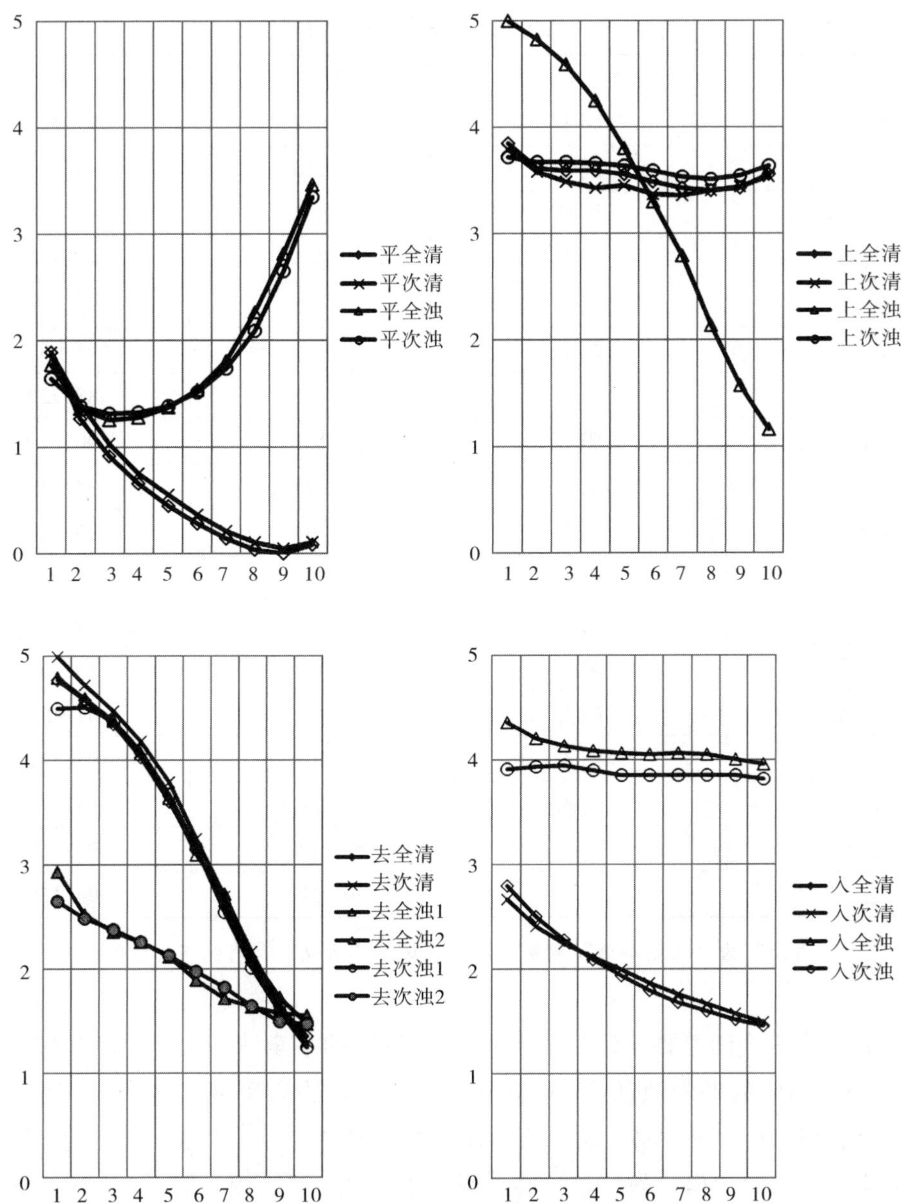

图2 古调类在今潮阳话中的主要分布情况

观察声调数据，我们可以初步归纳古调类在今潮阳话中的演变和分化规律（见表2）：

表 2　古调类在今潮阳话中的主要分布情况

古调	主要今调	音节数	占比
平全清	阴平	519	97. 11%
平次清	阴平	150	93. 75%
平全浊	阳平	349	96. 94%
平次浊	阳平	265	95. 32%
上全清	阴上	255	92. 73%
上次清	阴上	77	95. 06%
上全浊	阴去	118	88. 72%
上次浊	阴上	131	90. 34%
去全清	阴去	321	94. 97%
去次清	阴去	104	95. 41%
去全浊 1	阴去	103	56. 91%
去次浊 1	阴去	94	59. 12%
去全浊 2	阳去	66	36. 46%
去次浊 2	阳去	50	31. 45%
入全清	阴入	193	95. 54%
入次清	阴入	74	98. 67%
入全浊	阳入	105	97. 22%
入次浊	阳入	97	94. 17%

注：表中“占比”为“主要今调”的例字数量占该类“古调”所有例字的比例。

（1）古平声字今读主要分为两个声调，97. 11% 的平全清和 93. 75% 的平次清今读为阴平调，96. 94% 的平全浊和 95. 32% 的平次浊今读为阳平调。古清平字中，“虾、爊、浇、搬、荀、台、雌、滂、妨、从”10 个字今读为阳平，“萎、纠、豌、肪”4 个字今读为阴上，“过、俱、教、禁、胜、纵、泡、超、拼、喷、胖”11 个字今读为阴去。古浊平字中，“斜、乎、兮、奚、酣、藩、浑、便、猫、悠、焉、捐、蚊、昂”14 个字今读为阴平，“惩、拿、研、顽”4 个字今读为阴上，“跳、论、闻”3 个字今读为阴去，“炎、馒”2 个字今读为阳去，“驼”字今读为阴入。

（2）古上声字今读主要分为两个声调，92. 73% 的上全清、95. 06% 的上次清和 90. 34% 的上次浊今读为阴上调，88. 72% 的上全浊今读归并到阴去调。古清上字中，“组、表、侥、殴、谎、尽”6 个字今读为阴平，“企”字今读为阳平，“舍、挤、悔、贿、扫、懊、炙、喊、伞、散、奖、想、矿、拥、处、漂、叩”17 个字今读为阴去。古全浊上字中，“辅、腐、辫”3 个字今读为阴平，“舰、践、缓、皖、很、菌、铤、挺、艇、迥”10 个字今读为阴上，“夏、撼”2 个字今读为阳去；古次浊上字中，“也”字今读为阴平，“靡、演、抿”3 个字今读为阳平，“五、履、老、咬、绕、藕、有、网、涌”9 个字今读为阴去，“矣”字今读为阳去。

（3）古去声字今读主要分为两个声调，94.97% 的去全清和 95.41% 的去次清今读为阴去调，去全浊、去次浊出现内部分化，56.91% 的去全浊和 59.12% 的去次浊今读为阴去调，36.46% 的去全浊和 31.45% 的去次浊今读为阳去调。古清去字中，“爸、输、观、殡、双、经、综、勘、空”9 个字今读为阴平，“怄、蔼、饮、腕、转、振、震、假、歉、访、统”11 个字今读为阴上，“厦、喂”2 个字今读为阳去。古浊去字中，“翡”字今读为阴平，“耙、暇、隧、眩、傍、澄、磨、预、谜、离、谊、为、疗”13 个字今读为阳平，“署、稚、焊、饯、仅、那、怒、议、纬、偶、缆、玩、刃”13 个字今读为阴上。

（4）古入声字今读主要分为两个声调，95.54% 的入全清和 98.67% 的入次清今读为阴入调，97.22% 的入全浊和 94.17% 的入次浊今读为阳入调。古清入字中，“夹$_1$、夹$_2$、胁、挟、别、泄、亿、忆、嫡、泊”10 个字今读为阳入。古浊入字中，“核$_1$、核$_2$、辟、辣、抹$_1$、抹$_2$、曰、跃”8 个字今读为阴入，“拉”字今读为阴平。

五、小结

本文利用实验语音学的方法对潮阳话的语音系统进行了共时层面的声调描写，并初步归纳了单字调的古今对照关系和演化规律。潮汕平原由韩江、榕江和练江冲积形成，潮汕方言也因此大致分为三种不同的口音。李永明认为，潮汕方言内部可以划分为三区，第一区包括汕头、澄海、潮安、饶平，第二区包括揭阳、揭西、普宁的老县城洪阳及其附近、潮阳北部，第三区包括潮阳、惠来、普宁、揭西的西南角（李永明，1986）。在以往的研究中，有学者认为粤东闽语潮汕方言内部单字调系统比较一致，如李永明在《潮州方言语音的内部差别》中提到：“声调方面，单字调差别不大，除了潮阳、惠来只有七个调类之外，其余各县市都是四声各分阴阳，有八个调类。”在其记录的 9 个方言点中，声调调型除了潮阳的去声、惠来的阴去和普宁的阳去有不同的调值记录以外，其他声调的调值都相同。在《潮汕方言历时研究》（林伦伦，2015）中也有类似的观点。结合前人对于潮汕各方言点单字调系统的记录以及本文的实验数据，可以绘制出潮汕各方言点单字调调值表（见表 3）。其中，汕头、潮州、澄海、揭阳 4 个点的调值数据引自《潮汕方言历时研究》，揭西、饶平、惠来、普宁 4 个点的调值数据引自《潮州方言语音的内部差别》，潮阳方言点数据引自《汕头谷饶方言多个降调的声学分析和感知研究》（金健、施其生，2010），潮南方言点为本文基于青年男性 3 226 个有效单字音的实验结果。

表 3 潮汕方言 10 个方言点的单字调调值

	第一区				第二区		第三区			
	汕头	潮州	澄海	饶平	揭阳	揭西	惠来	普宁	潮阳	潮南
阴平	33	33	33	33	33	33	33	33	21	21
阳平	55	55	55	55	55	55	55	55	23	24
阴上	53	53	53	53	53	53	53	53	551	44
阳上	35	35	35	35	35	35	35	35	—	—
阴去	213	213	213	213	31	213	21	213	51	52
阳去	11	11	11	11	11	11	—	21	31	32
阴入	2	2	2	2	2	2	2	2	$\underline{32}$	$\underline{32}$
阳入	5	5	5	5	5	5	5	5	5	5

潮阳话在潮汕方言中具有降调较多的特点，在前人调查中，降调数量一般为 3 ~ 6 个（金健、施其生，2010）。本文所记录的潮阳话单字调分别为 21、24、44、52、32、$\underline{32}$、5，从调型上看共有 4 个降调。与其他两区的潮汕方言相比，潮阳话单字调主要有以下特点：①降调较多，阴平、阴去、阳去、阴入均为降调，阴平结束点音高最低，阴去起始点音高最高；②单字调共有 7 个，古浊上字今读与阴上归并，次浊上字跟清上字走，今读阴上调，全浊上字跟清去字走，今读阴去调；③阳平为升调，且与其他点的阳平相比，结束点音高较低。

本文对潮阳话单字调初步进行了共时描写和历时演变关系研究，潮汕方言的声调问题还有许多值得研究之处，潮阳话的连读变调以及与其他方言点的比较，仍有待进一步观察。

参考文献

[1] 金健，施其生．汕头谷饶方言多个降调的声学分析和感知研究［J］．中国语文，2010（6）．

[2] 李永明．潮州方言语音的内部差别［J］．湘潭大学学报（哲学社会科学版），1986（2）．

[3] 林春雨，甘于恩．粤东闽语声调的地理类型学研究［J］．学术研究，2016（5）．

[4] 林伦伦．潮汕方言历时研究［M］．广州：暨南大学出版社，2015．

[5] 刘新中，谭洁莹，梁嘉莹．基于全部字表数据的兰银官话新疆木垒话的声调实验研究［J］．昌吉学院学报，2016（2）．

[6] 刘新中，曾玲．汉语方言声调古今对照与共时分布的研究方法：基于字音系统实验研究工具［J］．中国语音学报，2020（2）．

[7] 石锋，王萍．北京话单字音声调的统计分析［J］．中国语文，2006（1）．

[8] 詹伯慧，张振兴. 汉语方言学大词典 [M]. 广州：广东教育出版社，2017.
[9] 张静芬. 闽南方言的历史比较及语音构拟 [D]. 北京：北京大学，2013.
[10] 张盛裕. 潮阳方言的语音系统 [J]. 方言，1981 (1).
[11] 郑冠宇，刘新中. 粤西闽语水东话单字调系统实验研究 [M]//刘新中. 南方语言学：第二十辑. 广州：世界图书出版广东有限公司，2022.

Systematic Experimental Study on the Synchronic Distribution and Diachronic Evolution of Basic Tones in Chaoyang Dialect

HUANG Zhen

【Abstract】This article uses the Chinese dialect word tone series scripting tool developed by Xiong Ziyu to systematically analyze the single-syllable tone system of Chaoyang dialect, and preliminarily summarizes the distribution and main rules of ancient tunes in today's Chaoyang dialect. From a synchronic perspective, among the 7 basic tones in Chaoyang dialect, 6 tones show a downward trend; the end point of yinping has the lowest pitch, and the starting point of yinqu has the highest pitch; each the average pitch of yinping tone and yinru tone is higher than the yang one. The outstanding feature of diachronic evolution is that in ancient times, the ci zhuoshang tone followed the basic tone of qingshang, which corresponds to the current basic tone yinshang; the ancient tone of quan zhuoshang followed the basic tone of qingqu, which corresponds to the current basic tone yinqu; more than half of the ancient tone of zhuoqu pronounced as yinqu today, about thirty percent of them correspond to the current basic tone yinqu.

【Keywords】Min dialect of eastern Guangdong, Chaoyang dialect, basic tone, tone evolution, experimental study

基于系统声学数据的丰顺丰良客家话单字调研究[①]

刘若楠[②]

（暨南大学文学院　广东广州　510632）

【提　要】本文借助熊子瑜研发的汉语方言字音系列脚本工具，通过全面系统的声学数据考察了丰良话的单字调，总结其声调格局，分析古调类的今读情况。根据本次实验数据，丰良话古次浊平声字有7.4%今读阴平；古全浊上声字主要归去声，符合“浊上变去”的语音演变规律，此外还有14.4%归入了阴平，11.5%归入了上声；古次浊上声字除57%保留在上声外，有36.8%归入了阴平。

【关键词】客家方言　丰良话　声学数据　单字调　古调类今读

一、引言

丰良镇是广东省梅州市丰顺县下属的一个镇，建置之初县治设于汤田（今丰良镇），1949年县城迁至汤坑镇。《中国语言地图集》（第2版）将丰良客家话归为粤台片龙华小片。前人对丰良话单字调系统的描写如表1所示：

表1　前人对丰良话单字调系统的描写

	平声		上声	去声	入声		调类数
	阴平	阳平			阴入	阳入	
黄雪贞	44	12	31	53	11	55	6
高然	44	12	31	53	11	55	6
李菲	33	214	31	51	21	4	6

① 项目基金：2022年度国家社会科学基金重点项目“广东粤闽客三大方言语音特征的系统分层实验研究”（项目编号：22AYY010）。

② 刘若楠（2001—　），暨南大学2023级汉语言文字学专业硕士研究生。

黄雪贞（1988：241）曾提到："客家话的特点是古上声浊声母字有一部分今读阴平，其中次浊声母比全浊声母读阴平的字数多。"黄雪贞（1989：121）又补充说："客家声调的另一特点，即若干古平声次浊声母字今读阴平。"

李菲（2018）提出：丰顺县方言声调的共同点表现为平声次浊声母部分读阴平；入声次浊声母部分读阴入；次浊上约一半归清上构成上声，一半归阴平；浊上亦有部分归阴平但数目不及次浊上。

本文借助汉语方言字音系列脚本工具提取和分析实际的语音数据，以客观实验数据为依据，探讨丰良话的单字调系统和古调类今读的具体情况，特别是古上声字今读的具体情况。

二、实验设计

（一）实验材料与发音人

本次实验共采集了老、中、青男女 4 位发音人的录音数据。以"方言调查字表"为基础设计单字音调查字表，以一位口音地道的 22 岁青年女性为主，所使用的有效音节为 3 371 个；在此基础上，选取 66 个音节与 1 位老年男性发音人、1 位中年男性发音人、1 位中年女性发音人的数据作为参考，4 位发音人所反映的规律与主要发音人一致。

（二）实验工具

本实验使用的语音标注和分析软件为 Paul Boersma 和 David Weenink 开发的 Praat，分析工具为熊子瑜研发的汉语方言字音系列脚本工具，采用的录音软件为 xRecorder，最终结果以图表形式呈现。

（三）实验步骤

（1）从"方言调查字表"中剔除一些在丰良话中不使用的汉字，保证录音条目的代表性和有效性；

（2）在安静的环境中使用 xRecorder 软件进行录音；

（3）使用脚本自动生成 TextGrid 和 PitchTier 数据，对跳点、断点的音高数据进行校正；

（4）提取音高数据，导入 Excel 后根据石锋（2006）的 T 值计算公式对数据进行归一化处理，以五度制为基础绘制出今调域分布图、古四声分化图、单字调声学模式等长图及实长图。

（5）添加声、韵、调、IPA 等关联信息到字表数据文件，提取古今调对应关系数据后进行古调类今读情况分析。

三、丰良客家话单字调

运行脚本获取 10 个点的基频数据，并对音高数据进行归一化处理后，可以画出 4 位发音人的单字调图（见图 1～图 4）：

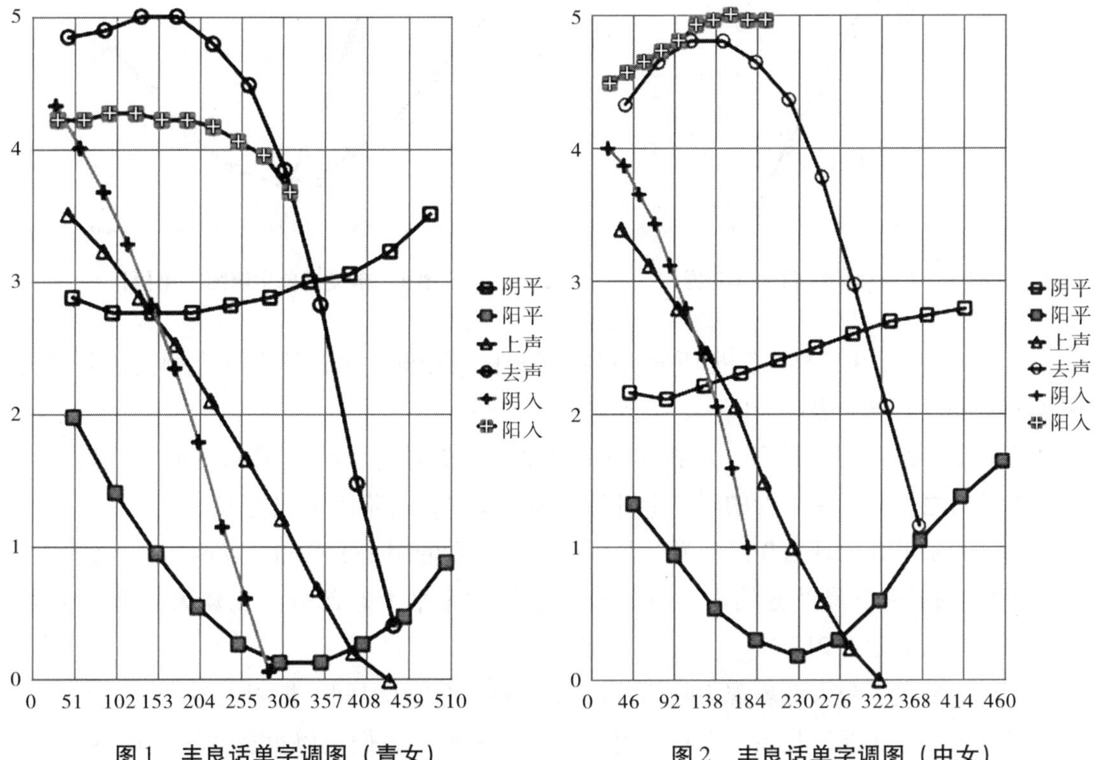

图 1 丰良话单字调图（青女）　　图 2 丰良话单字调图（中女）

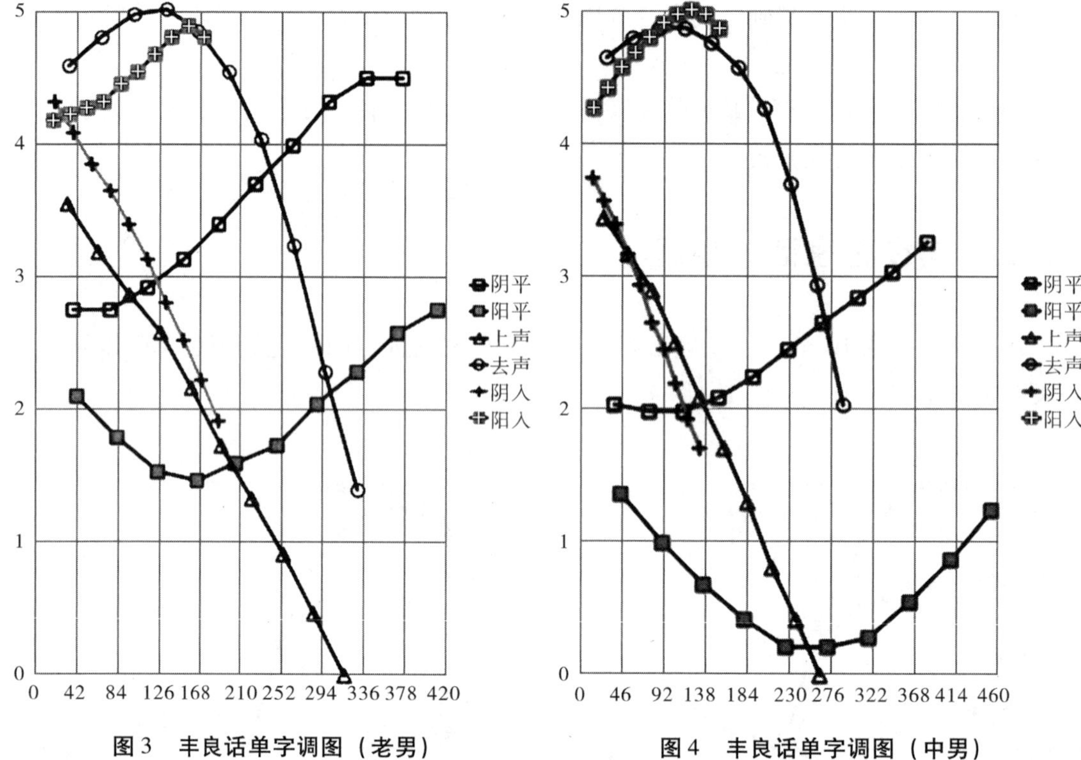

图3　丰良话单字调图（老男）　　**图4　丰良话单字调图（中男）**

从整体来看，4个样本数据所显示的单字调格局相同，丰良话共6个调类，分别为阴平、阳平、上声、去声、阴入、阳入。

从上图中我们可以看到，四者的阴平都呈现上升趋势，但老男的阴平上升幅度更大，中男次之，青女和中女的阴平上升趋势则不明显，可将阴平记为33。

四者的阳平都表现为先降后升，其中中男、中女的阳平上升和下降两部分大约各占1/2，青女的阳平下降部分约占7/10，只有老男的阳平上升部分占比较大，约为3/5，综合考虑将阳平记为212。

上声、去声、阴入都表现为降调，首先，我们可以从时间上把阴入与上声、去声区分开来，阴入短而促，其余二者持续时间较长；其次，我们可以根据调域位置将上声、去声区别开来，二者下降幅度都较大，但上声从调域的中部走向下部，而去声从调域的高处走向低处，是典型的高降调，对应五度值，可将上声记为41，去声记为52。

就入声而言，阴入、阳入时长短促，二者的音高起点都在高音段，主要区别在于末点音高，四位发音人的阴入落点都在低处，对应五度值可记为42；除青女的阳入有下降趋势外，中女、老男、中男的阳入都呈上升趋势，它们基本在同一调域内，可记为55。

综上所述，丰良客家话有6个单字调，即阴平33、阳平212、上声41、去声52、阴入42、阳入55。

四、丰良话声学数据的具体分析

（一）古声调均值音高调型图

对所得字音数据按古四声进行分类（因次浊上声字分化情况较为复杂故再分两类）再取均值并进行归一化处理，可绘制出古今声调对照的音高曲线图，如图5～图8所示：

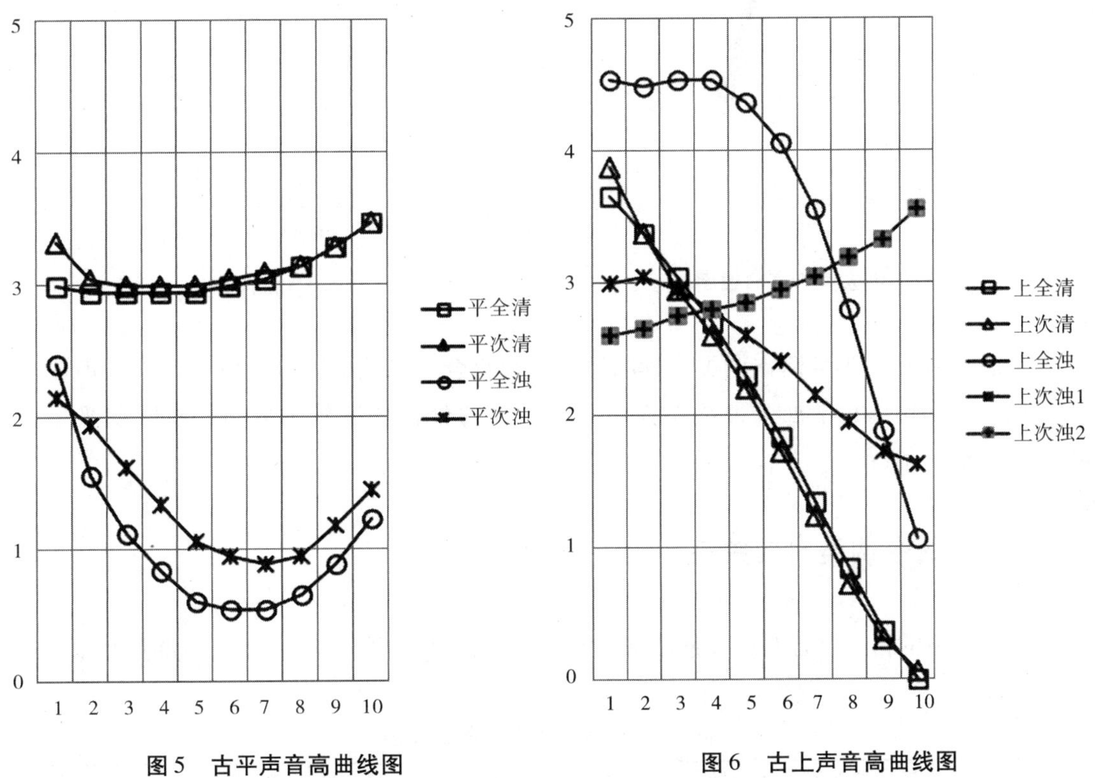

图5　古平声音高曲线图

图6　古上声音高曲线图

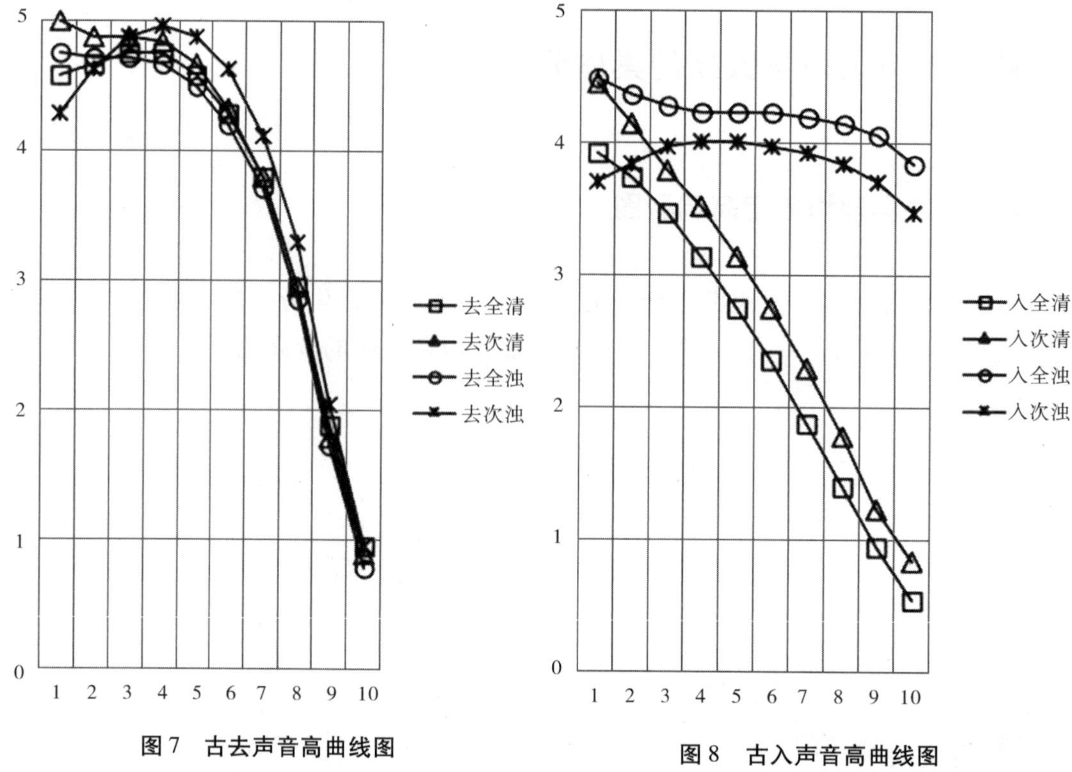

图 7　古去声音高曲线图

图 8　古入声音高曲线图

从总体来看，丰良话古调类今读的演变规律符合客家话的特点，即平声、入声依清浊分阴阳，去声不论清浊今都读作去声，而上声的分化情况较为复杂，有归阴平、上声、去声三种情况。

（二）古今调类对应关系

通过获取的古今字音对应关系数据，整理出丰良话古调类的今读情况，如表 2 所示：

表 2　丰良话古今调类对应情况

古音	最主要类型	字数	比例	古音	最主要类型	字数	比例
平全清	阴平	508	96.6%	去全清	去声	303	87.0%
平次清	阴平	149	93.7%	去次清	去声	104	89.7%
平全浊	阳平	347	94.8%	去全浊	去声	169	85.4%
平次浊	阳平	259	90.9%	去次浊	去声	151	87.3%
上全清	上声	258	90.9%	入全清	阴入	172	94.8%
上次清	上声	73	86.9%	入次清	阴入	59	91.8%
上全浊	去声	100	72.7%	入全浊	阳入	93	95.5%
上次浊	上声	78	57.0%	入次浊	阳入	78	92.2%

注：表中“比例”为今音最主要类型的例字数量占该类“古音”所有例字的比例（下同）。

根据丰良话古今调类对应情况可将其单字调演化的主要规律总结为：

（1）古全清、次清平声字大部分今归“阴平”；古全浊、次浊平声字今大部分归“阳平”。但也有小部分例外，现将其展示如下：

古全清平声字今读去声的有：坳过经过胜胜任应答应占占卜纵纵横；今读阳平的有：堤肪绥虾虾公。

古次清平声字今读阳平的有：妨魁雌；今读去声的有：撑嵌搓看看守。

古全浊平声字今读阴平的有：跑乎在乎涛茎鲸酣饨佘。

古次浊平声字今读阴平的有：危毛研拿聋庸悠捞蚊捐；今读去声的有：猫愉任。

（2）古上声字的分化情况较为复杂：非全浊的古上声字今主要归“上声”，但有较大一部分（36.8%）的古次浊上声字今归“阴平”，符合客家话的声调特点；古全浊上声字今主要归“去声”，符合“（全）浊上归去”的规律。现将小部分例外字展示如下：

古全清上声字今读阴平的有：委估拥匪橄坞殴怂几茶几鲜朝鲜；今读去声的有：喊嘴贿埂散松散，鞋带散了扫扫地尽尽量懊；今读入声的有：腑玺只只有。

古次清上声字今读阴平的有：普悄企颗慷浦侈；今读阳平的有：吵傀龈。

古全浊上声字今读阴平的有：坐社近弟柱淡旱舅很技；今读上声的有：跪挺腐甚缓艇辅蟹窘斧被。

古次浊上声字今读阴平的有：野晚有以母尾免暖软吕；今读去声的有：染愈蚁诱累积累；今读阳平的有：唯靡篓汝。

（3）古去声字无论清浊，今主要仍读去声。其今读类型除去声外主要如下：

古全清去声字今读上声的有：建况据按顿振臂震较迅；今读阴平的有：亚爸稍综间经思双系系鞋带输。

古次清去声字今读去声的有：勘糙听亲；今读上声的有：访态统慨。

古全浊去声字今读上声的有：导具效捕械竞溃翡系关系系联系；今读阳平的有：饲售遂薯署耙弹行驮刨。

古次浊去声字今读上声的有：玩议泳谊伪孕咏纬缆饵；今读阳平的有：辆疗痢馏酽离宁。

（4）古全清、次清入声字今主要读“阴入”，古全浊、次浊入声字今主要读“阳入”。现将小部分例外字展示如下：

古全清入声字今读去声的有：亿蟀率率领。

古次清入声字今读去声的有：酷剔栅獭错错杂。

古全浊入声字今读阳平的有：仆雹。

古次浊入声字今读去声的有：穆觅烙捺溺。

参考文献

［1］白涤洲．关中声调实验录［M］．上海：中央研究院历史语言研究所，1934．
［2］高然．广东丰顺客方言的分布及其音韵特征［C］//李如龙，周日健．客家方言研究：第二届客方言研讨会论文集．广州：暨南大学出版社，1998．
［3］黄晓煜．客家方言嘉应小片语音研究［D］．广州：暨南大学，2018．
［4］黄雪贞．客家方言声调的特点［J］．方言，1988（4）．
［5］黄雪贞．客家方言声调的特点续论［J］．方言，1989（2）．
［6］黄雪贞．客家方言古入声字的分化条件［J］．方言，1997（4）．
［7］李菲．梅州客家方言语音的地理语言学研究［D］．广州：暨南大学，2018．
［8］李菲．客家方言声调调类地理分布的总体格局［M］//甘于恩．南方语言学：第十七辑．广州：世界图书出版广东有限公司，2021．
［9］李荣．汉语方言的分区［J］．方言，1989（4）．
［10］李如龙．论汉语方言语音的演变［J］．语言研究，1999（1）．
［11］刘复．四声实验录［M］．上海：群益书社，1924．
［12］刘涛．梅州客话音韵比较研究［D］．广州：暨南大学，2003．
［13］刘新中．汉语方言单字调现有入声的调型［M］//刘新中．南方语言学：第十八辑．广州：世界图书出版广东有限公司，2021．
［14］刘新中，曾玲．汉语方言声调古今对照与共时分布的研究方法：基于字音系统实验研究工具［J］．中国语音学报，2020（2）．
［15］彭志峰，李菲．40年来客家方言研究述评：基于CNKI文献数据的计量分析［M］//刘新中．南方语言学：第二十辑．广州：世界图书出版广东有限公司，2022．
［16］邱春安．近三十多年客家方言研究述评［J］．韶关学院学报，2015，36（3）．
［17］石锋．实验音系学与汉语语音分析［J］．南开语言学刊，2006（2）．
［18］温昌衍．客家方言［M］．广州：华南理工大学出版社，2006．
［19］谢留文．客家方言语音研究［M］．北京：中国社会科学出版社，2003．
［20］颜森．客家话的三个标准［J］．江西师范大学学报（哲学社会科学版），2002，35（3）．
［21］曾玲，余俊毅，刘新中．基于系统声学实验的赣语遂川话声调研究［J］．中国语音学报，2022（1）．
［22］中国社会科学院语言研究所，中国社会科学院民族学与人类学研究所，香港城市大学语言资讯科学研究中心．中国语言地图集［M］．2版．北京：商务印书馆，2012．
［23］庄初升．广东省客家方言的界定、划分及相关问题［J］．东方语言学，2008（2）．

A Study on the Tones of Hakka Dialect in Fengliang of Fengshu Based on Systematic Aconstic Data

LIU Ruonan

【Abstract】 This paper makes a systematic investigation on the tones of the Fengliang Hakka dialect, summarizes its monosyllabic tone system and analyzes the evolution of its tone in ancient and modern times with the help of the Chinese dialect word tone series scripting tool developed by Xiong Ziyu. According to the data of this experiment, 7.4% of the ping tone with the semi-voiced initials in Fengliang dialect are now pronounced as yinping; The shang tone with the voiced initials now mainly pronounced as qu tone, which accords with the law of phonetic evolution. Furthermore, there are 14.4% of the shang tone pronounced as yinping, 11.5% pronounced as shang tone; 57% of the shang tone with the semi-voiced initials retained in the shang tone, up to 36.8% were pronounced as yinping.

【Keywords】 Hakka dialect, Fengliang dialect, acoustic data, tone of Chinese character, reading of ancient tones

江西安远客家方言单字调声学实验研究[①]

叶源辉[②]

（四川大学文学与新闻学院　四川成都　610064）

【提　要】本文采用实验语音学的方法对江西安远客家方言声调的调值和调长进行了描写。实验通过 Lz-score 方法对原始基频数据进行了标准化处理，并根据五度标调法原则得出安远方言 5 个调类的调值：阴平 34、阳平 23、上声 31、阴去 51、阳去 44，此外，通过对声调绝对时长和相对时长的分析得出安远方言 5 个调类的调长关系：上声 > 阳平 > 阴平 > 阴去 > 阳去。

【关键词】安远客家方言　声调　实验语音学　调值　调长

一、引言

安远县位于江西省赣州市东南部，东毗会昌县、寻乌县，南邻定南县，西连信丰县，北接赣县和于都县。《中国语言地图集》（2012）将安远方言归入客家方言于信片。全县管辖 8 个镇、10 个乡，不同乡镇之间口音存在差异，通常根据地理位置分成三小片：南片话分布在凤山乡、镇岗乡、三百山镇、孔田镇和鹤子镇；中片话分布在欣山镇、版石镇、车头镇、新龙乡、高云山乡及蔡坊乡南部、天心镇崇坑村；北片话分布在天心镇、塘村乡、浮槎乡、双芫乡、龙布镇、长沙乡、重石乡及蔡坊乡北部。

以往涉及安远方言声调的文献资料不少，如《安远县志》（1993，2011）、刘纶鑫（1999，2001）、钟慧琳（2011）、欧阳美婷等（2016）、中国语言资源保护工程采录展示平台[③]、谢晶垚（2022）对欣山镇方言的声调做过描写；《安远县志》（2011）对孔

① 基金项目：国家社会科学基金一般项目“湘西南地区湘、赣方言语法的深度描写与接触、比较研究”（编号：21BYY010）。

② 叶源辉（1998—　），男，汉族，江西赣州人，硕士，研究方向为汉语方言。

③ 具体网址为 https：//zhongguoyuyan. cn/point/18353。

田镇方言的声调做过描写；蔡芳（2015）对鹤子镇方言的声调做过描写。各家对于调类的描写不存在分歧，都是分成阴平、阳平、上声、阴去、阳去5类，但对于各调类的调值描写存在一定差异。以往对安远方言声调的描写多采用传统“听音笔录”的方法，容易产生调值记录不同的结果，并且，以往缺少对安远方言声调调长的描写。因此，本文将运用实验语音学的方法对安远方言声调的调值和调长进行研究，以期与传统的“口耳之学”互为补充。

二、实验说明

（一）实验例字

我们主要从前期调查的同音字汇中选取本次实验的例字。为了在语图上更容易辨认和切分声母和韵母的界限，实验字表的例字声母尽量选择清不送气塞音 p、t、k 和零声母，韵母主要选择单元音，如 a、u、i。同时，据 Lehiste（1970）研究，在其他条件相同的情况下，高元音的基频一般比低元音的基频高，高元音的时长一般比低元音的时长长。为了避免元音对基频和时长造成影响，我们对各个调类例字的韵母也进行了控制，最终确定了以下例字（见表1）：

表1　安远方言声调调查例字

声韵母调类	pa	ka	tu	ku	ti	i
阴平（T1）	疤	加	都	姑	癫	医
阳平（T2）	爸	嘎	独	咰	迪	移
上声（T3）	把	假	赌	古	点	雨
阴去（T4）	霸	价	度	故	店	意
阳去（T5）	百	隔	搁	谷	六	芋

（二）发音人

本文作者，1998 年出生，安远县天心镇天心村人，会说普通话，2018 年上大学之前的语言环境几乎完全是安远话，读大学后寒暑假在家均使用安远话，至今仍能熟练流利地说安远话。

（三）录音采集

录音时间是2023年7月，录音环境安静。使用Audacity软件进行录音，采样率为44 100Hz，单声道，采样精度为16位。每个例字读4遍，每遍间隔2~3秒，同一调类的所有例字都保存在一个录音文件里，并以Windows PCM（*.wav）文件格式进行存储。录音样本经同乡确认，为本地自然发音，符合此次实验要求，后通过Praat软件对5个录音文件进行切分，得到120个录音样本。

（四）实验数据处理

声调段的确定我们主要参考朱晓农（2010）提出的标准和原则。声调的起点从韵腹（元音）的起点算起，在语图上从元音的第二个声门脉冲算起。声调的终点可以参考波形图和频谱图，具体包括：①波形图中振幅显著下降；②宽带图中第二共振峰结构模糊；升调和降调有各自的辅助标准，升调的终点定在窄带图的基频峰点处，降调的终点定在宽带图上基频直条有规律成比例的间隔结束处。测量标准前后保持一致。

综合波形图、PitchTier音高曲线图、宽带语图以及窄带语图，并结合自身听感，在Praat上对切分好的单字调样本进行声调段的标注。之后在Praat上运行熊子瑜研发的汉语方言字音系列脚本工具将声调段按照时长分成十等份，得到1、2、3、4、5、6、7、8、9、10十个采样点的基频值数据。最后，利用Microsoft Office Excel 2019对实验数据进行统计分析，绘制声学图表。

三、调值研究

（一）基频数据的标准化分析

归一化能够滤掉个人特性，消减录音时发音风格的差异，从而获得具有语言学意义的信息。关于归一化的方法有很多，我们这里采取朱晓农设计的对数Lz-score（LZ）方法进行数据的标准化处理，计算公式为：

$$z_i' = \frac{y_i - m_y}{s_y} = \frac{\log_{10}x_i - \frac{1}{n}\sum_{i=1}^{n}\log_{10}x_i}{\sqrt{\frac{1}{n-1}\sum_{i=1}^{n}\left(\log_{10}x_i - \frac{1}{n}\sum_{i=1}^{n}\log_{10}x_i\right)^2}}$$

其中，x_i是声调所有例字在各个采样点的基频值，$y_i = \log_{10} x_i$，所以 y_i是基频值的对数值，m_y和 s_y分别是 y_i（i = 1，2，……n）的算术平均值和标准差，因此，m_y就是基频值的对数几何均值。

首先，我们求出各个调类所有读例在各采样点上的基频平均值和标准差，见表2。

表2　基频平均值（Hz）和标准差

调类	采样点										
	1	2	3	4	5	6	7	8	9	10	*n*
阴平（T1）	114	115	117	118	119	121	123	125	128	131	24
标准差	5	5	6	6	6	6	7	7	7	7	24
阳平（T2）	96	98	99	101	103	106	108	111	115	118	24
标准差	2	2	2	3	3	3	3	3	3	3	24
上声（T3）	113	107	104	102	99	96	94	91	89	88	24
标准差	6	3	2	2	1	1	2	2	2	1	24
阴去（T4）	144	139	135	131	125	117	108	101	96	92	24
标准差	7	6	6	5	5	5	4	3	3	2	24
阳去（T5）	122	123	123	123	123	123	123	122	122	122	24
标准差	5	5	5	5	5	5	5	5	5	5	24

注：表中基频平均值和标准差为四舍五入取整后的数据，*n* 为样本个数。

根据以上数据，利用 Excel 作图工具绘制安远方言单字调基频曲线图，如图1所示：

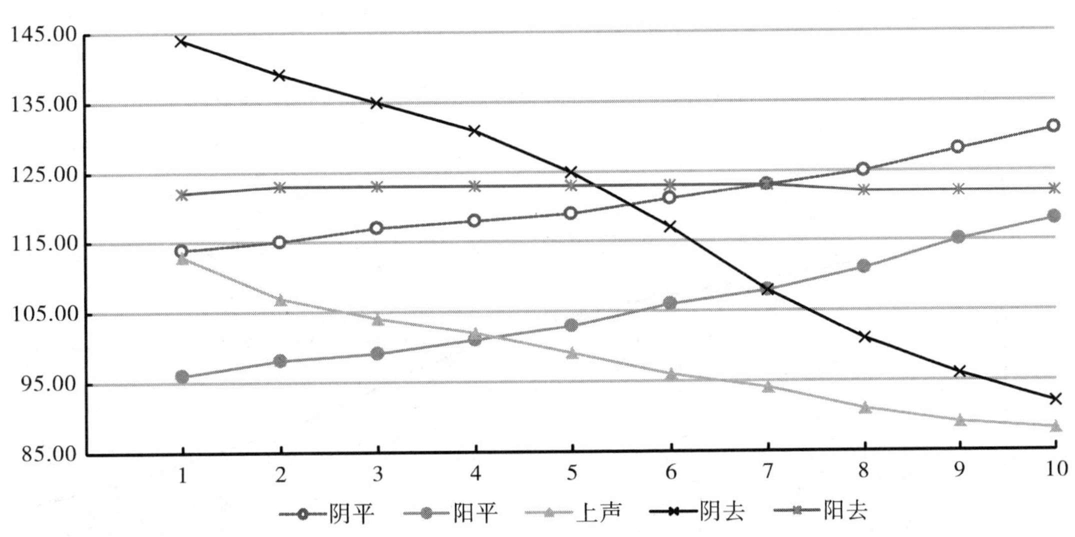

图1　安远方言单字调基频曲线图

结合表2和图1，可以作出以下分析：

阴平调第1个采样点至第10个采样点呈现上升趋势，最小值为114Hz，最大值为

131Hz，前后相差 17Hz。从调型上看，呈现为“升”的特征，属于中升调。

阳平调第 1 个采样点至第 10 个采样点呈现上升趋势，最小值为 96Hz，最大值为 118Hz，前后相差 22Hz。从调型上看，呈现为“升”的特征，属于低升调。

上声调第 1 个采样点至第 10 个采样点呈现下降趋势，最大值为 113Hz，最小值为 88Hz，前后相差 25Hz。从调型上看，呈现为“降”的特征，属于中降调。

阴去调第 1 个采样点至第 10 个采样点呈现下降趋势，最大值为 144Hz，最小值为 92Hz，前后相差 52Hz。从调型上看，呈现为“降”的特征，属于全降调。

阳去调第 1 个采样点至第 2 个采样点呈现上升趋势，前后相差 1Hz，第 2 个采样点至第 7 个采样点保持水平，第 7 个采样点至第 8 个采样点呈现下降趋势，前后相差 1Hz，第 8 个采样点至第 10 个采样点保持水平。从调型上看，呈现为“平”的特征，属于半高平调。

求 LZ 值时，X_i 以表 2 为准，最终结果保留两位小数，如表 3 所示：

表 3　单字调音高 LZ 值

采样点调类	1	2	3	4	5	6	7	8	9	10
阴平（T1）	0. 11	0. 18	0. 32	0. 39	0. 46	0. 60	0. 73	0. 86	1. 06	1. 24
阳平（T2）	-1. 29	-1. 12	-1. 04	-0. 87	-0. 71	-0. 48	-0. 33	-0. 10	0. 18	0. 39
上声（T3）	0. 04	-0. 40	-0. 63	-0. 79	-1. 04	-1. 29	-1. 46	-1. 72	-1. 90	-1. 99
阴去（T4）	2. 01	1. 73	1. 49	1. 24	0. 86	0. 32	-0. 33	-0. 87	-1. 29	-1. 63
阳去（T5）	0. 66	0. 73	0. 73	0. 73	0. 73	0. 73	0. 73	0. 66	0. 66	0. 66

根据以上数据，利用 Excel 作图工具绘制安远方言单字调音高 LZ 曲线图，如图 2 所示：

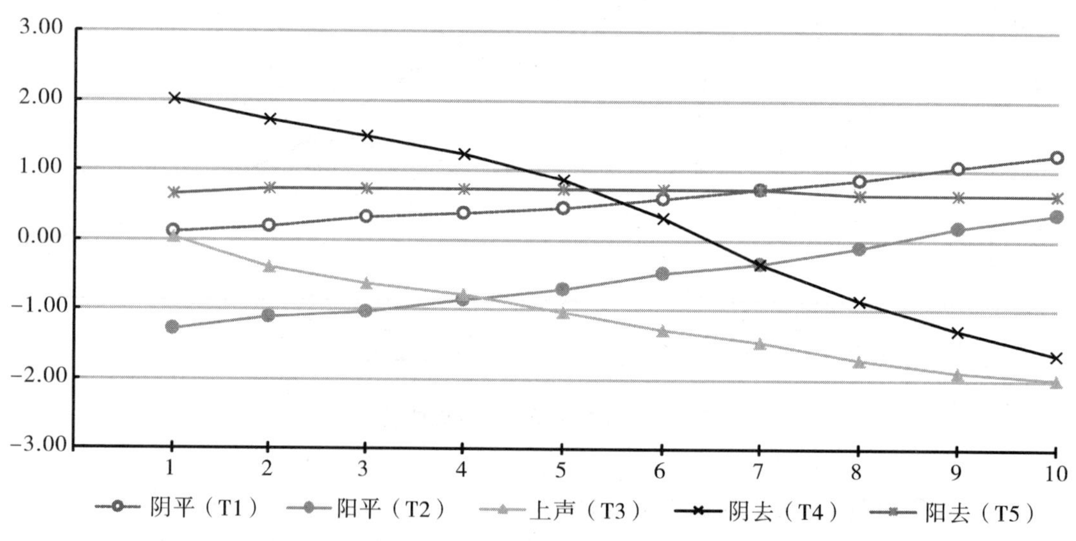

图 2　安远方言单字调音高 LZ 曲线图

（二）调值实验结果与前人结论的对比

根据表 3 和图 2 确定安远方言单音节声调的五度值。从实验分析得出的 LZ 值的分布情况来看，最大值为 2.01，最小值为 -1.99，折合成五度值时可把 LZ ∈ （1.21，2.01）作为 5 度，LZ ∈ （0.41，1.21）作为 4 度，LZ ∈ （-0.39，0.41）作为 3 度，LZ ∈ （-1.19，-0.39）作为 2 度，LZ ∈ （-1.99，-1.19）作为 1 度。为更直观地观察，我们通过图 3 表示。

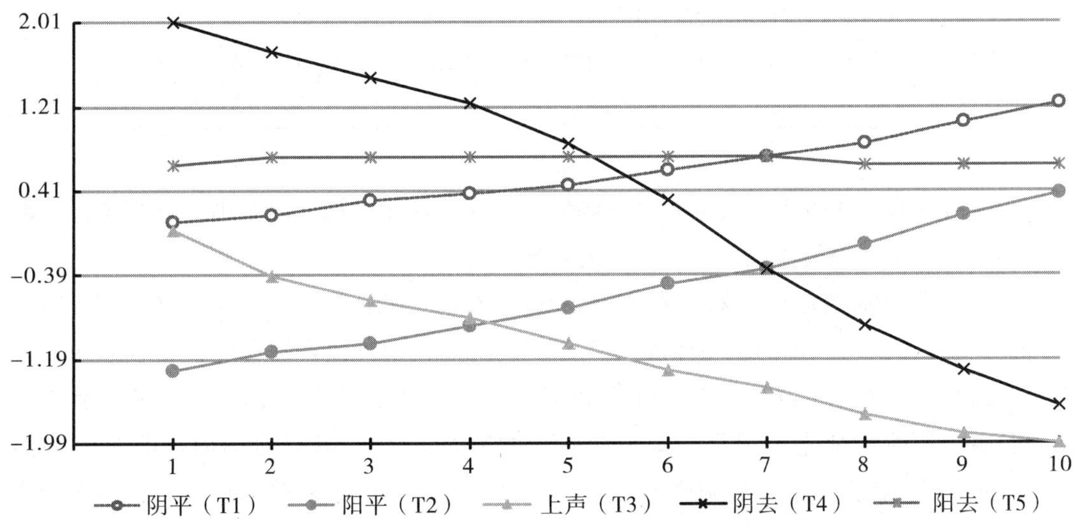

图 3　安远方言单字调音高五度值式 LZ 曲线图

阴平调整体呈上升趋势，第 1 个采样点至第 9 个采样点落在 3 度和 4 度区间内，第 10 个采样点虽然落在 5 度区间内，但范围很小，因此我们将阴平定为 34；阳平调整体呈上升趋势，第 2 个采样点至第 10 个采样点落在 2 度和 3 度区间内，第 1 个采样点虽然落在 1 度区间内，但范围很小，因此我们将阳平定为 23；上声调整体呈下降趋势，第 1 个采样点至第 10 个采样点落在 3 度、2 度和 1 度区间内，因此我们将上声定为 31；阴去调整体呈下降趋势，第 1 个采样点至第 10 个采样点落在 5 度、4 度、3 度、2 度和 1 度区间内，因此我们将上声定为 51；阳去调整体呈水平趋势，第 1 个采样点至第 10 个采样点均落在 4 度区间内，因此我们将阳去定为 44。

据笔者调查及文献搜索，安远县孔田镇、鹤子镇、欣山镇等地与天心镇调类所辖例字虽然不同，但调类一致，且从听感上来说，调值也应相同，因而我们将其放在一起进行比较，结果如表 4 所示：

表 4　五度值对比表

数据来源	调类				
	阴平	阳平	上声	阴去	阳去
《安远县志》（欣山镇、孔田镇）（1993，2011）	44	24	21	53	55
刘纶鑫《客赣方言比较研究》（欣山镇）（1999）	35	24	31	53	55
钟慧琳《安远客家方言重叠式形容词研究》（欣山镇）（2011）	35	24	31	53	55
蔡芳《江西安远县鹤子镇客家话音系》（2015）	45	24	31	53	44
欧阳美婷等《安远方言声母系统中的上古音遗存》（欣山镇）（2016）	34	24	21	51	44
中国语言资源保护工程采录展示平台（欣山镇）	334	325	41	551	45
谢晶垚《安远县欣山镇客家方言语音变异研究》（2022）	445	324	31	53	55
蔡芳《安远（鹤子）方言小称标记的附缀化和主观化》①	34	24	31	51	44
声学实验（天心镇）	34	23	31	51	44

将通过实验方法得出的安远方言声调值与前人结论相对比可以看出，各个调类的调型走势基本相同，但具体调值存在一定的差异：

关于阴平的调型走势，刘纶鑫、钟慧琳、蔡芳、欧阳美婷等的描写体现其“升”的特征，《安远县志》等的描写体现其“平”的特征，中国语言资源保护工程采录展示平台、谢晶垚等的描写既体现其“平”的特征，又体现其“升”的特征，从实验结果来看，阴平调的特征是“升”，未见“平”的特征。关于阴平的调值，即便体现其“升”的特征，各家所描写的调值也不同，如 35、34、45，从实验结果来看，阴平调主要落在 3 度和 4 度区间内，落在 5 度区间内的只是很小一部分，由此来看，34 是最吻合实验结果的。

关于阳平的调型走势，《安远县志》、刘纶鑫、钟慧琳、蔡芳、欧阳美婷等的描写体现其“升”的特征，中国语言资源保护工程采录展示平台、谢晶垚等的描写既体现其“降”的特征，又体现其“升”的特征，从实验结果来看，阳平调的特征是“升”，未见“降”的特征。在调型为“升”这一前提下，以往诸家的调值描写有 24 和 25 两种，从实验结果来看，阳平调落在 2 度和 3 度区间内，尚未落在 4 度和 5 度区间内，由此来看，24 和 25 都与实验结果有所偏差。

关于上声的调型走势，以往诸家的描写都体现其“降”的特征，从实验结果来看，上声调的特征也是“降”。不过，各家描写的调值不同，有 21、31、41 三种，从实验结果来看，上声调落在 3 度、2 度和 1 度区间内，由此来看，31 是最吻合实验结果的。

关于阴去的调型走势，《安远县志》、刘纶鑫、钟慧琳、蔡芳、谢晶垚、欧阳美婷等的描写主要体现其“降”的特征，中国语言资源保护工程采录展示平台等的描写既

① 资料来源于蔡芳博士在第二届汉语方言语法类型比较研究研讨会（2023 年 6 月）上宣读的论文——《安远（鹤子）方言小称标记的附缀化和主观化》。

体现其“降”的特征，又体现其“平”的特征，从实验结果来看，阴去调的特征为“降”，未见“平”的特征。在调型为“降”这一前提下，以往诸家的调值描写有53和51两种，从实验结果来看，阴去调落在5度、4度、3度、2度和1度区间内，由此来看，51是比较吻合实验结果的。

关于阳去的调型走势，《安远县志》、刘纶鑫、钟慧琳、蔡芳、谢晶垚、欧阳美婷等的描写主要体现其“平”的特征，中国语言资源保护工程采录展示平台等的描写既体现其“升”的特征，又体现其“平”的特征，从实验结果来看，阳去调的特征为“平”，未见“升”的特征。在调型为“平”这一前提下，以往诸家的调值描写有55和44两种，从实验结果来看，阳去调未落在5度区间内，由此来看，44是最吻合实验结果的。

（三）实验结果与前人结论差异的原因分析

除了描写手段不同外，实验调值与传统调值存在差异还有可能是以下几个原因导致的：

第一，安远县内新派、中派、老派的发音不同。本文的发音人为25岁的在读学生，属新派，而传统方言调查的一般为中老派发音，因此导致实验结果与传统方言调查结果不一致。

第二，传统方言调查在对声调的描写上有严式和宽式之别。如谢晶垚将阴平调记为445，阳平调记为324属于严式记音，将阴平调记为44，阳平调记为24属于宽式记音，将实验得到的调值与用不同方式所记的调值相对比自然会有所差异。

第三，人际差异。不同的研究者所面对的调查对象不同。不同的对象可能因口音、生理、地理、读字风格（正式、随意、紧张等）等因素的差异导致研究者所描写的调值不同。

四、调长研究

（一）绝对调长分析

本文从Praat中提取出每个样本的声调时长，以毫秒为单位描写声调时长特征，这是每个样本声调的绝对时长。即便是同一调类的同一例字，由于发音方式不同，时长也有可能存在差异，因此我们求出每个调类时长的平均值和标准差，结果如表5所示。在表5数据基础上得到图4。

表 5 绝对调长和标准差

单位：ms

调类	阴平（T1）	阳平（T2）	上声（T3）	阴去（T4）	阳去（T5）
绝对调长	306.86	317.49	336.13	294.28	204.08
标准差	65.04	48.59	37.84	28.25	28.02

注：结果保留两位小数。

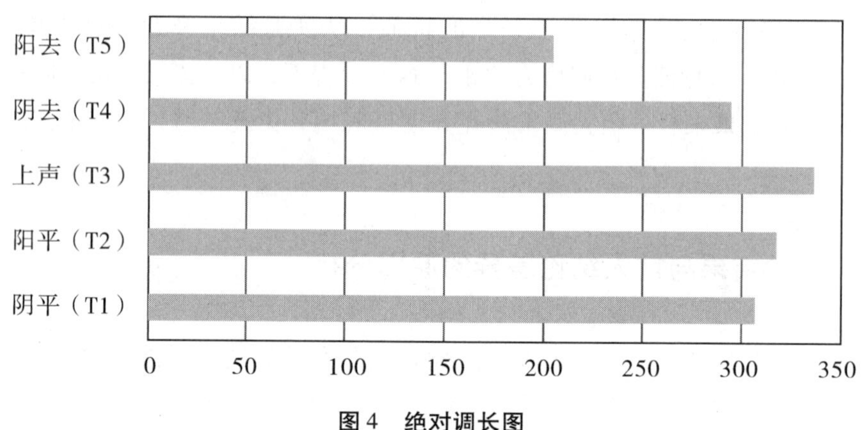

图 4 绝对调长图

绝对调长表明，五类声调中，上声最长，阳平次之，阴平和阴去又次之，阳去最短。最长的上声和最短的阳去在绝对时长上相差约 132.05ms，相差较大。它们之间的关系可表示为：上声 > 阳平 > 阴平 > 阴去 > 阳去。

（二）相对调长分析

虽然各人每次发音的绝对时长都存在差异，但每人各自发音五个声调的时长有个比例，该比例在内部是一致的，因此我们对各个调类的绝对时长作相对化处理，得到相对时长，运用的公式是：

$$ND_i = \frac{D_i}{\frac{1}{n}\sum_{i=1}^{n} D_i}$$

即一种方言中某一调类的标准调长值（ND_i）等于其绝对调长值（D_i）与这种方言中所有调类的算术平均值（$\frac{1}{n}\sum_{i=1}^{n} D_i$）的比值。

通过上面公式计算后得到相对时长，结果如表 6 所示：

表 6　相对调长

调类	阴平（T1）	阳平（T2）	上声（T3）	阴去（T4）	阳去（T5）	平均调（T6）
相对调长	1.05	1.09	1.15	1.01	0.70	1.00

注：结果保留两位小数。

根据以上数据，利用 Excel 作图工具绘制安远方言声调相对调长图，如图 5 所示：

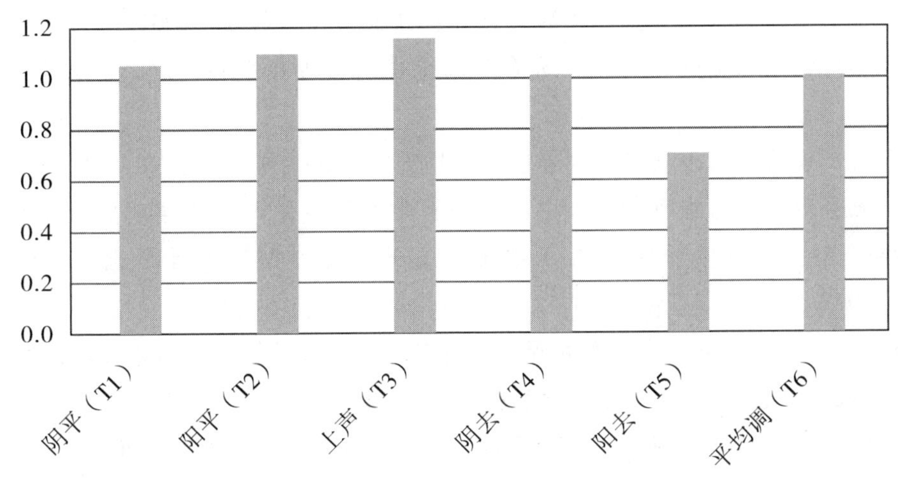

图 5　相对调长图

从表 6、图 5 可知，安远方言中的阴平、阳平、上声和阴去四个声调调长都比平均调长长，只有阳去比平均调长短。上声最长，约为平均调长的 1.2 倍；阳平和阴平次之，约为平均调长的 1.1 倍；阴去稍稍长于平均调长；阳去只有平均调的 7/10 长。

五、结语

本文通过实验的方式从音高和调长两个方面研究了安远方言的单字调。从音高的实验结果来看，阴平、阳平、上声、阴去、阳去五个调类的调型均可以在前人的记录中找到，主要是在调值描写上有较大差异；从调长的实验结果来看，阳去调的绝对时长和相对时长都显著低于阴平、阳平、上声、阴去四个声调，读音上显得急促。

不过，本文尚有一些留待今后通过实验语音学手段进一步探究或验证的问题，如：①安远方言各类调值描写的差异是否由性别、年龄、地域等因素所致？②“上声的时长高于阳平，阳平的时长高于阴平，阴平的时长高于阴去”这一实验结果在更大群体中是否具有普遍性？③《安远县志》（1993，2011）为安远县龙布镇描写的上声（31）被刘纶鑫（1999，2001）、廖海明（2002）划分为上声（21）和阴入（32）两个调类，其划分是否具备音系学意义？还是只具备语音学意义？

参考文献

[1]《安远县志》编纂委员会．安远县志［M］．西安：三秦出版社，2011.

[2] 蔡芳．江西安远县鹤子镇客家话音系［J］．百色学院学报，2015（3）.

[3] 江西安远县志编纂委员会．安远县志［M］．北京：新华出版社，1993.

[4] 廖海明．安远龙布话虚词研究［D］．武汉：华中科技大学，2002.

[5] 刘纶鑫．客赣方言比较研究［M］．北京：中国社会科学出版社，1999.

[6] 刘纶鑫．江西客家方言概况［M］．南昌：江西人民出版社，2001.

[7] 欧阳美婷，欧阳美娴．安远方言声母系统中的上古音遗存［J］．语文学刊，2016（22）.

[8] 谢晶垚．安远县欣山镇客家方言语音变异研究［D］．威海：山东大学，2022.

[9] 中国社会科学院语言研究所，中国社会科学院民族学与人类学研究所，香港城市大学语言资讯科学研究中心．中国语言地图集［M］.2 版．北京：商务印书馆，2012.

[10] 钟慧琳．安远客家方言重叠式形容词研究［D］．桂林：广西师范大学，2011.

[11] 朱晓农．语音学［M］．北京：商务印书馆，2010.

[12] 朱晓农．上海声调实验录［M］.2 版．上海：上海教育出版社，2020.

[13] LEHISTE I. Suprasegmentals［M］. Cambridge：MIT，1970.

An Experimental Study on the Tones in Anyuan Hakka Dialect of Jiangxi Province

YE Yuanhui

【Abstract】 This paper adopts the method of experimental phonetics to study the tones of Anyuan Hakka dialect of Jiangxi province, including pitch and duration. The experiment normalized the raw fundamental frequency data through the method of Lz-score, and the tone values of the five tone categories in Anyuan dialect were identified as follows according to five notations: yinping 34, yangping 23, shangsheng 31, yinqu 51, yangqu 44. In addition, by analyzing the absolute and relative duration of tones, it was found that the duration relationship of the five tone categories in Anyuan dialect is: shangsheng > yangping > yinping > yinqu > yangqu.

【Keywords】 Anyuan Hakka dialect, tone, experimental phonetics, tone pitch, tone duration

基于系统声学实验的武鸣官话声调研究[①]

邓宏丽　刘新中[②]

（暨南大学文学院　广东广州　510632/广西科技师范学院文化与传播学院
广西来宾　546199；
暨南大学汉语方言研究中心　广东广州　510632）

【提　要】本文运用熊子瑜研发的汉语方言字音系列脚本工具，对武鸣官话的声调进行了系统分析，归纳了单字调的共时面貌和历时演变。武鸣官话单字调共6个：阴平33、阳平31、上声45、去声13、阴入55、阳入32。古平、上、去的演变为87%以上的清平读阴平，85%以上的浊平读阳平，84%以上的清上读上声，90%以上的上次浊读上声，79%以上的上全浊读去声，78%以上的古去声读去声。文章重点探讨了古入声的演变，69%以上的古入声读阳平，17%以上的古入声读入声，古入声的白读层读音与粤语相似，文读层与西南官话相似，带有［-p、-t、-k］塞音韵尾的今读入声字音值上与粤语相近。因此推测武鸣官话的今读入声是讲粤语的人学习西南官话时，粤语作为母语底层的保留。

【关键词】武鸣官话　声调演变　入声　底层

一、引言

武鸣区隶属广西壮族自治区南宁市，位于南宁市北部。武鸣官话是武鸣区主要使用的汉语方言，主要分布于城厢镇和平、解放、建设等社区，使用人口3.2万人，为本地通用的方言。在《中国语言地图集》（第2版）的“广西壮族自治区的汉语方言B”

---

① 2022年度国家社会科学基金重点项目“广东粤闽客三大方言语音特征系统分层实验研究”（项目编号：22AYY010）。广东省普通高校人文社会科学重点研究基地（暨南大学汉语方言研究中心）经费支持。广西哲学社会学科学规划研究课题项目“广西西南官话语音声学和感知实验研究”（项目编号：20FYY018）。2021年广西科技师范学院科研平台“桂中文化研究中心”（项目编号：GXKSKYPT2021001）阶段性成果。广西科技师范学院国家语言文字推广基地（项目编号：YWJD20214502）阶段性成果。

② 邓宏丽（1987—　），暨南大学方言学博士，广西科技师范学院讲师，主要研究方向为汉语方言、实验语音学；刘新中（1965—　），教授，暨南大学文学院博士生导师，主要研究方向为汉语方言、实验语音学。

（西南官话图 B2 - 3）中，武鸣官话被划为西南官话桂柳片中的桂南小片。杨玉国（2005）、李连进（2010）、陆淼焱（2016）和中国语言资源保护工程采录展示平台记录了武鸣官话声调的调类和调值（如表 1 所示）。

从表 1 可知，各家对武鸣官话调类数量的记录总体上是一致的，但也存在一些差别，调类名称的差异主要表现在入声调的名称上，杨玉国（2005）将入声调值为［5］的命名为入声高调，李连进（2010）将其命名为入声 B，陆淼焱（2016）将其命名为入声 1；杨玉国（2005）将入声调值为［2］的命名为入声低调，李连进（2010）将其命名为入声 A，陆淼焱将其命名为入声 2。李连进（2010）虽然将入声分为三类，但提到入声 C 实际上不存在，因只有“逃”读此调且此词是借自当地壮语的。中国语言资源保护工程采录展示平台未显示调类名称。入声调的记音上也存在一定的差异，杨玉国（2005）、中国语言资源保护工程采录展示平台只记录了入声的音高域。李连进（2010）、陆淼焱（2016）不但记录了音高域，也记录了调型。上声调值的记录也存在一定的差异，杨玉国（2005）记录为［54］，李连进（2010）和陆淼焱（2016）记录为［55］，中国语言资源保护工程采录展示平台记为［45］，但共性是均为高调。

汉语方言字音系列脚本工具是熊子瑜基于 Praat 软件研发的一套系统观察、提取、分析语音声学数据的脚本工具，该系统能够全面观察、梳理汉语方言语音特征的演变和共时研究（刘新中、曾玲，2020）。为了更加清楚认识武鸣官话声调的实际面貌，本文借助该工具对武鸣官话声调的共时分布和历时演变进行考察。

表 1　前人研究的武鸣官话声调系统

文献来源	阴平	阳平	上声	去声	入声 1	入声 2
杨玉国（2005）	33	21	54	24	5	3
李连进（2010）	33	21	55	24	55	22
陆淼焱（2016）	33	21	55	24	55	21
中国语言资源保护工程采录展示平台	33	31	45	24	5	2

二、实验设计

（一）实验材料与发音人

为证明声调演变规律的准确性，两位发音人采用不同的录音字表，验证在以字表为实验变量的情况下两位发音人的数据所体现的规律是否一致。因此本次实验的字表主要依据“武鸣官话音节全表”与“方言调查字表”编制。“武鸣官话音节全表”是我们调查武鸣官话时，在同音字汇的基础上整理出的声韵调组合表。这两个调查表在音类和音节分布上基本保持一致，能够涵盖音节层面所有的语音信息，“武鸣官话音节全表”是1 461 个字，“方言调查字表”删除不常用的字后共 3 780 个字。此次调查共采集了老、中、青男女 6 人的录音数据。6 位发音人都是土生土长的武鸣人，青年在外地求学，但口音未受影响，其他发音人未离开过武鸣，发音地道、稳定。

本文数据主要来自两位老年人。男性发音人的录音材料来自“武鸣官话音节全表”，有效录音材料共计 1 395 个，这里要说明的是，武鸣官话中存在今读入声字，其也是本文重点考察的对象，因此我们在“武鸣官话音节全表”的基础上增加了所有古入声字（剔除不常见的），因此古入声字增加了 244 个，共 461 个字，老男的有效录音材料为 1 639 个。女性发音人的录音材料来自“方言调查字表”，有效录音材料共计 3 357 个，两个字表所用到的例字数量分别如表 2 和表 3 所示。

表 2　“武鸣官话音节全表”古调类例字数量及占比

清浊	古平声	古上声	古去声	古入声	合计	百分比
全清	211	143	122	170	646	39%
次清	85	44	66	76	271	17%
全浊	143	50	58	101	352	21%
次浊	118	61	77	114	370	23%
合计	557	298	323	461	1 639	100%
百分比	34%	18%	20%	28%	100%	

表 3　“方言调查字表”古调类例字数量及占比

清浊	古平声	古上声	古去声	古入声	总计	百分比
全清	510	295	320	221	1 346	40%
次清	170	92	125	102	489	15%
全浊	356	133	186	143	818	24%
次浊	282	143	163	116	704	21%
总计	1 318	663	794	582	3 357	100%
百分比	39%	20%	24%	17%	100%	

两份字表虽然音节数量不同，但中古各个调类的比例大体一致，可以反映共时声调与古今声调演变趋势。

（二）实验工具和实验方法

本实验主要使用熊子瑜研发的汉语方言字音系列脚本工具（2018 年版），对武鸣官话声调的古今演变及共时分布进行研究。该工具共有“字音录制”“字音标注”“声学数据分析”“字音数据提取”“字音数据展示”和“字表数据展示”6 个程序。我们根据脚本要求整理好字表，然后按照顺序依次运行脚本，完成对录音数据的采集、标注和提取等一系列操作，最终结果以分类数据和图表的形式呈现。

三、武鸣官话声调的共时面貌与古今对应关系

（一）武鸣官话声调的共时面貌

图 1 为武鸣官话单字调五度值图，左边为男性，右边为女性（下同），纵轴为五度值，横轴为时间，单位为 ms，男性的基频上限为 231. 4Hz，下限为 75. 6Hz，女性的基频上限为 285. 8Hz，下限为 78Hz,。由图 1 可知，武鸣官话男性和女性的单字调格局相同，共 6 个声调，分别为阴平、阳平、上声、去声、阴入、阳入。据统计，古清入、古浊入读阴入的比例相当，同样，古清入和古浊入读阳入的比例也相差不大，这说明武鸣官话的阴入和阳入并不是以声母清浊来分调的，前人对今读入声命名不统一，原因也在于此。相对于浊入来说，清入读 55 的数量多一些，因此将 55 的今读入声命名为阴入，为了便于称述，另外一个入声叫阳入。

从调型上看，2 个样本数据显示的单字调格局基本相同，阴平为平调，男性阴平略微下降，但在一个调域内，女性阴平较平，所以视为平调。上声为一个高调，男性上声微升，调尾稍降，但在一个调域内，视为高平调，女性上声微升，跨两个高调域，整体视为一个舒声高调，但在男女上声调域图中，微升的调型居多。男性去声的调型上升，女性去声为降升调，降的部分比升的部分短很多，可能前降是为了更好地后升，体现了武鸣官话上声调型的不同变体，总的来说为一个升调。

从图 1 可知，入声的时长明显短于舒声调，阴入调是一个明显的高调，微微上扬，但在一个调域内，阳入是一个明显下降的调型，跨了两个调域。关于入声调型的记录，刘新中（2021）认为记录完整、清晰的入声调调型，能够为词调、连读调的研究打好基础，也能更好地进一步分析入声。

因此综合上面的分析，可将武鸣官话单字调格局归纳为阴平 33、阳平 31、上声 45、去声 13、阴入 55、阳入 32。

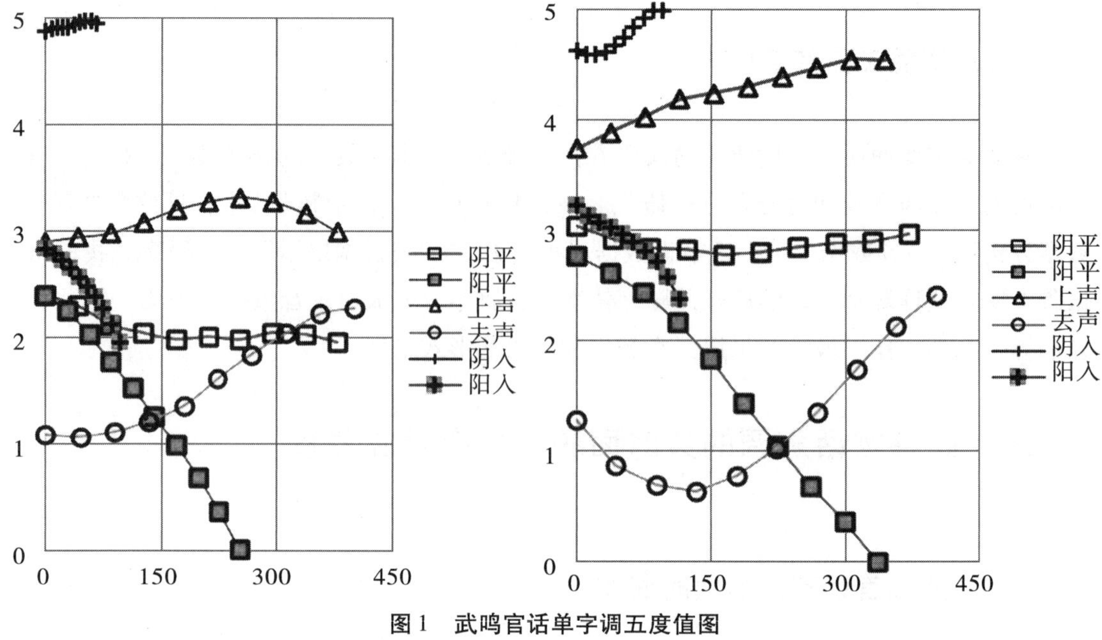

图1　武鸣官话单字调五度值图

（二）武鸣官话声调的古调今读情况

1. 武鸣官话古平、上、去今读情况

因古入声分化较为复杂，我们将古入声与古平、上、去分开讨论。图 2 至图 4 为武鸣官话古平、上、去的音高曲线图，图中纵坐标为音高值，单位为 Hz，横坐标为时间，单位为 ms。

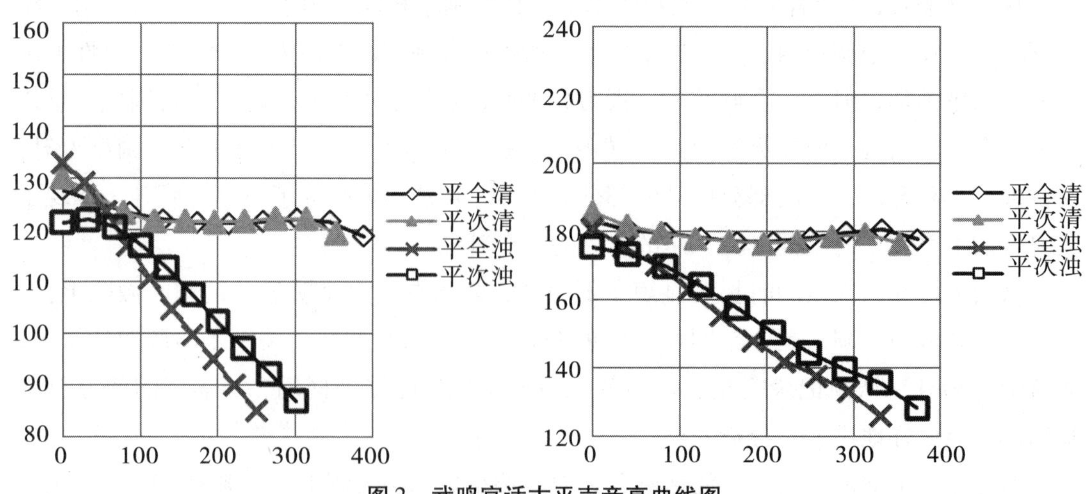

图2　武鸣官话古平声音高曲线图

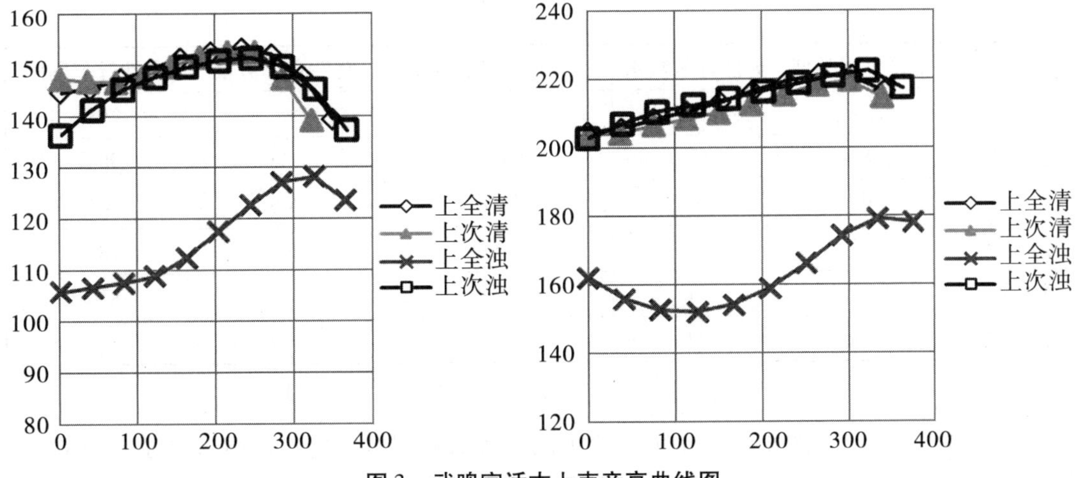

图3 武鸣官话古上声音高曲线图

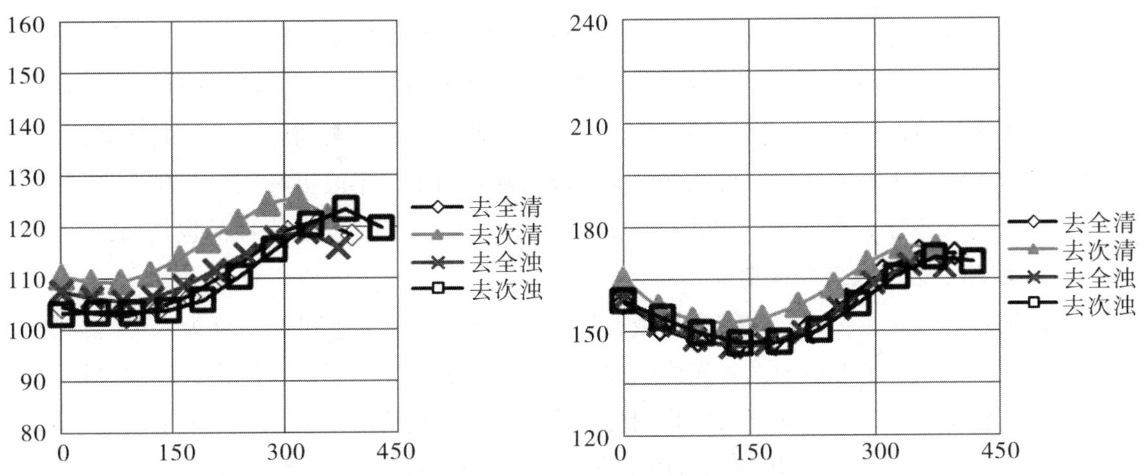

图4 武鸣官话古去声音高曲线图

表4是武鸣官话古平、上、去的今读情况，表中的百分比数据为古平、上、去分化成今调的比例。

表4 武鸣官话古平、上、去的今读情况

古调	最主要今读类型	男性音节数量	男性音节比例	女性音节数量	女性音节比例
平全清	阴平	211	93%	469	91%
平次清	阴平	79	91%	140	87%
平全浊	阳平	137	90%	329	92%
平次浊	阳平	109	92%	243	85%
上全清	上声	135	91%	246	87%
上次清	上声	41	89%	71	84%

（续上表）

古调	最主要今读类型	男性音节数量	男性音节比例	女性音节数量	女性音节比例
上全浊	去声	44	85%	97	79%
上次浊	上声	60	98%	128	90%
去全清	去声	115	88%	265	84%
去次清	去声	56	80%	91	78%
去全浊	去声	51	82%	149	81%
去次浊	去声	73	91%	137	83%

通过图 2、图 3、图 4 和表 4 可观察出武鸣官话的调类分化与古声母清浊的关系：

（1）古平声字，今主要分为两类，平全清和平次清是中平调型，归为一类，今读为阴平；平全浊和平次浊为下降调型，归为一类，今读阳平。

（2）古上声字，今主要分为两类，上全清、上次清、上次浊的调型基本一致，归为一类，今读为上声，男性上声的调型整体上升，但调尾微降，女性上声的调型上升，男性的上声调域比女性低。男性的古全浊上声为升调，女性的为前降后升的曲折调，但降的部分远远短于升的部分，可能前面小半段的降是为了后半段更好地往上升。

（3）古去声字，今归为一类，男性的调型与古全浊上声一致，女性的也是如此。

2. 武鸣官话古入声今读情况

武鸣官话古入声字的分化较为复杂，且有文白异读。从表 5 可知，读为入声的词是最常用的口语词，笔者也向发音人确认过，入声读法更常说。因此我们将入声读法作为白读层，将阳平读法作为文读层。我们统计了白读层出现的入声字。男性单字调中今读入声字有 87 个，在白读层出现的入声字有 38 个，共计 125 个。女性单字调中今读入声字有 45 个，在白读层出现的入声字有 54 个，共计 99 个。男性的今读阴入字有 5 个，分别为“撮、卿、卒、粥、屐”，其中“撮”［tsɐp^{5}］与阳入的“眨”［tsɐp$^{\underline{31}}$］对立，“粥”［tsuk^{5}］与“竹”［tsuk$^{\underline{31}}$］对立。女性的今读阴入字共 5 个，分别为“撮、鳔、粥、汁、屐”，其中“汁”［tsɐp^{5}］、“撮”［tsɐp^{5}］与阳入的“眨”［tsɐp$^{\underline{31}}$］对立，“粥”［tsuk^{5}］与“竹”［tsuk$^{\underline{31}}$］对立。

表 5　武鸣官话古入声文白读表

节$_{\text{山开四屑}}$		日$_{\text{臻开三质}}$		直$_{\text{曾开三职}}$		勒$_{\text{曾开一德}}$		格$_{\text{梗开二陌}}$	
白读	文读	白读	文读	白读	文读	白读	文读	白读	文读
tset$^{\underline{31}}$ ~气	tse$^{\underline{31}}$ ~日	生 ~ it$^{\underline{31}}$	i^{31} ~期	伸 ~ tsik$^{\underline{31}}$	tsi^{31} ~接	lɐk$^{\underline{31}}$ ~紧	lə^{31} ~索	kɐk$^{\underline{31}}$ ~子	及 ~ kə$^{\underline{31}}$
惜$_{\text{梗开三昔}}$		独$_{\text{通合一屋}}$		烛$_{\text{通合三烛}}$		福$_{\text{通合三屋}}$		熟$_{\text{通合三屋}}$	
白读	文读	白读	文读	白读	文读	白读	文读	白读	文读
可 ~ sik$^{\underline{31}}$	珍 ~ si^{31}	单 ~ tuk$^{\underline{31}}$	tu^{31} ~特	蜡 ~ tsuk$^{\underline{31}}$	tsu$^{\underline{31}}$ ~光	享 ~ fuk$^{\underline{31}}$	幸 ~ fu$^{\underline{31}}$	生 ~ suk$^{\underline{31}}$	su$^{\underline{31}}$ ~悉

表6为古入声今读情况表，表中的百分比数据为古入声分化成今调的比例，文白异读的情况按两种读法纳入统计之内，如“节气”的“节”读［$tset^{31}$］，算入阳入，“节日”的“节”读［tse^{31}］，算入阳平。从表6可知，武鸣官话的入全清、入次清、入全浊和入次浊主要读阳平，少部分读入声，个别字读阴平、上声和去声。

表6　古入声今读情况

古入声	性别	阴平	阳平	上声	去声	阴入	阳入
入全清	男	3%	70%	1%	2%	2%	22%
	女	3%	76%	2%	2%	1%	15%
入次清	男	4%	61%	0%	2%	1%	32%
	女	2%	74%	0%	5%	1%	20%
入全浊	男	0%	73%	0%	5%	1%	22%
	女	0%	76%	0%	7%	1%	15%
入次浊	男	2%	68%	0%	5%	0%	24%
	女	1%	69%	0%	8%	0%	20%

根据以上关于武鸣官话古音演变的数据和图表，我们对武鸣官话古今声调演变的全貌有了基本了解，可以概括出古调的演变规律：平分阴阳，浊上归去，大部分古入声读阳平，少部分古入声读入声。

四、讨论

武鸣官话古平、上、去的分化符合官话声调演变的类型，四声调值与杨焕典《桂林语音》中所记录的桂林话的调值（阴平33、阳平21、上声54、去声214）非常接近，男性69%的古入声读阳平，女性74%的古入声读阳平，因此符合西南官话古入声基本读阳平的演化趋势，但少部分古入声字今读入声，且带有塞音韵尾［-p、-t、-k］的入声调，这是不同于官话的特征，也是引起武鸣官话归属问题的主要原因。《中国语言地图集》（第2版）的“官话之十二”（西南官话图B1－12）中未将武鸣官话划入西南官话桂柳片，但在“广西壮族自治区的汉语方言B”（西南官话图B2－3）中将武鸣官话划入西南官话桂柳片的桂南小片。

为了确定武鸣官话的“身份”，笔者将武鸣官话的13条语音特征与周围的粤语——南宁白话（林亦、覃凤余，2008，以下简称白话）、横塘话（李若男，2013）、亭子话（李连进，2000）、柳州话（刘村汉，1995）、桂林话（杨焕典，1964）进行了比较。

武鸣官话具有以下特征：①全浊声母平送仄不送，如桃［t^hau^{31}］、弟［ti^{213}］；

②古微、日母字不读鼻音声母，如晚［uan^{45}］、热［iet$^{\underline{31}}$］；③上次浊归上，上全浊归去，如眼［ien^{45}］、舅［kiu^{213}］；④从邪两分，如从［tsoŋ^{213}］、松［ɬoŋ^{33}］；⑤去声不分阴阳（非粤语特征），如盖［kai^{213}］= 械［kai^{213}］；⑥古入声字基本归阳平，少部分读入声，在分化过程中，并不以清浊分调，更多的是不论清浊归为一个调，如白［pə^{31}］、甲［kia^{31}］，以上特征与西南官话高度相同，武鸣官话带有非粤语（包括白话和平话）特征；⑦舌尖元音，如师［sɿ^{33}］，同时具备桂柳话和粤语的共同特征；⑧不分平翘，如招 = 糟［tsau^{33}］；⑨尖团分明，如酒［tsiu^{45}］≠九［kiu^{45}］；⑩泥来两分，如南［nan^{31}］≠蓝［lan^{31}］。不过其也有粤语特征：①带有［-m、-p、-t、-k］韵尾，如谂［nɐm^{45}］、叶［iet$^{\underline{43}}$］；②有边擦音，如三［ɬan^{33}］；③两字组连调不变调，如社会［se^{213}huɐi^{213}］。因此我们认为武鸣官话是带点“粤味儿”的西南官话，是非典型的西南官话，属于桂柳片的桂南小片。

武鸣官话属于西南官话，但带有［-p、-t、-k］塞音韵尾的入声来源于哪里，性质如何呢？杨玉国（2005）认为武鸣官话入声字源自原有的结构体系。李连进（2010）认为是从横塘话借用而来的，陆森焱（2016）认为是随粤语借词进来的。

笔者查阅了记录广西官话的相关材料，刘村汉（1995）、谢建猷（2007）等学者认为广西官话最早是随着明代军事移民进入广西的。这点移民材料可以证实。笔者查阅了《明史》《明太祖实录》和相关地方志等材料，同时结合目前学界对广西卫所的研究情况，统计出当时广西卫所军人及家属至少约26万人。不过范玉春（1998）提到“到了明代中期，军事移民的数量应在35万左右”。《南宁府志》记载：明代的时候，南宁城里的居民以说平话为主，只是官府通行官话。从移民材料和学者的观点来看，可推测明代广西官府通行的官话是明代军事移民带来的。曾晓渝（2021）多方面论证了明代权威通用的官话（口语雅音）只有入声调，没有入声韵了。目前官话方言中没有带［-p、-t、-k］塞音韵尾的入声韵，江淮官话有喉塞尾，除了我们正在分析的西南官话的桂南小片有［-p、-t、-k］入声韵，西南官话中的方言点有入声调，但没有［-p、-t、-k］入声韵。因此我们认为武鸣官话的今读入声字不是源自官话原有的结构体系。

武鸣官话带有［-p、-t、-k］韵尾的入声字，与白话和平话相同，武鸣官话又属于西南官话，武鸣壮话是当地强势的少数民族语言，因此我们将武鸣官话今读入声字与白话、横塘话、亭子话、桂林话、柳州话、清代道光至咸丰年间形成于南宁的邕剧语言——戏棚官话（西南官话）（以下简称戏棚话）（洪珏，2010）、昆明话（毛玉玲，1997）、武汉话（刘兴策、赵葵欣，1997）、成都话（崔荣昌，1997）、贵阳话（李蓝，1997）、武鸣壮话（中国语言资源保护工程采录展示平台）等语言进行了比较。在此需说明的是在与武鸣壮话比较时，我们是根据武鸣官话中的字的意思先找到相应的武鸣壮话的词或语素，再找出相应的读音（如附表1所示）。

由于篇幅限制，附表1只列出了部分今读入声字，不过这些字涵盖了今读入声调和入声韵，以及古摄来源。表中部分字存在文白异读的情况，“/”前表示白读，“/”后表示文读。表中的"—"表示未找到对应字的读音。通过比较发现：

（1）今读入声的字阳入基本对应南宁白话的上阴入、下阴入和阳入，大部分对应横塘话的上阴入，少部分对应横塘话的阳入，大部分对应亭子话的下阴入，上阳入和下阳入对应西南官话的阳平。由于其在武鸣壮话中部分涉及多音节，不便统计。

（2）从今读入声韵来看，武鸣官话的入声韵大体与白话、横塘话、亭子话相同或相近。入声韵的主元音与西南官话相同或相近，整体上与武鸣壮话相差较大。

（3）从入声韵的来源看，武鸣官话韵尾［-k］主要来自曾梗宕江通，与白话和亭子话相同，因横塘话梗摄三四等韵的塞音韵尾收［-t］，这点与武鸣官话不同。［-t］主要来自山臻咸深，山臻摄的入声韵大体与白话、横塘话、亭子话相同或相近。"鼻"的中古地位为"并至开三去止"，但韵尾为［-t］，与横塘话和亭子话相同，林宝卿（1986）提到"鼻"字在上古时为入声字，到了中古演变为去入两读，既保留了古入声的读法，也有去声一读。《切韵》一系的韵书漏收了入声一读，所以查询中古音时，只有一个去声的中古地位，但在不少汉语南方方言中读入声，比如南昌话读［phit］（入声），厦门话读［pit］（入声）等。白话、横塘话和亭子话的咸深摄依然读［-p］尾，与武鸣官话不同，但不难发现具有一定的对应关系。男性［-p］尾字仅有3个，"眨"，"一小撮中"的"撮"，"湿漉漉"的"漉"；女性［-p］尾辖字4个，"眨"，"撮"，"果汁"的"汁"，"鱼鳔"的"鳔"。"撮"读音与横塘话、亭子话相同；"眨"与白话、横塘话［ap］对应，"汁"与白话、横塘话、亭子话相同；"漉"在其他方言中未记录读音；效摄"鳔"读音为［pɐp^{55}］，与武鸣壮话"鱼泡"［pøːp^{35} pla^{24}］中"泡"的读音［pøːp^{35}］相近：声母和韵尾相同，声调都为短促调。

（4）从文白异读来看，武鸣官话白读层的入声整体上与武鸣壮话相差较大，与粤语较为接近，因此可推测白读层的入声可能受粤语影响，文读层的阳平与西南官话对应，且韵母读音相同或相近，尤其与戏棚话调类相同、韵母几乎相同，可推测文读层的阳平可能受西南官话，尤其是戏棚话的影响，西南官话中个别字也有文白异读，但主要是声母或者韵母的不同。一般来说，白读层来自方言本身，文读层则来自权威的官话。

武鸣官话今读入声字，白读层的词汇都是口语中最常用的，今读入声在调类和韵母上与粤语呈音类上的对应，且音值相同或相近。因此推测武鸣官话今读入声是讲粤语的人学习西南官话时，因母语方言干扰而带入的特点，即粤语的入声字在武鸣官话留下的痕迹，即所谓的"底层"（覃远雄，2021）。上述观点也可从发音人的祖籍进行印证，老女、中女发音人的家族是清代由广东南海迁入而来，中男家族是清代由广东肇庆迁入而来，青女是从广西藤县迁入而来，6位发音人中有4位发音人的祖籍来自粤语区。

五、结语

本文利用实验语音学的方法对武鸣官话声调的共时面貌和历时演变进行了梳理，重点讨论了武鸣官话今读入声的性质及来源。整体来看，武鸣官话的声调格局和演变趋势基本符合西南官话的特征，今读入声是讲粤语的人学习西南官话时，母语底层的保留。不过声母和韵母情况如何，有待进一步考察。

参考文献

[1] 范玉春．明代广西的军事移民［J］．中国边疆史地研究，1998（2）．

[2] 洪珏．邕剧戏棚官话语音系统［J］．桂林师范高等专科学校学报，2010（1）．

[3] 李蓝．贵阳话音档［M］．上海：上海教育出版社，1997．

[4] 李连进．平话音韵研究［M］．南宁：广西人民出版社，2000．

[5] 李连进．广西武鸣官话的入声性质及成因［J］．民族语文，2010（2）．

[6] 李若男．南宁市横塘平话研究［D］．南宁：广西大学，2013．

[7] 林宝卿．“鼻”字音义演变探源［J］．厦门大学学报（哲学社会科学版），1986（1）．

[8] 林亦，覃凤余．广西南宁白话研究［M］．桂林：广西师范大学出版社，2008．

[9] 刘村汉．柳州方言词典［M］．南京：江苏教育出版社，1995．

[10] 刘新中．汉语方言单字调现有入声的调型［J］．南方语言学，2021（2）．

[11] 刘新中，曾玲．汉语方言声调古今对照与共时分布的研究方法：基于字音系统实验研究工具［J］．中国语音学报，2020（2）．

[12] 刘兴策，赵葵欣．武汉话音档［M］．上海：上海教育出版社，1997．

[13] 崔荣昌．成都话音档［M］．上海：上海教育出版社，1997．

[14] 陆淼焱．武鸣县城官话语音词汇研究［M］．桂林：广西师范大学出版社，2016．

[15] 毛玉玲．昆明话音档［M］．上海：上海教育出版社，1997．

[16] 谢建猷．广西汉语方言研究［M］．南宁：广西人民出版社，2007．

[17] 杨焕典．桂林语音［J］．中国语文，1964（6）．

[18] 周本良，胡惠，黎平，等．濒危方言南宁下郭街话研究［M］．南宁：广西民族出版社，2015．

[19] 杨玉国．广西武鸣官话入声字调查［J］．中国社会语言学，2005（2）．

[20] 曾玲，余俊毅，刘新中．基于系统声学实验的赣语遂川话声调研究［J］．中国语音学报，2022（1）．

[21] 曾晓渝．明代南京官话军屯移民语言接触演变研究［M］．北京：商务印书馆，2021．

[22] 张廷玉，等. 明史 [M]. 北京：中华书局，1974.
[23] 中国第一历史档案馆，辽宁省档案馆. 中国明朝档案总汇 [M]. 桂林：广西师范大学出版社，2001.
[24] 中国社会科学院语言研究所，中国社会科学院民族学与人类学研究所，香港城市大学语言资讯科学研究中心. 中国语言地图集 [M].2 版. 北京：商务印书馆，2012.
[25] “中央研究院”历史语言研究所. 明实录：太祖实录 [M]. 上海：上海书店，1984.
[26] 覃远雄. 广西全灌话的性质及其归属 [J]. 方言，2021，43（4）.

附表1　武鸣官话今读入声比较表

字	武鸣官话	白话	横塘话	亭子话	桂林话	柳州话	戏棚话	昆明话	武汉话	成都话	贵阳话	武鸣壮话
勒	lɐk$^{\underline{31}}$/lə^{31}	lɐk^{2}	lɐk^{33}	lɐk$^{\underline{24}}$	nə^{21}	lə^{44}	lə^{21}	lə^{31}/lɔ^{31}	nɤ213	ne^{31}/nie^{31}	lɛ^{21}	hat^{33}
力	lik$^{\underline{31}}$/li^{31}	lek^{2}	lɐt^{33}	lɩk$^{\underline{24}}$	—	—	li^{21}	li^{31}	ni^{213}	ni^{31}	li^{21}	ɤe:ȵ^{31}
直	tsik$^{\underline{31}}$/tsi^{31}	ʧek^{2}	tsɐt^{2}	tɕɩk$^{\underline{22}}$	—	tsɿ^{31}	tsɿ^{21}	tʂʅ^{31}	tsɿ^{213}	tsɿ^{31}	tsɿ^{21}	θø^{33}
格	kɐk$^{\underline{31}}$/kə^{31}	kak^{3}	kɛk^{33}	kEk$^{\underline{33}}$	kə^{21}	kə^{31}	kə^{21}	kə^{31}	kɤ213	ke^{31}	—	—
惜	sik$^{\underline{31}}$/si^{31}	ɬek^{5}	ɬɐt^{33}	ɬEk$^{\underline{33}}$	—	—	ɬi^{21}	ɕi^{31}	ɕi^{213}	ɕi^{31}	ɕi^{21}	hø^{55}θik^{55}
福	fuk$^{\underline{31}}$/fu^{31}	fuk^{5}	fɔk^{33}	føk$^{\underline{33}}$	fu^{21}	—	fu^{21}	fu^{31}	fu^{213}	fu^{31}	fu^{21}	—
烛	tsuk$^{\underline{31}}$/tsu^{31}	ʧuk^{5}	tsɔk^{33}	—	—	—	tsu^{21}	tʂu^{31}	tsəu^{213}	tsu^{31}	tsu^{21}	la:p^{42}
熟	suk$^{\underline{31}}$/su^{31}	ʃuk^{2}	suk^{2}	ɕøk$^{\underline{22}}$	—	—	su^{21}	ʂu^{31}	səu^{213}	su^{31}	su^{21}	ɕuk^{33}
畜	tshuk$^{\underline{31}}$/tshu^{31}	ʧhuk^{5}	tshɔk^{33}	tɕhøk$^{\underline{33}}$	—	—	tshu^{21}	tshu^{31}/ɕiu^{31}	ɕiəu^{213}	tshu^{31}/ɕy^{31}/ɕyo^{31}	tshu^{21}/ɕiu^{21}	ɕuk^{55}θe:ŋ^{24}
独	tuk$^{\underline{31}}$/tu^{31}	tuk^{2}	tɔk^{2}	tøk$^{\underline{22}}$	—	tu^{35}	tu^{21}	tu^{31}	təu^{213}	tu^{31}	tu^{21}	—
节	tset$^{\underline{31}}$/tse^{31}	ʧit^{3}	tsit^{33}	tɕit$^{\underline{33}}$	tɕie^{21}	—	tsɛ^{21}	tɕiɛ^{31}	tɕie^{213}	tɕie^{31}	liɛ^{21}	—
出	tshyt$^{\underline{31}}$/tshy^{31}	ʧhyt^{5}	tshɐt^{33}	—	tshu^{21}	—	tshy^{21}	tʂhu^{31}	tɕy^{213}	tshu^{31}	tshu^{21}	ø:k^{35}
日	it$^{\underline{31}}$/i^{31}	jɐt^{2}	ȵɐt^{33}	ȵiɐt$^{\underline{24}}$	—	øi^{35}	ǿi^{21}	ʐʅ^{44}/ʐʅ^{31}	øɯ^{213}	zɿ^{31}	zɿ^{21}	ŋon^{31}
邋	lat$^{\underline{31}}$	lat^{2}	—	—	—	—	la^{21}	lA^{31}	na^{213}	—	—	ŋai^{33} u^{35}
抹	mɐt$^{\underline{31}}$	mat^{3}	mat^{3}	mat$^{\underline{33}}$	—	—	ma^{21}	mA^{31}	ma^{213}	ma^{31}	ma^{21}	—
角	kɔk$^{\underline{31}}$	kɔk^{3}	kak^{3}	kak$^{\underline{33}}$	ko^{21}	ko^{31}	kɔ^{21}	ko^{31}	tɕio^{213}	ko^{31}	ko^{21}	kø:k^{55}
泼	phɔt$^{\underline{31}}$	phut^{3}	—	phut$^{\underline{33}}$	—	—	phɔ^{21}	po^{31}	po^{213}	po^{31}	pho^{21}	pɯ:t^{55}
屐	khek^{5}	khɛk^{5}	kɐt^{2}	kɩk$^{\underline{24}}$	—	—	—	—	tɕi^{55}	tɕy^{13}	—	—
脚	kiɔk$^{\underline{31}}$	kœk^{3}	kɛk^{3}	kEk$^{\underline{33}}$	tɕio^{21}	kio^{31}	kiɔ^{21}	tɕio^{31}	tɕio^{213}	tɕyo^{31}	tɕio^{21}	tin^{24}
叶	ǿiet$^{\underline{31}}$	jip^{2}	hip^{3}	（j）ip$^{\underline{24}}$	—	ǿie^{31}	ǿiɛ^{21}	ǿiɛ^{31}	—	ǿie^{31}	iɛ^{21}	baɯ^{2}ɤø:ŋ^{24}
肉	ǿiuk$^{\underline{31}}$	juk^{2}	ȵɔk^{3}	ȵøk$^{\underline{24}}$	ǿiu^{21}	ǿyu^{31}	ǿiu^{21}	—	nəu^{213}	zu^{31}	zu^{21}	nø^{33}
滑	huɔt$^{\underline{31}}$	wat^{2}	vat^{2}	vat$^{\underline{22}}$	—	hua^{31}	hua^{21}	xuA^{31}	xua^{213}	xua^{31}	xua^{21}	ɤau^{31}
袜	ǿuət$^{\underline{31}}$	mat^{2}	mat^{3}	mɐt$^{\underline{24}}$	—	—	ǿua^{21}	ǿuA^{31}	øua^{213}	ǿua^{31}	—	fa:t^{42}
骨	kut$^{\underline{31}}$	kwɐt^{5}	kuɐt^{3}	kwɐt$^{\underline{33}}$	—	—	ku^{21}	ku^{31}	ku^{213}	ku^{31}	ku^{21}	dø:k^{35}
鳔	pɐp^{55}	—	piu^{32}	—	—	—	piao^{13}	—	—	—	—	pø:p^{35}pla^{24}
鼻	pit$^{\underline{31}}$	phi^{22}	pɐt^{2}	pɐt$^{\underline{22}}$	—	—	pi^{13}	pi^{31}	pi^{213}	pi^{31}	pi^{21}	daŋ^{24}

Tone Features of Wuming Mandarin Based on Acoustic Data

DENG Hongli　LIU Xinzhong

【Abstract】 We used the experimental analysis tool of Chinese dialect word tone series scripting tod developed by Xiong Ziyu to systematically analyze the tones in Wuming's official dialect. In Wuming's official dialect, more than 87% of early qingping read yinping, more than 85% of early zhuoping read yangping, more than 84% of early qingshang read shang tone, more than 90% of the early cizhuo shang read shang tone, more than 79% of quanzhuoshang read qu tone, more than 78% of early qusheng read qu tone, more than 69% of early ru tone read yangping, and more than 17% of early ru tone read into ru tone. In this paper, the tonal type and intonication rhyme of Wuming Mandarin are phonetically corresponding to Cantonese and Southwest Mandarin, but the phonetic value is closer to Cantonese, the pronunciation of the oral pronunciation layer is similar to that of Cantonese, and the reading in written language is similar to that of Southwest Mandarin. Therefore, it is speculated that Wuming Mandarin's ru tone is the retention of Cantonese as the mother tongue when Cantonese speakers learn Southwestern Mandarin.

【Keywords】 Wuming Mandarin, tonal evolution, ru tone, bottom level

重庆方言儿类小称研究[①]

王　苗　吴雨轩[②]

（广州大学人文学院　广东广州　510006；
华中师范大学文学院　湖北武汉　430079）

【提　要】“儿”是重庆方言典型的小称词缀，可分为儿尾词与儿化词两类。部分儿类小称会引起变调和变韵：重庆方言的儿尾词基本只发生轻微变调，但重叠儿化词会导致规律性变调，且多由原调变为高调；儿化引起的变韵使重庆方言的韵母出现较大规模的整合，34个韵母已归并为6个儿化韵，表明儿化韵已发展到中后期。从功能上看，“A儿”可表通称或小称，“AA儿”除表小能力更强外，还具有改变词义、词性及表遍指等功能。“儿”的发展路径大致是由实词“儿”变为词缀“儿”，再变为词内成分。重庆方言儿化词的强势发展，使儿尾词的衰落成为一种必然；重叠儿化词的出现又进一步促进了单纯儿化词的语义磨损。

【关键词】重庆方言　小称　儿化　变韵　变调

重庆地处中国西南部，东邻湖北，南接贵州，西连四川，北部与陕西相接壤，幅员辽阔。据重庆市统计局，截至2022年底重庆市常住人口达3 213.34万[③]，全市通行重庆方言。按照《中国语言地图集》（第2版）的分类，重庆方言属西南官话的成渝片[④]，内部一致性较高。

对于小称的概念界定，学界观点不尽相同。曹志耘（2001：33）认为小称的基本功能是指小，在指小的过程中衍生出表喜爱、亲昵等功能。朱晓农（2004：193）则指出

---

① 基金项目：教育部人文社会科学青年项目“岷江流域西南官话语法内部差异及历史演变研究”（项目编号：24YJC740065）；广东省哲学社会科学“十三五”规划2020年度项目“豫鄂陕交界地带情态范畴对比研究”（项目编号：GD20CZY04）；2022年度国际中文教育研究课题（项目编号：22YH12D）；广州市宣传思想文化优秀创新团队项目（穗宣通［2023］50号）。

② 王苗（1987—　），博士，广州大学人文学院讲师，硕士生导师；吴雨轩（2001—　），华中师范大学文学院硕士研究生。

③ 重庆市统计局.2022年重庆市国民经济和社会发展统计公报［EB/OL］.（2023-03-17）［2023-11-18］.http://tjj.cq.gov.cn/zwgk_233/fdzdgknr/tjxx/sjzl_55471/tjgb_55472/202303/t20230317_11775723.html.

④ 中国社会科学院语言研究所，中国社会科学院民族学与人类学研究所，香港城市大学语言资讯科学研究中心.中国语言地图集［M］.2版.北京：商务印书馆，2012：85.

小称的初始义是表亲昵。此外，也有学者认为小称是一种范畴。汪国胜（2007：328）提出小称是一种量范畴，表达“减量”的语法意义。林华勇、马喆（2008）则认为小称属于语义语法范畴。本文综合前辈学者的意见，认为小称是使用重叠、儿缀、变韵等一定形式手段来表示小或者少的语义语法范畴。

儿缀词是重庆方言的特色之一，使用频率高，但相关研究却比较少。范继淹（1962：558）提出重叠儿化形式为重庆方言的小称形式。喻遂生（1988）在考察了近六百条重叠词后，针对范文的观点，指出小称意义取决于儿化而非重叠，单纯重叠不是小称形式。王玮（2011）同样认为重庆方言的小称意味是由儿化带来的。本研究基于“儿”是重庆方言小称词缀的观点，将儿尾词、单纯儿化词与重叠儿化词统称为“儿类小称”，试图通过描写儿类小称的表现形式、音变规律及语法功能，考察重庆方言儿类小称词特征，探究各儿类小称间的关系和历时演变规律。①

一、重庆方言儿类小称类型

重庆方言儿类小称有儿尾词和儿化词两种表现形式。如果词根音节后附的儿缀能够自成音节，其构成的词为“儿尾词”，如“娃儿［ua^{32} ər^{23}］”“肚儿［tu^{214} ər^{41}］”；如果儿缀与前一音节发生合音或变韵，不再具备独立语音地位，其构成的词为“儿化词”，如“车车儿［tsʻɛ^{45} tsʻər^{45}］”“包包儿［pɑu^{45} pər^{45}］”。

（一）儿尾词

除了在“小×儿”的构式中，重庆方言的儿尾一般只能附着于单音节名词后，很少作双音节及多音节词的后缀。从语义特征看，儿尾词多与人或动物相关（见表1）。

表1　重庆方言中的儿尾词示例

分类	示例
与人相关	娃儿、妹儿、仔儿、肚儿
与动物相关	猫儿、兔儿、牛儿、羊儿
“小×儿”构式	小仔儿、小马儿、小猫儿、小娃儿
其他	芋儿、裤儿、锅儿、桶儿

注：表中标有下划线的词同时具有儿尾词与儿化词两种形式。

① 本文以重庆主城区方言为调查对象。主要发音人有四位，分别是：TSY，女，1949年1月出生，重庆市江北区人，退休教师，有其他城市的旅居经历，现居重庆；WKM，男，1948年8月出生，重庆市渝中区人，退休工人，无其他城市的旅居经历，现居重庆；YQQ，女，1974年6月出生，重庆市江北区人，会计，有其他城市旅居经历，现居重庆；ZMB，男，1973年8月出生，重庆市江北区人，退休工人，无其他城市旅居经历，现居重庆。调查时间为2023年1月。

范继淹（1962：559）也提到，重庆方言的儿尾附于单音节名词后；儿化则作用于双音节、多音节词。然而在田野调查过程中，我们发现少数单音节名词同样可以儿化，且往往具备儿尾与儿化两种形态，如“猫儿”“兔儿”等。这类词通常为生活中常见的事物，极有可能因使用频率高及自身体形较小的缘故，使“儿”尾进一步发生轻读，进而与前面的名词读音发生合音。而对于那些生活中不常见且体形较大的动物如“牛”“马”“羊”等，其单音节基式的使用频率往往高于变式，且不存在儿化形式。

在西南官话其他儿尾与儿化并存的方言中，儿尾词的数量都相对稀少，譬如成都、铜仁等地方言。而仅有儿尾、无儿化的方言中，如贵州毕节，其方言中存在的儿尾词数量较多，且可以作双音节词的后缀，如“板凳儿”。（明生荣，1997）

（二）儿化词

儿化词是指儿缀与前一音节发生合音的儿类小称形式，可分为重叠式儿化词与非重叠式儿化词两类，下面分别讨论。

1. 重叠式儿化词

重叠式儿化词“AA 儿”是重庆方言典型的小称形式之一，不仅是构形形态，更是常用的构词形态。从形式上看，成词语素和不成词语素都能够进入“AA 儿”的形式。大部分“AA 儿”形式，“儿”的使用具有强制性，如“杯杯儿”不能说成“＊杯杯”，“罐罐儿”不能说成“＊罐罐”。有时即便存在对应的“AA”形式，其词义也可能与“AA 儿”不同，如“米米”指粉末，“米米儿”则极言所指事物之小或少。从词类上看，“AA 儿”不仅适用于名词，也广泛用于量词、动词、形容词、副词等其他词类。（见表 2）

表 2　重庆方言中的重叠式儿化词示例

基式词性	示例
名词（成词语素）	草草儿、汤汤儿、嘴嘴儿
名词（不成词语素）	瓶瓶儿、盆盆儿、杯杯儿
量词	回回儿、月月儿、堆堆儿
动词	吊吊儿、漂漂儿、绞绞儿
形容词	慢慢儿、轻轻儿、远远儿
副词	刚刚儿、恰恰儿、偏偏儿

2. 非重叠式儿化词

非重叠式儿化词“A 儿”是重庆方言中能产性极强的小称形式，比重叠式儿化词“AA 儿”分布更加广泛。绝大部分双音节、多音节名词及部分单音节词都能够进入该结构式。其中，A 多由名词充当，有时部分量词也能与儿缀结合，如名量词“碗”

“瓶”，动量词“下”“回”等。重庆方言的非重叠式儿化词在“儿”的使用上存在内部差别：有的 A 与儿缀必须连用，儿化具有强制性倾向，不儿化不能成词；有的 A 儿化与否则相对自由。(见表 3)

总的来说，在西南官话中，重庆方言的儿化程度较高，儿化词的数量多、范围广、使用频率高，许多在其他方言中无法儿化的词，在重庆方言中同样可以儿化，如人名。

表 3　重庆方言中的非重叠式儿化词示例①

类别	示例
强制儿化	板凳儿、熊猫儿、指甲刀儿、汤圆儿 ＊板凳、＊熊猫、＊指甲刀、＊汤圆
自由儿化	鸡蛋儿、风车儿、笔芯儿、茶杯儿 鸡蛋、风车、笔芯、茶杯

二、重庆方言儿类小称的音变规律

重庆方言儿类小称的音变现象可以分为变韵和变调两种。儿尾词通常不会发生变韵，但会发生轻微变调。相较之下，儿化词引起的音变更明显：重叠式既会变调，又会变韵；非重叠式不会变调，但同样会变韵。因此本节着重讨论儿化词的相关音变规律。在讨论前，我们首先调查了重庆方言的声韵调情况。

重庆方言的声母共有 20 个（包括零声母），分别为：

p、pʻ、m、f、v、t、tʻ、l、ts、tsʻ、s、z、tɕ、tɕʻ、ɕ、k、kʻ、x、ŋ、ø

说明：①［n］与［l］不区分，可以合并为一个音位，在此用更常见的［l］表示；②普通话中的［tʂ、tʂʻ、ʂ］在重庆话中一律读作［ts、tsʻ、s］。

韵母 37 个，见表 4：

表 4　重庆方言的韵母

ɿ	a	o	ɛ	ər	ai	ei	ɑu	ou		an	ən	ɑŋ	uŋ
i	ia	io	iɛ		iai		iɑu	iou	iʉ	ian	in	iɑŋ	
u	ua		uɛ		uai	uei				uan	uən	uɑŋ	
y			yɛ							yan	yn		yŋ

注：①［ɿ］在词语或者句子末尾时，舌位会降低，实际音值为［e］。②［io］和［ioŋ］中的［i］受［o］影响，略有圆唇感。③［iʉ］中的［i］略有圆唇感。

① 此外，重庆方言中也有部分词语不可儿化，如“纸巾”“＊纸巾儿”，“墙壁”“＊墙壁儿”。

声调 4 个，分别为：

阴平 45 ［˦˥］　　阳平 32 ［˧˨］　　上声 442 ［˦˦˨］　　去声 324 ［˧˨˦］

（一）重庆方言儿类小称的变调

经调查，非重叠式儿化词“A 儿”一般不会发生变调，在此不作讨论。下面我们将分别讨论儿尾词与“AA 儿”两类小称的变调规律。

1. 儿尾词的变调规律

重庆方言的儿尾词前后字都有可能发生变调。下面按前字的声调情况进行分类讨论：

（1）当前字为阴平时，基本不变调，如：

哈儿 ［xa^{45} $ər^{32}$］　　刀儿 ［$tɑu^{45}$ $ər^{32}$］　　包儿 ［$pɑu^{45}$ $ər^{32}$］

（2）当前字为阳平时，“儿”会有两种音变情况：一种是基本保持原调，仅受前字声调影响，调型不变，调值略有变化，即 32 + 32→32 + 21。另一种是会发生变调，后字由中降 32 调变为低升 23 调，即 32 + 32→32 + 23。这类变调发生与否可能与儿尾词本身的语义相关，发生特殊变调的词都与小称的本义或引申义存在一定关联，如“娃儿”指孩子，与小称的本义“小儿”紧密相关；“瓢儿”本身就是体积较小的勺子。而保持“儿”字本调的“羊儿”“牛儿”仅作通称，无特殊表小含义。如：

娃儿 ［ua^{32} $ər^{32\to23}$］　　雀儿 ［$tɕ‘io^{32}$ $ər^{32\to23}$］　　瓢儿 ［$p‘iɑu^{32}$ $ər^{32\to23}$］

牛儿 ［$liou^{32}$ $ər^{32\to21}$］　　羊儿 ［$iɑŋ^{32}$ $ər^{32\to21}$］　　猴儿 ［xou^{32} $ər^{32\to21}$］

（3）当前字为上声时，前字会由中降调变为中升调，后字虽调型不变，但调值略有变化，即 442 + 32→334 + 41，如：

狗儿 ［$kou^{442\to334}$ $ər^{32\to41}$］　　马儿 ［$ma^{442\to334}$ $ər^{32\to41}$］　　桶儿 ［$t‘uŋ^{442\to334}$ $ər^{32\to41}$］

（4）当前字为去声时，前字调值整体略低，后字受前字影响，由低降调变为高降调，即 324 + 32→214 + 41，如：

肚儿 ［$tu^{324\to214}$ $ər^{32\to41}$］　　裤儿 ［$k‘u^{324\to214}$ $ər^{32\to41}$］　　帽儿 ［$mɑu^{324\to214}$ $ər^{32\to41}$］

图 1 至图 2 是前字分别为阴平、阳平、上声、去声的儿尾词双字调图示。总的来说，除个别阳平字后的“儿”以外，“儿”字的声调起点尽管有细微的区别，但整体调型仍为降调。儿尾词前字的声调终点与其后附的“儿”的声调起点十分接近，上声、去声后的“儿”还保有独立音节，但已明显受到前一音节的影响，推测其正处于由“儿尾”向“半儿尾”过渡的阶段。而当 A 为阳平时，“A 儿”中的“儿”既可能不变调，也可能受语义影响发生变调，变为低升调 23，这反映了小称发展过程中的音义互动关联。

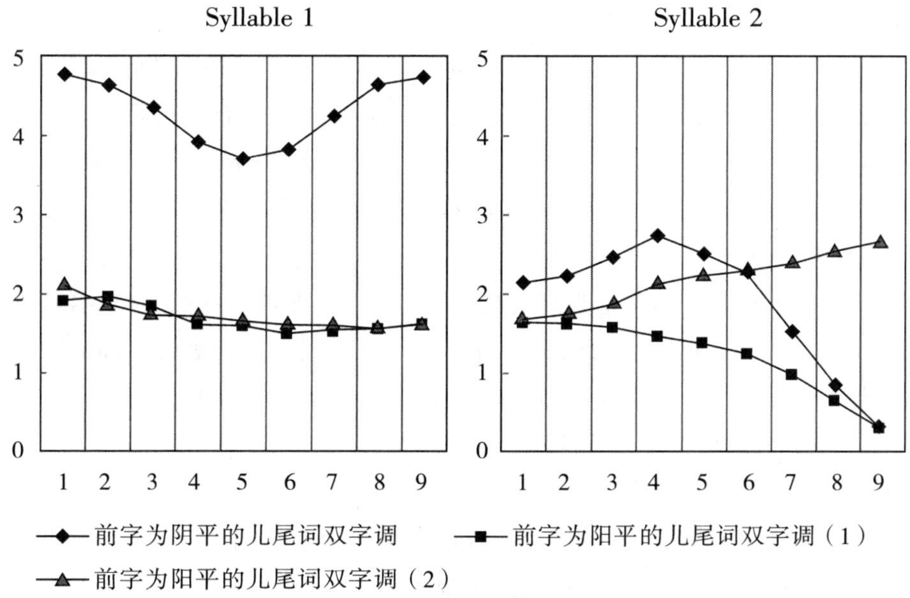

图1　前字分别为阴平、阳平的儿尾词双字调

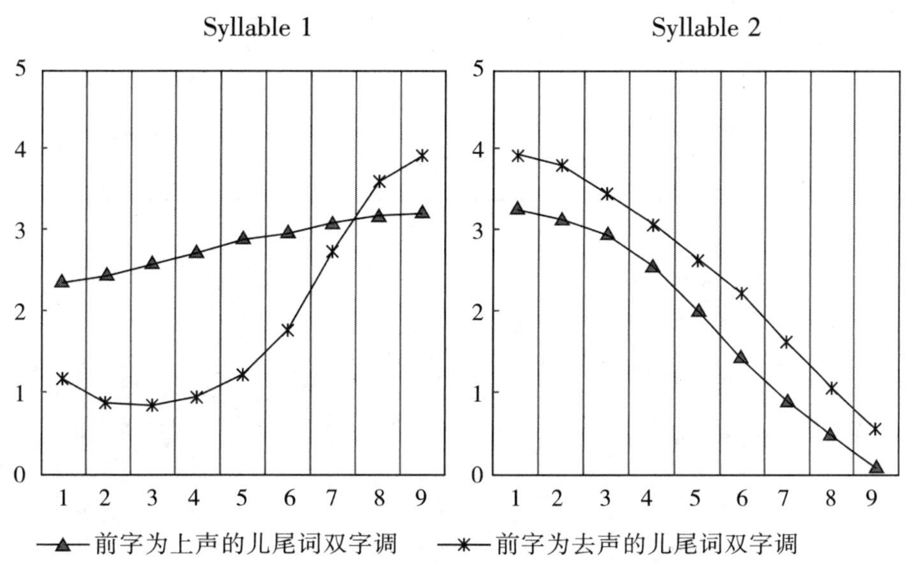

图2　前字分别为上声、去声的儿尾词双字调

2. “AA 儿”的变调规律

根据前后二字的语音特征，小称“AA 儿”的前后字均可能发生变调或变韵，本节以 A 的声调类型为纲，分别进行论述。“AA 儿”的变韵情况参见下节。

（1）当 A 为阴平时，前后二字均不发生变调，如：

汤汤儿［t‘ɑŋ^{45} t‘ər^{45}］　　*杯杯儿*［pei^{45} pər^{45}］　　*梯梯儿*［t‘i^{45} t‘iər^{45}］

（2）当 A 为阳平时，后字变为高平调，即 32 + 32→32 + 44，如：

盆盆儿［p‘ən^{32} p‘ər$^{32→44}$］　盘盘儿［p‘an^{32} p‘ar$^{32→44}$］　桥桥儿［tɕ‘iɑu^{32} tɕ‘iər$^{32→44}$］

重庆方言古入声字无论清浊今全归阳平。古入声字发生重叠儿化后，后字调值大致在 44，和其他阳平字音变规律一致，如“月月儿［yn^{32} yər$^{32→44}$］”“桌桌儿［zuo^{32} zuər$^{32→44}$］”。这也从侧面印证了重庆方言阳平字儿化音变的发生时间较晚，至少发生在西南官话入声消失后。

（3）当 A 为上声时，前字变为高升调，后字不变，即 442 + 442→45 + 442，如：

板板儿［pan$^{442→45}$ par^{442}］　饼饼儿［pin$^{442→45}$ piər^{442}］　嘴嘴儿［zuei$^{442→45}$ zuər^{442}］

（4）当 A 为去声时，后字变为高升调，即 324 + 324→324 + 45，如：

豆豆儿［tou^{324} tər$^{324→45}$］　罐罐儿［kuan^{324} kuər$^{324→45}$］

面面儿［mian^{324} miər$^{324→45}$］

综上，重庆方言重叠式儿化词的变调规律可归纳为表 5。图 3 为重庆方言阴平、阳平、上声、去声重叠儿化双字调实验的结果图示。

表 5　重庆方言重叠式儿化词的变调规律

调类	变调规律
阳平（含古入声字）	32 + 32 →32 + 44
上声	442 + 442 →45 + 442
去声	324 + 324 →324 + 45

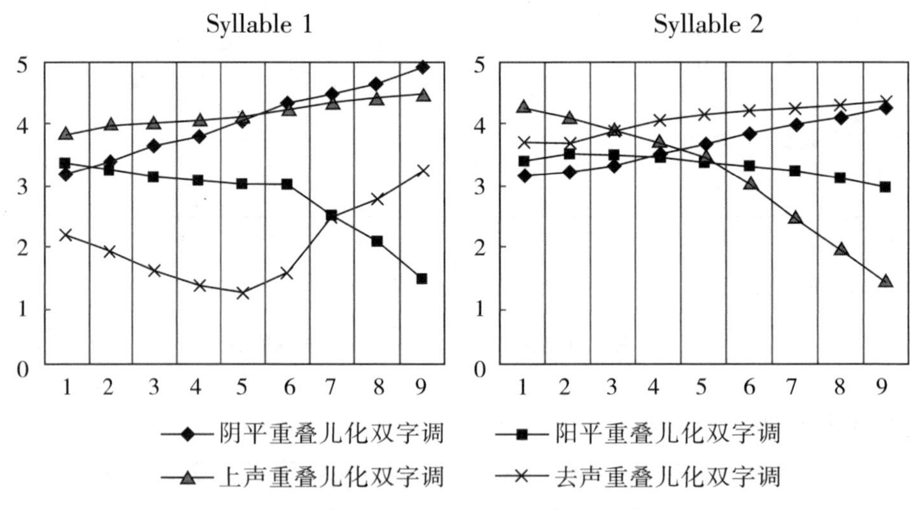

图 3　重庆方言四声调重叠儿化双字调

（二）重庆方言儿类小称的变韵

在重庆方言的37个韵母中，除［ər］［iʉ］和［iai］不能儿化外，其余34个韵母都能够儿化，示例如下：

［ar］ ［a］朒朒儿［ka^{324} kar^{45}］ ［ai］牌牌儿［pʻai^{32} pʻar^{44}］ ［ɑu］泡泡儿［pʻɑu^{324} pʻar^{45}］
［an］竹竿儿［tsu^{32} kar^{45}］ ［ɑŋ］刚刚儿［kɑŋ^{45} kar^{45}］

［iær］ ［iɑŋ］箱箱儿［ɕiɑŋ^{45} ɕiær^{45}］ ［iɑŋ］将将儿［tɕiɑŋ^{45} tɕiær^{45}］

［ər］ ［ɿ］籽籽儿［zɿ^{45} zər^{442}］ ［u］五儿［vər^{442}］ ［o］壳壳儿［kʻo^{32} kʻər^{44}］
［ɛ］车车儿［tsʻɛ^{45} tsʻər^{45}］ ［ɑu］包包儿［pɑu^{45} pər^{45}］ ［an］张晓兰［tsɑŋ^{45} ɕiau^{442} lər^{2}］
［ou］手手儿［sou^{45} sər^{442}］ ［ən］根根儿［kən^{45} kər^{45}］

［iər］ ［i］梨儿［liər^{32}］ ［ia］夹夹儿［tɕia^{32} tɕiər^{44}］ ［iɛ］节节儿［tɕiɛ^{32} tɕiər^{44}］
［iɑu］调调儿［tiɑu^{32} tiər^{44}］ ［iou］球球儿［tɕʻiou^{32} tɕʻiər^{44}］［ian］店店儿［tian^{324} tiər^{45}］
［in］笔芯儿［pi^{442} ɕiər^{45}］

［uər］ ［u］兔儿［tʻuər^{324}］ ［ua］花花儿［xua^{45} xuər^{45}］ ［uo］火锅儿［xo^{442} kuər^{45}］
［uai］乖乖儿［kuai^{45} kuər^{45}］ ［uei］柜柜儿［kuei^{324} kuər^{45}］ ［uan］管管儿［kuan^{45} kuər^{442}］
［uən］滚滚儿［kuən^{45} kuər^{442}］［uɑŋ］网网儿［uɑŋ^{45} uər^{442}］ ［uŋ］洞洞儿［tuŋ^{324} tuər^{45}］

［yər］ ［y］须须儿［ɕy^{45} ɕyər^{45}］ ［io］雀雀儿［tɕʻio^{32} tɕʻyər^{44}］ ［yɛ］月月儿［yɛ^{32} yər^{44}］
［yan］大院儿［ta^{324} yər^{324}］ ［yn］裙裙儿［tɕʻyn^{32} tɕʻyər^{44}］ ［yŋ］刘琼儿［liou^{32} tɕʻyər^{32}］

说明：基本韵为［u］［ɑu］和［an］的儿化韵有两种。［u］的儿化韵一种为［ər］，另一种为［uər］。据观察，［u］的变韵应当与其声母有关，当其声母为唇音时，变为［ər］；当其声母为非唇音时，变为［uər］。［ɑu］的儿化韵一种为［ar］，另一种为［ər］。［an］的儿化韵一种为［ar］，另一种为［ər］。

总的来说，重庆方言的34个韵母可生成6个儿化韵，如表6所示（“<”左边是儿化韵，右边是基本韵母）。

表6　重庆方言儿化韵与基本韵对照表

ar < a ai ɑu（［pʻɑu^{324} pʻar^{45}］） an（［tsu^{32} kar^{45}］）aŋ			
	iær < iaŋ		
ər < ɿ u（［vər^{442}］）o ɛ ei ɑu（［sɑu^{45} sər^{42}］）ou an（［ɕian^{45} lər^{32}］）ən	iər < i ia iɛ iɑu iou ian in	uər < u（［tʻuər^{324}］） ua uɛ uai uei uan uən uɑŋ uŋ	yər < y yɛ yan yn yŋ io

王洪君（1999）将儿化合音分为六个发展阶段。第一阶段是两个音节各自独立，合音尚未开始，词根和后缀都有完整的音节格式。重庆方言的儿尾词就对应该阶段。第

二阶段和第三阶段分别是一个半音节和长音节阶段。从第四阶段开始，韵腹、韵尾的儿化开始合流，形成长度正常的特殊单音节。在这一阶段，“儿”的特征会首先扩展到前字音节的末位置，受生理因素的制约，与 -r 特征相矛盾的原特征会被删除，如有 -n 尾韵、-i 尾韵则失落这些韵尾。在重庆方言中，儿化词的词根韵尾全部脱落，顺利完成了开尾韵、鼻音尾韵的儿化合流。在第五阶段儿化可能会影响到词根韵母的韵腹和介音。在重庆方言中只有个别韵母的介音会受儿化影响，如［io］在儿化后变为［yər］，但不会进一步影响到声母。到第六阶段，韵腹位置的儿化韵母会逐渐中和，在单字韵母聚合模式的类化作用下，儿化韵母聚合系统的结构格局与单字韵母逐渐接近，使“儿化韵腹的央/后、圆/不圆、鼻/非鼻都失去对立”（王洪君，1999：210）。简单来说，儿化的发展程度越高，儿化韵的数目就会越少，归并整合的程度就越高。（丁崇明，2005：165）处于第六阶段的方言最终会在央化总趋势的制约下，收缩为两套 8 个儿化韵或一套 4 个儿化韵。重庆方言的“儿”已经基本替换了前一音节的韵腹，完成了舌尖和央中韵腹的合流，但尚未完全收缩为 4 个儿化韵，仍有 6 个。张慧丽（2011）指出，儿化第四阶段的合流受制于生理因素，而从第四到第六阶段，由于基本韵母系统只有三个主元音［a］［ə］和［æ］，儿化的演变将主要受到基本韵母的结构性制约。这种制约作用在重庆方言儿化韵母的合音过程中亦有所表现。

重庆方言目前的儿化词数量多、范围广、使用频率高，没有出现衰败或减少的迹象，后缀卷舌特征左向扩展的影响力较强，能够影响到词根音节的韵尾、韵腹及部分基本韵的介音，儿化韵［ar］［iær］的存在也说明重庆方言还没有完全失去“低、中”的对立，仍有 6 个儿化韵而非 4 个。根据上述特征，可以推断重庆方言的儿化现已发展到中后期，儿化词仍处于数量和使用范围上的扩张状态。

三、重庆方言儿类小称的语法功能及历史发展

（一）重庆方言儿类小称的语法功能

在重庆主城区方言中，单纯儿化词“A 儿”往往表通称，少部分蕴含表小的含义。重叠儿化词“AA 儿”则具有较强的表小能力，且发展出改变词义、词性以及表遍指等多种功能。

1. **表小**

在一般形式“A 儿”中，儿化词表小的意味已经很弱，局限于小部分常用词。有时，以同一词根语素为尾，会因其指称物体大小不一而出现不同的儿化情况。譬如，同属“刀”的语义场，模样较小的刀必须儿化，而客观上较大的刀类则不可进入小称形式（见表 7）：

表7 重庆方言"刀"类语素与"儿"的组合情况示例

	基式 A	变式 A 儿
强制儿化	—	车笔刀儿、指甲刀儿、刮胡刀儿
自由儿化	水果刀	水果刀儿
强制不儿化	砍刀、镰刀、菜刀	—

注："—"表示缺项，即重庆方言中没有此形式。

"板"也有相似的情况。客观上较小的物体如"平板""塑料板"等只存在儿化形态一种表达式；而客观上较大的"板"，如"地板""铁板"等则不可进入结构式。介于中间状态、在人的主观感知上可大可小的物体，如"木板"，如果指体积较大、未经处理的原生态木板则用"木板"，如果是较小的木板则会选用"木板儿"。在重庆方言数量庞大的单纯儿化词中，蕴含表小义的"A 儿"式数量极少，且已不再具备能产性，但其强制儿化的部分已完全词汇化，儿化形式成为该事物的通名，如"指甲刀儿"。

相较于"A 儿"，"AA 儿"的表小能力更强。如重庆方言中的"网网儿"往往指说话人主观上感知到较小的网或是客观上比较小的网，无法用于描述像"渔网"这类体积较大的事物；"包包儿"往往指衣服口袋等客观上较小的包，而不会用于指代书包等较大的包。同类的词还包括"口口儿""桥桥儿""箱箱儿"等。

少数几个名词、量词进入"AA 儿"后，还会构成新词，强调被修饰物之小，如"点点儿""米米儿"等。其中"点点儿［tian^{45} tiər^{45}］"在实际发音中可能会被简化为"滴滴儿［ti^{45} tiər^{45}］"，如：

（1）勒$_{这}$个盘子斗只有恁个$_{那么}$滴滴儿大。

（2）饭斗$_{就}$剩恁个$_{那么}$点点儿咾。

"AA 儿"表小的能力不仅表现在名词上，还扩展到其他词类。这种表小的语义功能扩展到量词上可表持续时间短，如"一下下儿"，扩展到形容词上则表现为程度的减轻或加强，如"慢慢儿""轻轻儿"表程度的减轻，"远远儿"则表程度的加强。"AA 儿"的表小义由名词泛化至其他词类，反映出小称语义功能的不断扩展乃至发展成熟。

2. 改变词义、词性以及表遍指

（1）改变词义，构成新词。

"AA 儿"形式能起到改变词义的功能，即基式与变式的含义不完全相同，示例见表8：

表8 部分名词"A""AA"及"AA 儿"的词义比较

基式 A	非儿化重叠式 AA	儿化重叠式 AA 儿
嘴	—	嘴嘴儿$_{容器的出口}$
眼	—	眼眼儿$_{小洞，小窟窿}$

(续上表)

基式 A	非儿化重叠式 AA	儿化重叠式 AA 儿
面面条	面面粉末	面面儿粉末
米稻米	米米粉末	米米儿喻极少或极小的量
头	头头物体的顶端	头头儿领导或者物体的顶端
毛	毛毛小孩	毛毛儿豆腐霉变后长出的毛，也用于蔑称

当“AA 儿”形式起到区别词义的作用时，除表身体部位的词外，基式“A”往往是能够独立成词的语素，且大都具备“AA”式。其中“A”“AA”与“AA 儿”在表义上可能存在差异。如“头头”指事物的顶端，而“头头儿”除了可以指事物的顶端外，还衍生出了“领导”的意思。

(2) 改变词性，构成新词。

当基式“A”为量词、动词或形容词时，“儿”可以成为名物化标记。如：

基式为量词：堆——堆堆儿　片——片片儿　丝——丝丝儿

基式为动词：钉——钉钉儿　钩——钩钩儿　锤——锤锤儿

飞——飞飞儿　抽——抽抽儿　吹——吹吹儿口哨

基式为形容词：憨——憨憨儿笨蛋　香——香香儿润肤露　尖——尖尖儿细小事物的顶端

(3) 表遍指。

名词或量词进入“AA 儿”形式后，还可能出现与普通话相似的表遍指的情况。如“天天儿”“顿顿儿”“趟趟儿”“回回儿”。

3. 表通称

非重叠式儿化词“A 儿”主要起表通称的作用，在口语中通常不存在对应基式。一般情况下，部分亲属类名词、身体部位名词、日常生活中的常见事物名词及地名等都必须儿化，未加儿缀会造成格式不合格。可见，在这类非重叠式儿化词中“儿”的使用已经具备强制性（示例见表 9）。儿缀既不表小，也无其他语法功能及语体色彩，其小称特征已经完全泛化。

表 9　重庆方言中作通称的强制儿化词示例

分类	示例
亲属类	姨姐儿、姨妹儿、三爸儿、老汉儿父亲、婶婶儿
身体部位类	脚杆儿、坐臀儿臀部、手杆儿、脸巴儿脸、髁膝头儿膝盖
生活器具类	日光灯儿、塑料管儿、手套儿、灯泡儿、拖鞋儿
食物类	醪糟儿、汤圆儿、凉粉儿、豆花儿、樱桃儿
地名	观音桥儿、杨家坪儿、天原儿、黄花园儿、磁器口儿

和单纯儿缀形式“A 儿”相似，名词进入“AA 儿”形式后表通称的情况非常普遍。大部分生活中常见的事物均可进入“AA 儿”形式，不起表小，改变词性、词义的作用，是一种通称形式。（见表 10）

表 10　重庆方言中作通称的“AA 儿”示例

分类	示例
食物类	饼饼儿、豆豆儿、汤汤儿、粉粉儿
生活器具类	杯杯儿、盆盆儿、盘盘儿、罐罐儿
建筑类	棚棚儿、亭亭儿、梯梯儿、院院儿

（二）重庆方言儿类小称的历史演变

“儿”的本义是“幼子”，并逐渐由词根发展到词缀，成为一种小称标记。据郑张尚芳（1981：49－50）考证，汉魏六朝时期“儿”已有作小称表人的含义，并有少数指动植物的儿尾词出现；唐宋时期儿尾词发展迅速，指物儿尾屡见不鲜。汉语史的相关文献材料证明，“儿”作为小称形式，已经从附着于指人名词逐渐扩展到动植物名词及无生命的物体名词。在这一发展过程中，“儿”的表小范围逐渐扩大，表小的内涵也随之丰富，可以表事物的体积小、年龄小、容量小，又由“小”引申出了“少”和“轻”。这种“小量”也逐渐从名词扩展到其他词类，表事物数量少、程度轻微以及时间短暂等。

曹逢甫、刘秀雪（2008）提出了小称语法化的六个阶段（见图 4）。尽管汉语各方言间存在一定差异，该图未必能精准地反映出各方言小称的语法化路径，但其提出的理论框架具有较高的参考价值，因此本节将在该理论框架下进行论述。

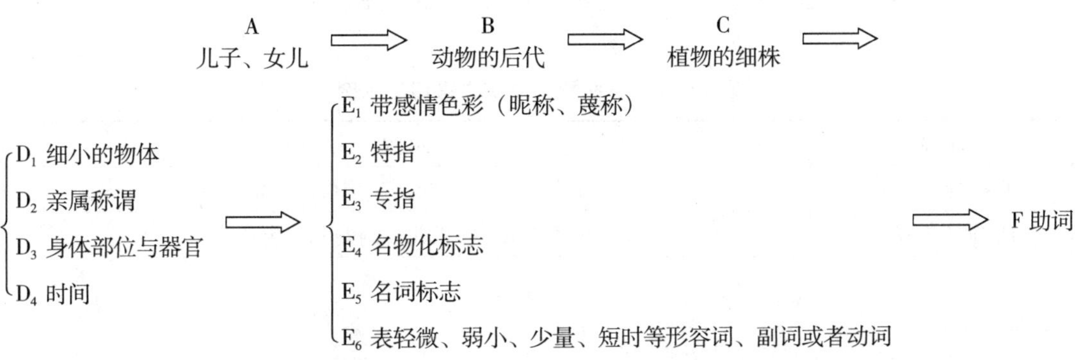

图 4　汉语小称词语法化的六个阶段（曹逢甫、刘秀雪，2008：634）

1. A、B 阶段：以儿尾词为主

重庆方言的儿尾词数量比较固定，可以穷尽列举，在田野调查中仅收集到 28 例，其中 7 个指人或与人相关，13 个指动物，大部分词都可以归类于阶段 A 或阶段 B。① (示例见表 11)

儿尾词在语音形式上，保持了“儿”独立的音节形式，语法化程度较低，变调方面，除少数阳平字后的儿尾会由降调变为升调外，其余都属“轻微变调”。从语义上看，儿尾词现已不存在表小义，这些儿尾词并不指人或动物的后代，仅作一般通称，对应阶段 B。如要指动物后代，还需添加其他表小的词或词缀。

表 11 A、B 阶段的重庆方言词汇示例

阶段	示例
A 儿子、女儿	娃儿［ua³² ər²³］、男娃儿［lan³² ua³² ər²³］、仔儿［tsai⁴⁴² ər²¹］、女娃儿［ly⁴⁴² ua³² ər²³］
B 动物的后代	猫儿［mɑu⁴⁵ ər³²］或［mar⁴⁵］、狗儿［kou³³⁴ ər⁴¹］或［kər⁴⁴²］、牛儿［liou³² ər²¹］、羊儿［iɑŋ³² ər²¹］、耗儿［xɑu²¹⁴ ər⁴¹］、猴儿［xou³² ər²¹］

随着儿化词的强势发展，儿尾词的衰落成为一种必然。对于使用频率较高的词汇，如“猫儿”“兔儿”，其合音现象已十分明显，甚至已经出现对应的儿化词。而对于那些使用频率较低的词汇来说，基式的使用频率也远比儿尾词形式高。

2. C、D 阶段：以单纯儿缀形式“A 儿”为主

在重庆方言中阶段 C 与阶段 D 在语音和结构形式上并无差异，C、D 阶段的词汇主要与儿化形式有关，不存在儿尾形式。同时，除 D_1 表细小的物体外，其余功能都不由重叠儿化形式承担。曹逢甫、刘秀雪（2008：629）指出，C、D 阶段之间的界限模糊，“或可合并为一类”。此时，“儿”失去独立音节地位，与前字发生合音，进而发生规律性变韵，形成儿化韵。单纯儿缀词形式“A 儿”现已基本不具备表小义，仅作通称使用，这也与其弱化的语音形式相对应。而韵尾脱落、韵腹央化、儿化韵高度归并整合等语音弱化过程又会反过来促进小称的进一步虚化。(示例见表 12)

表 12 C、D 阶段的重庆方言词汇示例

阶段	示例
C 植物的细株	菊花儿、桑泡儿桑葚、樱桃儿、柑儿
D_1 细小的物体	车笔刀儿、插板儿、洞洞儿、包包儿

---

① 其中指人或与人相关的 7 个为“娃儿”“妹儿”“哈儿”“肚儿”“个儿”“仔儿”“样儿”，指动物的 13 个为“猫儿”“狗儿”“牛儿”“羊儿”“耗儿”“兔儿”“猴儿”“猪儿”“马儿”“鸭儿”“鸡儿”“龟儿”“雀儿”，其余还有“芋儿”“裤儿”“锅儿”“桶儿”“盆儿”“刀儿”“磨儿”“刀儿”8 个儿尾词，共计 28 例。

（续上表）

阶段	示例
D_2 亲属称谓	幺叔儿、外孙儿、弟娃儿、幺妹儿
D_3 身体部位与器官	舌头儿、眼睛儿、手杆儿、脸巴儿$_{脸}$
D_4 时间	今天儿、明天儿、后天儿、前天儿

3. E 阶段：以重叠儿化式“AA 儿”为主

除 E_1 外，E 阶段主要与重庆方言“AA 儿”有关。“AA 儿”具有较强的表义功能，能够构成新词①。在儿化形式不断虚化的条件下，重叠儿化形式作为一种代偿方式，弥补了其原有的表义功能，包括其表小的语法意义以及改变词性、词义等语法功能。从语音形式上看，“AA 儿”既会变韵，又会变调，语音形式上的变化也与其表义功能的强大相对应。

人名儿化是重庆方言儿化的一个显著特征，从本质上看也是一种昵称。重庆方言人名儿化情况较为复杂，有的人名强制儿化，如“刘琼儿”“钟泳茵儿”；有的人名，如“吴勤覃儿”“何茂林儿”儿化与否均可。总的来说，人名是否可以儿化受其韵母影响较大，如果人名末字韵母为［in］［iou］［ən］［uən］［an］［ian］［uei］［yan］［yn］［yŋ］，其儿化的使用情况相当普遍。（见表 13）

表 13　重庆方言中人名儿化示例

韵母	示例	韵母	示例
an	赵晓兰儿、陈燕儿	ən	刘素珍儿、何雯儿
ian	崔健儿、赵旭莲儿	in	李明儿、胡英儿
iou	夏显秀儿、杨友儿	uei	刘开慧儿、黄远贵儿
uən	李顺儿、代碧春儿	yan	陈娟儿、丘贵远儿
yn	夏晓军儿、朱昌群儿	yŋ	刘琼儿、高熊儿

姓名末字含有韵尾的词根韵母会更趋向于儿化。含有韵尾［n］［u］［i］或［ŋ］的姓名末字，在儿化的过程中往往会发生韵尾脱落以及韵腹央化。这种复元音单化、单元音央化的现象是语音弱化的典型表现。重庆方言人名的儿化更多是受词根音节韵母以及个人言语习惯影响，大多与亲昵、喜爱的情感色彩关系不大，即便在消极的语境中，儿化人名也可自由使用。

蔑称也是小称“小量”的引申用法，但因其形式与昵称存在较大差异，应分属不

① 只有极少数的非重叠儿化词能够改变词性及词义，如“背心”指背部的中心，“背心儿”指汗衫。但根据发音人反馈，“背心”一词现已不常使用。

同阶段（曹逢甫、刘秀雪，2008：648）。此时“儿”的语法意义已进一步磨损，儿尾、单纯儿化或者重叠儿化都难以负载其表轻视的含义，但值得注意的是，重庆方言的蔑称儿化词十分依赖于前缀“小”。如重庆方言中的“小仔儿”“小壳转儿”“小胆胆儿”，在表意上都指孩子，但都附有因其小而有些轻视的情感色彩。（见表 14）

表 14　E 阶段的重庆方言词汇示例

阶段	示例
E_1 带感情色彩（昵称、蔑称）	幺儿（昵称，实词“儿”），刘开慧儿、赵晓兰儿（昵称，儿化词），小仔儿（蔑称，儿尾词），小壳转儿、小胆胆儿（蔑称，儿化词）
E_4 名物化标志	钉钉儿、尖尖儿、堆堆儿
E_5 名词标志	面面儿、米米儿、腩腩儿
E_6 表轻微、弱小、少量、短时等形容词、动词或副词	轻轻儿、慢慢儿、偷偷儿

可见，重庆方言的单纯儿化词仍是一种十分活跃的语言现象，并没有随着其语义磨损而逐渐减少，依旧具有能产性，旧有的儿化词也实现了词汇化。重叠儿化式小称的出现弥补了单纯儿缀式小称功能上的磨损与衰变，也可能正是因为重叠儿化形式的出现，导致了单纯儿缀式的弱化。重叠儿化形式的表小能力强，可以表物量、数量、动量、时量等方面的“小、轻、少”，而且同时具有改变词性、词义，表遍指等多种语法功能。

在小称的发展过程中，随着小称表义能力的扩张与使用范围的扩大，其表小能力将会磨损，由客观小量到主观小量，引申出昵称与蔑称。小称义会引申出表亲近、喜爱的情感色彩，因为人更容易对小的事物产生亲昵、怜爱的情感，形成昵称；而这种“小量”义也同样会引发轻蔑、看轻的情感，形成蔑称。在这个过程中，小称还会生发出改变词性、词义，表遍指等其他语法功能。

在儿类小称的使用范围进行扩张的同时，小称的语音形式、语法意义及表义功能会逐渐磨损、衰减，最终成为一种不表任何特殊意义的中性小称。总的来说，重庆方言中“儿”的演变历程可以概括如下：

实义词“儿”	>	后缀“儿”	>	词内成分（儿化）
儿子、女儿		儿尾词 主要用于表人、动植物		儿化词，可以用于表具体 事物、专有名词及时间名词

四、结语

“儿”是重庆方言的小称后缀，具体可以分为儿尾词和儿化词两类，儿化词又可以分为单纯儿化词与重叠儿化词。

从表现形式上看，儿尾词仅附着于单音节名词后，使用频率相对较低；“A 儿”仅适用于名词、量词，但其数量最多、分布最广，具有稳定性与能产性；“AA 儿”的使用范围可以由名词扩大至量词、动词、形容词甚至副词，表现出了较强的活动能力。

从音变规律上看，儿化会导致变调和变韵。变调方面，儿尾词基本只发生轻微变调，重叠儿化词会发生明显的规律变调，且往往由原调变为高调。现归入阳平字的古入声字重叠后同样变调，说明儿化进入重庆方言的时间应该晚于入声字消失的时间。变韵方面，重庆话的儿化韵归并整合程度高，34 个韵母已归并为 6 个儿化韵，儿化的卷舌特征会向左影响到韵尾、韵腹甚至介音。

从语法功能上看，“A 儿”的表小能力已经很弱，主要起到表通称的作用。为了弥补单纯儿缀形式“A 儿”在语义上的磨损，重庆话中还出现了“重叠 + 儿化”的形式，“AA 儿”的表小功能非常强，还承担了改变词义、词性等功能。

从历时层面看，重庆方言的儿尾词代表了儿化过程的早期阶段，主要用于表人、动植物；单纯儿化代表了儿化发展的中间阶段，主要用于表亲属称谓、身体部位及时间，同时也承担了表昵称与蔑称的功能；重叠儿化词则代表了儿化发展的中后期，可以作名物化标志、名词标志，此时其表小的意味已经基本消失。

参考文献

[1] 曹逢甫，刘秀雪．闽语小称词语法化研究：语意与语音形式的对应性［J］．语言暨语言学，2008（3）．

[2] 曹志耘．南部吴语的小称［J］．语言研究，2001（3）．

[3] 重庆市统计局．2022 年重庆市国民经济和社会发展统计公报［EB/OL］．（2023－03－17）［2023－11－18］．http：//tjj. cq. gov. cn/zwgk_233/fdzdgknr/tjxx/sjzl_55471/tjgb_55472/202303/t20230317_11775723. html.

[4] 丁崇明．昆明方言语法研究［D］．济南：山东大学，2005.

[5] 范继淹．重庆方言名词的重叠和儿化［J］．中国语文，1962（12）．

[6] 林华勇，马喆．广东廉江方言的“子”义语素与小称问题［J］．语言科学，2008（6）．

[7] 明生荣．毕节方言的几种语流音变现象［J］．方言，1997（2）．

[8] 汪国胜．汉语方言的语法变调［M］//汉语方言语法研究．武汉：华中师范大学出版社，2007.

[9] 王洪君．汉语非线性音系学：汉语的音系格局与单字音［M］．北京：北京大学出版社，1999.

[10] 王玮．重庆话的构词重叠和儿化现象［J］．东方语言学，2011（2）．

[11] 喻遂生．重庆话名词的重叠构词法［M］//北京大学中文系《语言学论丛》编委

会. 语言学论丛: 第15辑. 北京: 商务印书馆, 1988.
[12] 张慧丽. 汉语方言变韵的语音格局 [D]. 北京: 北京大学, 2011.
[13] 郑张尚芳. 温州方言儿尾词的语音变化 (二) [J]. 方言, 1981 (1).
[14] 中国社会科学院语言研究所, 中国社会科学院民族学与人类学研究所, 香港城市大学语言资讯科学研究中心. 中国语言地图集 [M]. 2版. 北京: 商务印书馆, 2012.
[15] 朱晓农. 亲密与高调: 对小称调、女国音、美眉等语言现象的生物学解释 [J]. 当代语言学, 2004 (3).

The Diminutive Mark of "Er" (儿) in Chongqing Dialect

WANG Miao　WU Yuxuan

【Abstract】"Er" (儿) is a typical diminutive mark in Chongqing dialect, which can be divided into er-suffix (儿尾) and er-inflection (儿化). The diminutive mark "er" will lead to some variations in tone and finals. The tone changes induced by er-suffix words in Chongqing dialect was very slight, while the er-inflection words usually undergo prominent tone shifting, from the original pitch to a high one. The inflection caused by "er" results in large-scale integration of finals in Chongqing dialect. There are 34 finals being merged into 6 ones, which indicated that the development of er-inflection tones has reached the middle or final stages. "A-er" can express general or diminutive meanings. In addition to the function of conveying diminutive meanings when expressed as "AA-er", it also can alter the word meanings, word categories, or express inclusiveness. The diachronic change of "er" follows the following cline: word > suffix with small meaning > internal component of a word. The dominant development of er-inflection accelerates the decline of er-suffix words, while the appearance of reduplicative words contributes to the semantic bleaching of pure er-inflection words.

【Keywords】Chongqing dialect, diminutive mark, er-inflection, final variation, tone change

乌撒彝语低升调声学研究

龙　洁[①]

（四川大学文学与新闻学院　四川成都　610207）

【提　要】基于实验语音学视角，本文借助Praat语音分析软件提取乌撒彝语单字调基频参数，考察乌撒彝语低升调的调型、调值及其在性别、年龄上的社会语言学特征。实验表明，乌撒彝语低升调调型为低升，调值为12。女性低升调音高及频域明显高于男性，而男性低升调平化趋势比女性突出。随着年龄层次的降低，低升调频域值越来越小、增长幅度越来越小、增长态势越加平缓、平化趋势越加明显。另外，根据低升调的性别及代际特征，本文推测乌撒彝语低升调随着语言的发展而发生演变，调值从13变为12。

【关键词】乌撒彝语　低升调　性别　代际　声学实验

一、引言

彝语属汉藏语系藏缅语族彝缅语支，分东部、北部、南部、东南部、西部和中部方言，不同方言语音上的差异最大，方言间无法通话。在彝语声调系统中，不同的支系方言一般有3~5个声调，没有升调和曲折调，如《彝语方言比较研究》（王成有，2003）中记录的各支系方言的代表——东部方言禄劝话、北部方言喜德话、南部方言石屏话、东南部方言弥勒话、西部方言巍山话和中部方言姚安话均无升调和曲折调。但也有文献说部分彝语方言中存在升调。通过梳理文献中的相关记载，我们发现升调在彝语各方言中的分布情况参差不齐，升调的调值也不尽统一，有13、25和35（罗安源，2006；陈康，2010；马静，2014），也有人说升调13出现在紧元音韵母后，调值应读成35或45（王成有，2003）。此外，对其来源的认识也各不相同，低升调的存在可能是彝语松紧

① 龙洁（1997—　），四川大学文学与新闻学院硕士研究生。

元音消失的补偿性特征，也有可能是受汉语方言影响的结果（陈士林等，1985）。据此，彝语升调是一个值得研究，也待研究的问题。目前，升调在彝语声调系统中的独特性未得到重视，相关研究数量较少，在语音系统研究中所占篇幅不多。声学分析是验证、复核和深入传统研究方式的有力工具，在开展传统语音学实地调查记音的基础上，结合现代实验语音学的研究方法和手段，并辅以社会语言学角度的研究，不仅能极大地拓宽少数民族语言的研究视野，而且也能揭示诸多未被发现和证实的语言特征。

乌撒彝语属彝语东部方言滇黔次方言，主要分布于贵州省毕节市威宁彝族回族苗族自治县，威宁彝语是其代表。《各地彝语对照表（油印本）》（中国科学院少数民族语言调查第四工作队，1956）、《彝语简志》（陈士林等，1985）、《简明彝汉字典：贵州本》（贵州省彝学研究会等，1991）均记录威宁彝语有四个声调，调型有高平、中平、低升和低降，调值分别为 55、33、13 和 21。据此，威宁彝语中低升调出现的时间较早，在 1956 年就有相应的书面记载。综上，本文结合实验语音学和社会语言学的研究理论和方法，以乌撒彝语低升调为研究对象，一方面，借用声学参数定量分析低升调的调型、调值，并与前人传统听辨记音得到的结果对比；另一方面，基于社会语言学视角，探析低升调在性别及代际方面存在的共时性特征。

二、实验设计

（一）调研地概况

本文以威宁彝族回族苗族自治县板底乡为调查点。威宁彝族回族苗族自治县地处云贵高原要冲，属于黔西北的屋脊、滇东北走廊的要道，隶属于贵州省毕节市，全县面积 6 298 平方千米，平均海拔 2 200 米。下辖乡镇（街道）41 个，境内居住着汉、彝、回、苗、布依等 37 个民族，少数民族人口占总人口的 24.02%，是毕节市唯一的少数民族自治县。① 其中，本次调查点板底乡彝族人口较多，彝族文化保存良好，底蕴深厚。

（二）发音人情况

本文所用语料来自笔者 2021 年 2 月的田野调查。发音人总计 12 人，男女分别 6 人（为表述方便，下文用字母 M 代表男性发音人、W 代表女性发音人），年龄区间为 18 ~ 60 岁。根据年龄区间的不同，笔者将发音人分为老、中、青三代：18 ~ 34 岁的发音人划为青年组、35 ~ 45 岁的发音人划为中年组、46 ~ 60 岁的发音人划为老年组。

---

① 威宁彝族回族苗族自治县人民政府．威宁简介［EB/OL］．［2022 - 11 - 30］．http：//www.gzweining.gov.cn/zjwn/.

为保证发音人自然流畅地读出字表，发音人的受教育程度最好在小学与高中之间。但实地收集语料时，55 岁以上的女性由于未上过学或较早辍学而不能自然流畅地读出字表，因此老年组的女性发音人年龄偏小。所有发音人均为能熟练运用乌撒彝语的母语者，其出生地、成长地及现居地均为板底乡，基本信息如表 1 所示。

表 1　发音人基本信息

编号	姓名缩写	年龄	职业	受教育程度	平时使用的语言
M1	LYS	60	务农	初中	彝语
M2	LXC	55	务农	小学	彝语
M3	WF	40	务农	小学	彝语、汉语方言
M4	LZJ	35	务农	小学	彝语、汉语方言
M5	WYD	27	务农	初中	彝语、汉语方言、普通话
M6	LHY	18	学生	初中	彝语、汉语方言、普通话
W1	LXY	48	务农	小学	彝语、汉语方言
W2	LY	46	务农	小学	彝语、汉语方言
W3	YM	35	务农	小学	彝语、汉语方言
W4	ZF	35	务农	小学	彝语、汉语方言
W5	WM	23	务农	初中	彝语、汉语方言
W6	LXH	18	学生	高中	彝语、汉语方言、普通话

（三）实验字表

本文调查乌撒彝语单字发音，例字声调参照《简明彝汉字典：贵州本》（1991）中记录的乌撒彝语声调，包括高平调 55、低升调 13、中平调 33 和低降调 21，每个声调 4 个例词，选取自常用词汇，如表 2 所示。

表 2　乌撒彝语实验字表

序号	调型	调值	例词 1	例词 2	例词 3	例词 4
1	高平	55	猫［mi^{55}］	知（道）［$s\varepsilon^{55}$］	姐［$n\partial^{55}$］	二［ni^{55}］
2	低升	13	地［mi^{13}］	穿（针）［$s\varepsilon^{13}$］	女生［$n\partial^{13}$］	姑姑［ni^{13}］
3	中平	33	天［mi^{33}］	磨（刀）［$s\varepsilon^{33}$］	长［$n\partial^{33}$］	夹［ni^{33}］
4	低降	21	毛［mi^{31}］	牵（牛）［$s\varepsilon^{31}$］	红［$n\partial^{31}$］	坐［ni^{31}］

（四）实验说明

实验借助 Cool Edit Pro 2.0 录音软件录音，录音环境一直保持安静无噪音状态，若出现噪音则重录。录音时每个字读三遍，共得到 576 个音频样本。之后采用 Praat 语音分析软件对每个单字调的声学语图进行分析、标注和剪辑，提取得到除弯头段和降尾段的十个测量点的基频数据。

声学现象具有复杂的变体，不同发音人或同一发音人由于发音状态不同而不具有可比性，也即通过实验得到的不同发音人的原始基频数据不具备语言学研究意义。因此，为使结果更直观准确，实验采用石锋的 T 值计算公式对每位发音人的音高基频数据进行归一化处理，从而将基频值直接换算为传统五度值。

三、实验结果

（一）乌撒彝语低升调调型及调值

实验提取 12 位发音人各个声调的十个基频点，并对每个基频点进行均值计算和归一化处理，结果保留两位小数。通过处理发音人的语音样本，得到乌撒彝语声调基频均值及其归一化处理结果，如表 3 和表 4 所示。

表 3　乌撒彝语声调基频均值　　单位：Hz

调型	调值	基频点 1	基频点 2	基频点 3	基频点 4	基频点 5	基频点 6	基频点 7	基频点 8	基频点 9	基频点 10
高平	55	205.56	206.40	206.77	207.02	207.10	207.13	207.17	207.00	206.56	206.10
低升	13	146.25	146.23	146.94	148.13	149.81	151.69	153.96	156.38	159.29	162.17
中平	33	193.10	192.98	192.60	192.04	191.25	190.19	188.88	187.35	185.56	183.15
中降	31	163.58	162.06	160.44	158.52	156.13	153.27	150.27	146.65	142.90	139.60

表 4　乌撒彝语声调基频归一化结果

调型	调值	基频点 1	基频点 2	基频点 3	基频点 4	基频点 5	基频点 6	基频点 7	基频点 8	基频点 9	基频点 10
高平	55	4.91	4.96	4.99	5.00	5.00	5.00	5.00	5.00	4.97	4.94
低升	13	0.56	0.56	0.62	0.72	0.87	1.03	1.22	1.41	1.65	1.82
中平	33	4.11	4.10	4.08	4.04	3.99	3.92	3.83	3.73	3.60	3.43
中降	31	1.99	1.87	1.74	1.59	1.39	1.16	0.91	0.59	0.26	0.00

为更鲜明直观地看到各声调的升降趋势和相对位置，根据基频归一化结果绘制的声调格局如图 1 所示。

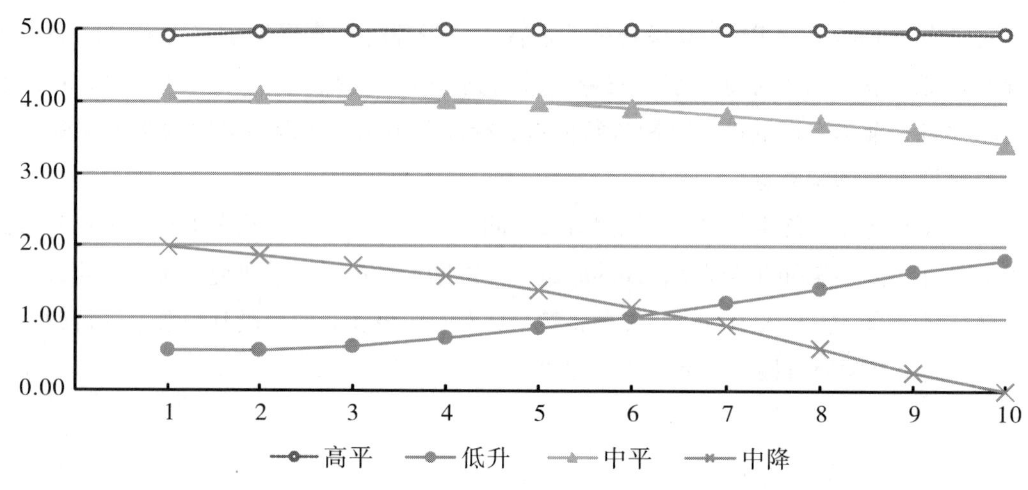

图 1　乌撒彝语声调格局

根据表 3，乌撒彝语声调调域在 139. 60Hz 至 207. 17Hz。低升调最小基频值为 146. 23Hz，大于乌撒彝语声调最小基频值。低升调最大基频值为 162. 17Hz，小于乌撒彝语声调最大基频值。由表 4 及图 1 可知，低升调曲拱形态在前两个基频点为短暂的平型，后为升型，整体呈上升趋势。此外，低升调位于乌撒彝语声调格局的下半部分，起点 T 值为 0. 56，相当于五度中的 1 度，自第六个基频点开始，T 值均大于 1. 00，尾点 T 值为 1. 82，相当于五度中的 2 度，即十个基频点中，1 度和 2 度各占 50%，因此乌撒彝语低升调调型描述为低升，调值描述为 12。

《各地彝语对照表（油印本）》（1956）、《彝语简志》（1985）、《简明彝汉字典：贵州本》（1991）均记录威宁彝语低升调调值为 13，与传统听辨记音结果相比，声学分析得到的低升调调值偏低，可能原因有两点。一是在五度标调法研究中，传统听音辨音研究一般情况下为保持数据的可观性和简便记忆，在不影响音位对立的条件下，常以 1、3、5 为标准点描述声调，将实际声调调值如 12 描述为 13。二是乌撒彝语低升调调值为 13，但在语言的发展过程中发生了演变，从 13 调变为 12 调，关于该推测的原因分析详见本文第三小节。

本实验严格遵循实验步骤，取 12 位发音人各个声调的基频均值，数据具有合理性、科学性和真实性。根据实验结果，笔者认为将乌撒彝语低升调目前的调值描述为 12 较为符合实际。综上，乌撒彝语低升调调型为低升，调值描述为 12。

(二)乌撒彝语低升调声学性别特征

将所有男性和女性低升调的十个基频值分别进行均值计算及归一化处理，得到的数据如表5和表6所示。

表5　乌撒彝语男女性低升调基频均值　　单位：Hz

类别	基频点1	基频点2	基频点3	基频点4	基频点5	基频点6	基频点7	基频点8	基频点9	基频点10
M 均值	111.79	111.54	111.67	112.13	113.25	114.67	116.46	118.00	119.63	120.88
W 均值	180.71	180.92	182.21	184.13	186.38	188.71	191.46	194.75	198.96	203.46

表6　乌撒彝语男女性低升调基频归一化结果

类别	基频点1	基频点2	基频点3	基频点4	基频点5	基频点6	基频点7	基频点8	基频点9	基频点10
M 均值	0.80	0.76	0.76	0.80	0.90	1.03	1.19	1.33	1.47	1.58
W 均值	0.53	0.54	0.64	0.78	0.94	1.10	1.30	1.53	1.82	2.12

为使对比结果更加直观清楚，根据男女性低升调基频均值绘制得到的声学格局如图2(a)所示，根据归一化处理后的基频数据绘制得到的声学格局如图2(b)所示。

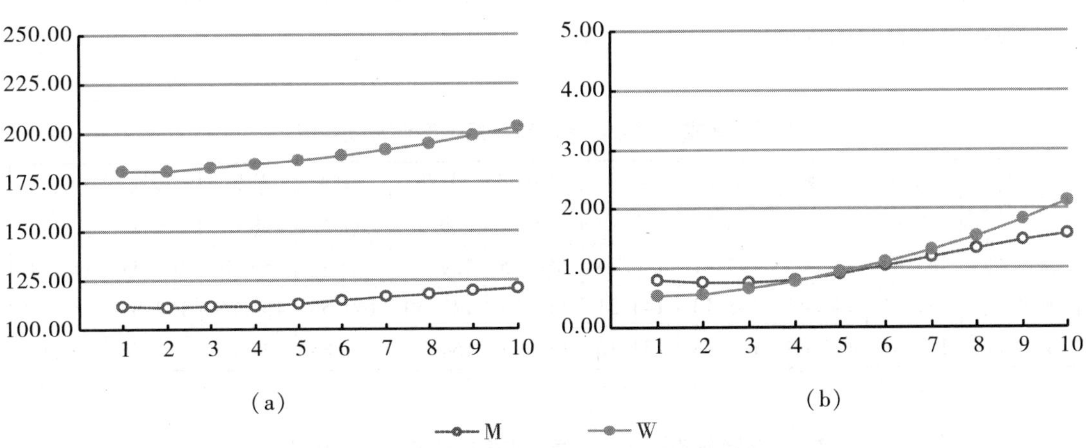

图2　乌撒彝语男女性低升调基频均值及基频归一化结果声学格局

根据表5，男性发音时低升调调域在111.54Hz至120.88Hz，频域为9.34Hz。其曲拱形态在前四个基频点表现为先降后升的凹型，后六个基频点为升型，整体表现为先降后升，如图2(a)所示。此外，根据表6及图2(b)可知，男性起点T值为0.80，相当于五度中的1度，尾点T值为1.58，相当于五度中的2度，从第六个基频点起T值均大于1.00，归纳得到十个基频点中1度和2度各占50%，因此调值描述为12。

女性调域在180.71Hz至203.46Hz之间，频域为22.93Hz，相比于男性，女性低升调始终以增加0.21~4.50Hz的趋势保持上升态势，曲拱形态表现为升型，整体表现为逐步升高，如图2（a）所示。另外，由表6及图2（b）可知，女性起点T值为0.53，相当于五度中的1度，尾点T值为2.12，相当于五度中的3度，从第六个基频点起T值均大于1.00，归纳得到十个基频点中1度占50%，2度占40%，3度占10%，因此调值描述为13。

综上，对比男性和女性低升调特征，女性低升调音高及频域明显高于男性，如图2（a）所示；男性增长曲线表现为先降后升，女性表现为始终升高；男性起点T值大于女性，尾点T值小于女性，低升调平化趋势比女性突出；男女性低升调调型相同，但女性低升调调值高于男性。

（三）乌撒彝语低升调声学代际差异

音变为历时演变的动程。王士元、沈钟伟（1991：27）认为“音变的过程是复杂的。这种复杂的过程不是光靠历史文献材料能够了解到的。因而通过共时的差异来研究历时的变化无疑是一条了解音变机制的可靠途径”。换言之，基于共时维度的研究有助于直接观察音变的细微变化过程。本实验以代际差异研究作为历时演变研究的具体执行样本，将其分为老、中、青三组。对老、中、青三组低升调的十个基频值进行均值计算及归一化处理，得到的结果如表7、表8所示，然后根据这两组数据分别绘制相应的声学格局，如图3所示。不同年龄段发音人的具体表现可为乌撒彝语低升调的演变过程及演变动态提供直观的例证。

表7　乌撒彝语老、中、青三组低升调基频均值　　单位：Hz

组别	基频点1	基频点2	基频点3	基频点4	基频点5	基频点6	基频点7	基频点8	基频点9	基频点10
老年组	143.38	143.63	144.81	146.94	149.75	152.81	156.44	159.88	163.31	167.38
中年组	142.31	142.44	143.13	144.31	145.75	147.50	149.56	151.69	153.81	155.19
青年组	153.06	152.63	152.88	153.13	153.94	154.75	155.88	157.56	160.75	163.94

表8　乌撒彝语老、中、青三组低升调基频归一化结果

组别	基频点1	基频点2	基频点3	基频点4	基频点5	基频点6	基频点7	基频点8	基频点9	基频点10
老年组	0.51	0.52	0.60	0.76	0.97	1.20	1.46	1.71	1.96	2.24
中年组	0.61	0.62	0.68	0.77	0.89	1.03	1.20	1.36	1.52	1.63
青年组	0.89	0.82	0.83	0.84	0.90	0.97	1.07	1.21	1.46	1.68

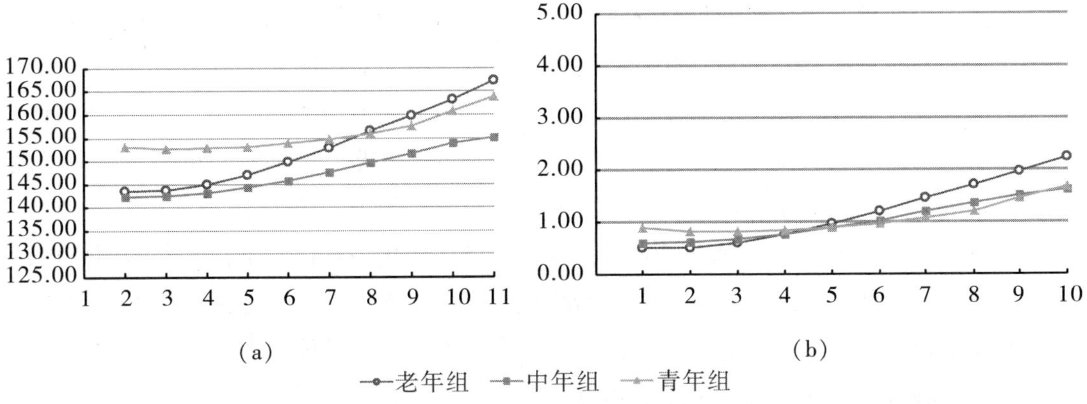

图3 乌撒彝语老、中、青三组低升调基频均值及基频归一化结果声学格局

由表7和表8可知，老年组发音时低升调调域在143.38Hz至167.38Hz，频域为24.00Hz，尾点基频值为三个组别中的最大值，曲拱形态表现为升型，但在前两个基频点上表现较为平缓，后明显上升。老年组起点T值为0.51，相当于五度中的1度，尾点T值为2.24，相当于五度中的3度，从第六个基频点起T值均大于1.00，归纳得到十个基频点中1度占50%，2度占40%，3度占10%，因此调值描述为13。中年组发音时低升调调域在142.31Hz至155.19Hz，频域为12.88Hz，起点和尾点基频值均为三个组别中的最小值，曲拱形态表现为升型，和老年组一样，在前两个基频点上表现较为平缓，后明显上升。但在明显上升段，中年组所有基频值及增长幅度均小于老年组，如图3（a）所示。中年组起点T值为0.61，相当于五度中的1度，尾点T值为1.63，相当于五度中的2度，从第六个基频点起T值均大于1.00，归纳得到十个基频点中1度和2度各占50%，因此调值描述为12。青年组发音时低升调调域在152.63Hz至163.94Hz，频域为11.31Hz，起点基频值为三个组别中的最大值，曲拱形态在前三个基频点表现为先降后升的凹型，后表现为升型，但第三个基频点至第八个基频点表现较为平缓，第八个基频点后上升幅度明显增加，整体表现为先降后升。青年组起点T值为0.89，相当于五度中的1度，尾点T值为1.68，相当于五度中的2度，从第七个基频点起T值均大于1.00，归纳得到十个基频点中1度占60%，2度占40%，因此调值描述为12。

综上，乌撒彝语低升调在频域值方面，老年组大于中年组，中年组大于青年组；在曲拱形态方面，老年组和中年组为升型，青年组前期有短暂的下降，后为升型；在增长态势方面，如图3（a）所示，三组中老年组增长态势最为急促，中年组次之，两组在第二个基频点后呈明显的增长态势，而青年组上升最为平缓；在平化趋势方面，老年组和中年组1度占比均为50%，青年组占比60%，青年组大于中年组，中年组等于老年组；在调值及调型方面，老年组调值大于中年组，中年组等于青年组。因此，随着年龄层次的降低，低升调的增长幅度越来越小，增长曲线趋于平缓，平化趋势越加明显。

此外，如图3（b）所示，在归一化处理后的尾点T值方面，老年组大于青年组，青年组大于中年组，老年组甚至超过了2.00，相当于五度中的3度，而中年组和青年组均为2度。同时，在上文男女性低升调声学特征对比中，女性尾点T值为2.12，相当于五度中的3度。因此，女性和老年组的低升调均出现了调值为13的情况。语音（声调）演变是一个历时的动态变化过程，该共时性特征不可被忽略。根据实验结果，本文推测乌撒彝语低升调调值在1956年时为13，但随着时间的推移，彝语使用环境发生改变，如与普通话或汉语方言的接触更加频繁，声调的潜移变化一直在发生，低升调调值也随之发生了演变，从13变为12。目前，该演变处于正在进行状态，受性别和年龄因素影响，其演变特征在男女性和老、中、青三组中表现不一致，具体为男性演变进程早于女性，中年组和青年组演变进程早于老年组。

四、结语

本文采用实验语音学方法考察乌撒彝语低升调的调型及调值，并基于社会语言学视角探讨其在性别和代际上存在的共时性特征。通过实验得到如下结论：乌撒彝语低升调调型为低升，调值记为12；对比乌撒彝语低升调声学性别特征，女性低升调音高及频域明显高于男性，男性曲拱形态类型比女性的多出凹型，且低升调平化趋势比女性突出；对比乌撒彝语低升调声学代际差异，随着年龄层次的降低，低升调频域值越来越小、增长幅度越来越小、增长态势越加平缓、平化趋势越加明显。此外，根据数据分析，本文认为乌撒彝语低升调调值在1956年至2021年间随着时间的变化而发生演变，调值从13变为12。

参考文献

［1］陈康．彝语方言研究［M］．北京：中央民族大学出版社，2010.

［2］陈士林，边仕明，李秀清．彝语简志［M］．北京：民族出版社，1985.

［3］贵州省彝学研究会，贵州省民族事务委员会民族语文办公室，贵州民族学院彝文文献研究所，等．简明彝汉字典：贵州本［M］．贵阳：贵州民族出版社，1991.

［4］罗安源．中国语言声调概览［M］．北京：民族出版社，2006.

［5］马静．彝语北部方言以诺话声调变调研究［J］．毕节学院学报，2014（5）.

［6］石锋．关于声调分析的几个问题［M］//石锋，廖荣蓉．语音丛稿．北京：北京语言学院出版社，1990.

［7］王成有．彝语方言比较研究［M］．成都：四川民族出版社，2003.

［8］王士元，沈钟伟．词汇扩散的动态描写［J］．语言研究，1991，11（1）.

［9］中国科学院少数民族语言调查第四工作队．各地彝语对照表［G］．油印本，1956.

A Study on the Acoustics of Low Rising Tone in Wusa Yi Language

LONG Jie

【Abstract】 Based on the perspective of experimental phonetics, this paper extracts the tone fundamental frequency parameters of single words with the help of Praat speech analysis software to investigate the tone type, tone value and sociolinguistic characteristics of low rising tone in terms of gender and age in Wusa Yi language. The experimental results show that the tone type of low rising tone in Wusa Yi language is low rising, and the tone value is denoted as 12. The pitch and frequency range of low rising tone in females are significantly higher than those in males, while the flatness trend in males is more prominent than that in females. With the decrease of the age level, the domain value and the growth range of the low rising tone become smaller and smaller, the growth trend becomes gentler and the flattening trend becomes more obvious. In addition, according to the gender and intergenerational characteristics of low rising tone, this paper speculats that its tone value has been changed from 13 to 12 with the development of the language.

【Keywords】 Wusa Yi language, low rising tone, gender, intergenerational, acoustic experiment

大余同心畲话两字组连读变调

罗　瑶[①]

（暨南大学汉语方言研究中心　广东广州　510632）

【提　要】本文讨论赣南地区大余同心畲话的两字组连读变调现象及规律。同心畲话的两字组变调非常有规律，动宾字组为前字变调，重音落在后字音节；非动宾字组为后字变调，重音落在前字音节，即变调为轻音节。但是，如果前字源于古入声字，那么无论其两字组为何种语法关系，一律为前字变调，重音落在前字，即变调为重音节。重音节变调与轻音节变调的性质不同，它并不是连读变调的结果，而是消失的入声本调的保留。

【关键词】同心畲话　客家话　连读变调　入声

一、同心畲话概况

（一）地理与语言概况

大余县位于江西省的西南边缘，居章江上游，大庾岭北麓。东北与南康区相连，东南与信丰县接壤，西北与崇义县毗邻，南与广东省南雄市襟连，西接广东省仁化县。大余县为客家县，全县通行客家话，居住于此的少数民族以畲族为主。

在方言分区中，大余话属江西赣南客家方言西片（颜森，1986），《中国语言地图集》（第2版）将大余话划为客家方言的于信片。

同心村位于大余县池江镇池江盆地北部，距县城23千米，是依山而建的小山村。同心村现在是客畲杂居，畲民主要聚居在马狮合小组，本文的同心畲话便是马狮合小组

---

① 罗瑶（1988—　），暨南大学汉语方言研究中心博士生，研究方向为客赣方言、语言计量研究、语音学。

畲族人所说的客家方言。从目前的调查来看，语音上同心畲话与本地客家人所说的客家方言并无二致。① 我们对同心畲话的首次调查在 2013 年 1 月，第二次调查在 2022 年 1 月。发音人蓝先生，畲族，大专学历，职业为小学教师，1966 年生，世居大余县同心村，目前退休居住在大余县城，会说同心畲话和普通话。

（二）声韵调系统

要讨论同心畲话连读变调情况及其规律，须先看一下同心畲话的声韵调系统。

声母 20 个（包括零声母），见表 1。

表 1　同心畲话声母表

p 帮泡并阜	pʰ 泼白吠扶	m 门忙尾微	f 法翻粉挥	v 话外万横
t 答铸筝鲤	tʰ 沓塔澄帝	n 纳老日疑		l 蜡拿饶能
k 加蒿焦械	kʰ 客概蟹共	ŋ 额轧瘊碾	x 虾肯渴合	
ts 糟楂遮摘	tsʰ 车杂茶草		s 佘射掸术	
tɕ 鸡欺汁贞	tɕʰ 巧妻称寻		ɕ 西食霞神	
ø 阿耳物娱				

韵母 33 个（包括 ŋ̍），见表 2。

表 2　同心畲话韵母表

ɿ 资誓斯支	i 以食费去	u 户副努朴	y 虚初贵跪
a 爬蛇石鸭	ia 野写摸腻	ua 瓜花化滑	
ɛ 梅直色会	iɛ 铁习舌汁	uɛ 国开类堆	yɛ 雪确缺激
ɔ 桃教没瀑	iɔ 条焦嚼跃		
o 歌觉壳跑	io 药约略律	uo 鸽活骨合	
œ 勾楼而二			
	iu 流收九嗅		
ai 介帅鞋个		uai 怪块率刽	
an 胆含间冷	ian 先点辆姻	uan 官关框欢	yan 掀笋圆软
ɛn 曾梗扇温	iaŋ 星影尽院	uɛn 棍荤纯困	
eŋ 通扔猛木	ieŋ 林灵穷农		

① 从目前的调查来看，在词汇上，同心畲话与周边客家话似乎残存差异。例如，“儿子”和“母亲”两词在客家话中存在［lai］［oi］这样的说法，但在同心畲话中这种说法是不存在的，同心畲话的“儿子”为“崽子”，“母亲”为“阿娘”。

（续上表）

oŋ 方江床半	ioŋ 想腔阳避	uoŋ 肝狂算春	
ŋ̃ 五吴你鱼			

单字调 4 个：

阴平 23：彪波邦抽击

阳平 55：庞彭泥鹅豹半串唱

上声 51：饱厂亩女

去声 35：倍伴赵弟叛大让岸急笔木肉

二、同心畲话两字组连读变调

关于客家方言连读变调的研究，最早见于李如龙（1965）的《长汀话两音节、三音节的连读变调》，此后罗美珍（1982）对长汀客家话的连读变调作了更加详细的描写。在关于江西境内客家话的研究中，谢留文（1992）、邱镔（2003）、温昌衍（2017）、黄小平（2010）分别对于都话、宁都话、石城客家话和宁都田头话的连读变调作过比较详细的描写与论述。而大余同心畲话的两字组连读变调现象，未见调查成果发表。

（一）变调规律

同心畲话的两字组变调规律非常清楚，动宾字组为前字变调，重音落在后字音节；非动宾字组为后字变调，重音落在前字音节，即重音落在非变调音节，变调性质为轻声。例如，投胎［$t^{h}œ^{55-21}t^{h}uɛ^{23}$］≠头胎［$t^{h}œ^{55}t^{h}uɛ^{23-21}$］、旷工［$k^{h}oŋ^{35-5}keŋ^{23}$］≠矿工［$k^{h}oŋ^{35}keŋ^{23-21}$］。但是，如果前字源于古入声字，那么无论其两字组为何种语法关系，一律为前字变调，重音落在前字，即重音落在变调音节，变调性质为古入声调在连读中的保留。

（二）变调举例

1. **前字为阴平**

（1）动宾字组的变调。

前字为阴平，动宾字组前字发生变调，调值由 23 变为 33。但是 23 调后接 51 调字组不发生变调。

① 23 + 23→33 + 23。

溜冰［tiu^{23-33} $pieŋ^{23}$］、伤心［$soŋ^{23-33}$ $çieŋ^{23}$］、浇花［$kɔ^{23-33}$ xua^{23}］、搬家

[poŋ$^{23-33}$ ka^{23}]

② 23 + 55→33 + 55。

开门 [xuɛ$^{23-33}$ mɛn^{55}]、镶牙 [ɕiaŋ$^{23-33}$ ŋa^{55}]、帮忙 [poŋ$^{23-33}$ moŋ^{55}]、梳头 [ɕy$^{23-33}$ tœ^{55}]

③ 23 + 35→33 + 35。

开路 [k^{h}uɛ$^{23-33}$ lu^{35}]、拼命 [p^{h}ieŋ$^{23-33}$ miaŋ^{35}]、输血 [ɕy$^{23-33}$ ɕyɛ^{35}]、开学 [k^{h}uɛ$^{23-33}$ xo^{35}]

（2）非动宾字组的变调。

前字为阴平，非动宾字组后字发生变调。后接 23 调、55 调、51 调和 35 调，分别变为 33 调、33 调、21 调、5 调。

① 23 + 23→23 + 33。

交通 [kɔ^{23} t^{h}eŋ$^{23-33}$]、阴天 [ieŋ^{23} t^{h}ian$^{23-33}$]、东风 [teŋ^{23} feŋ$^{23-33}$]、飞机 [fi^{23} tɕi$^{23-33}$]

② 23 + 55→23 + 33。

青年 [tɕ^{h}ieŋ^{23} nian$^{55-33}$]、丝绵 [sɿ^{23} mian$^{55-33}$]、光荣 [kuoŋ^{23} ieŋ$^{55-33}$]、新闻 [ɕieŋ^{23} vɛn$^{55-33}$]

③ 23 + 51→23 + 21。

端午 [tuoŋ^{23} ñ$^{51-21}$]、沙眼 [sa^{23} ŋan$^{51-21}$]、真理 [tɕieŋ^{23} ti$^{51-21}$]、清理 [tɕ^{h}ieŋ^{23} li$^{51-21}$]

④ 23 + 35→23 + 5。

安静 [an^{23} tɕ^{h}ieŋ$^{35-5}$]、都市 [tu^{23} sɿ$^{35-5}$]、筋骨 [tɕieŋ^{23} kuo$^{35-5}$]、方法 [foŋ^{23} fa$^{35-5}$]

2. 前字为阳平

（1）动宾字组的变调。

前字为阳平，动宾字组前字变调。调值由 55 变为 21。阳平 + 阳平的动宾字组不变调，但是前字的发音时长要短于后字的发音时长。

① 55 + 23→21 + 23。

磨刀 [mo$^{55-21}$ tɔ^{23}]、游街 [iu$^{55-21}$ kai^{23}]、离婚 [ti$^{55-21}$ xuɛn^{23}]、停工 [t^{h}ieŋ$^{55-21}$ keŋ^{23}]

② 55 + 51→21 + 51。

摇手 [iɔ$^{55-21}$ ɕiu^{51}]、留底 [tiu$^{55-21}$ ti^{51}]、留种 [tiu$^{55-21}$ tseŋ^{51}]、游泳 [iu$^{55-21}$ ieŋ^{51}]

③ 55 + 35→21 + 35。

迷路 [mi$^{55-21}$ lu^{35}]、饶命 [lɔ$^{55-21}$ miaŋ^{35}]、流汗 [tiu$^{55-21}$ xuoŋ^{35}]、留学 [tiu$^{55-21}$ xo^{35}]

（2）非动宾字组的变调。

前字为阳平，非动宾字组后字变调。23 调、55 调和 51 调都变成 21 调，35 调变成 5 调。

① 55 + 23→55 + 21。

农村［leŋ^{55} ts^{h}ɛn$^{23-21}$］、良心［tioŋ^{55} çieŋ$^{23-21}$］、镰刀［tian^{55} tɔ$^{23-21}$］、麻纱［ma^{55} sa$^{23-21}$］

② 55 + 55→55 + 21。

农民［ieŋ^{55} mieŋ$^{55-21}$］、羊毛［ioŋ^{55} mɔ$^{55-21}$］、人民［nieŋ^{55} mieŋ$^{55-21}$］、煤油［mɛ^{55} iu$^{55-21}$］

③ 55 + 51→55 + 21。

门口［mɛn^{55} xœ$^{51-21}$］、灵巧［tieŋ^{55} tçiɔ$^{51-21}$］、牛马［niu^{55} ma$^{51-21}$］、营养［ieŋ^{55} ioŋ$^{51-21}$］

④ 55 + 35→55 + 5。

棉被［mian^{55} p^{h}i$^{35-5}$］、年限［nian^{55} çian$^{35-5}$］、容貌［ieŋ^{55} mɔ$^{35-5}$］、油漆［iu^{55} tç^{h}iɛ$^{35-5}$］

3. 前字为上声

（1）动宾字组。

前字为上声，动宾字组前字变调。调值由 51 变为 21。

① 51 + 23→21 + 23。

转弯［tsuoŋ$^{51-21}$ van^{23}］、点灯［tian$^{51-21}$ tɛn^{23}］、纺纱［foŋ$^{51-21}$ sa^{23}］、请坐［tç^{h}iaŋ$^{51-21}$ ts^{h}o^{23}］

② 51 + 55→21 + 55。

锁门［so$^{51-21}$ mɛn^{55}］、倒霉［tɔ$^{51-21}$ mɛ^{55}］、点头［tian$^{51-21}$ t^{h}œ^{55}］、写信［çia$^{51-21}$ xieŋ^{55}］

③ 51 + 51→21 + 51。

举手［tçy$^{51-21}$ çiu^{51}］、鼓掌［ku$^{51-21}$ tsan^{51}］、打滚［ta$^{51-21}$ kuɛn^{51}］、挤奶［tçi$^{51-21}$ nai^{51}］

④ 51 + 35→21 + 35。

抵罪［ti$^{51-21}$ ts^{h}uɛ^{35}］、走路［tsœ$^{51-21}$ lu^{35}］、写字［çia$^{51-21}$ ts^{h}ɿ^{35}］、解毒［kai$^{51-21}$ t^{h}u^{35}］

（2）非动宾字组。

前字为去声，非动宾字组后字变调。23 调、55 调和 51 调变成 21 调，35 调变成 5 调。

① 51 + 23→51 + 21。

火车［xo^{51} ts^{h}a$^{23-21}$］、手枪［çiu^{51} tç^{h}ioŋ$^{23-21}$］、指挥［tsɿ^{51} fi$^{23-21}$］、普通［p^{h}u^{51}

t^{h}eŋ$^{23-21}$]

② 51 + 55→51 + 21。

火炉 [xo^{51} lu$^{55-21}$]、党员 [toŋ^{51} yan$^{55-21}$]、酒瓶 [tɕiu^{51} p^{h}ieŋ$^{55-21}$]、火柴 [xo^{51} ts^{h}ai$^{55-21}$]

③ 51 + 51→51 + 21。

水果 [tsuɛ^{51} ko$^{51-21}$]、火腿 [xo^{51} tuɛ$^{51-21}$]、广告 [koŋ^{51} kɔ$^{51-21}$]、打扮 [ta^{51} pan$^{51-21}$]

④ 51 + 35→51 + 5。

早稻 [tsɔ^{51} t^{h}ɔ$^{35-5}$]、榜样 [poŋ^{51} ioŋ$^{35-5}$]、宝塔 [pɔ^{51} t^{h}a$^{35-5}$]、枕木 [tɕieŋ^{51} meŋ$^{35-5}$]

4. 前字为去声

前字为去声的两字组变调，只有前字来源为非入声字时才会受到语法结构的制约，遵循动宾字组前字变调，非动宾字组后字变调的规律。如果前字来源为古入声字，语法结构对变调的影响并不明显，变调规则主要是前字变调。具体情况为：动宾字组一律为前字变调；非动宾字组，我们总共调查了 288 组，其中 198 组是前字变调，占比 69%。

我们看一下前字为去声的变调举例：

(1) 动宾字组。

前字为去声（来源为非入声字），动宾字组前字变调，调值由 35 变为 5。这里有例外情况："35 + 55" 的变调，后字 55 调在不同条件下存在保持不变和弱化为 21 调两种形式。从我们的调查来看，这两种形式是有条件的，前字如果来源于古全浊上字，后字一般保持本调；前字如果来源于古浊去字（包括次浊和全浊），后字一般会弱化成 21 调。

① 35 + 23→5 + 23。

罢工 [pa$^{35-5}$ keŋ^{23}]、幻听 [xuan$^{35-5}$ t^{h}iaŋ^{23}]、外交 [vai$^{35-5}$ kɔ^{23}]、用心 [ieŋ$^{35-5}$ ɕieŋ^{23}]

② 35 + 55→5 + 55。

造谣 [ts^{h}ɔ$^{35-5}$ iao^{55}]、断粮 [t^{h}uoŋ$^{35-5}$ tioŋ^{55}]、受潮 [ɕiu$^{35-5}$ ts^{h}ɔ^{55}]、上坟 [soŋ$^{35-5}$ fɛn^{55}]

③ 35 + 55→5 + 21。

卖油 [mai$^{35-5}$ iu$^{55-21}$]、卖鱼 [mai$^{35-5}$ ñ$^{55-21}$]、害人 [xai$^{35-5}$ nieŋ$^{55-21}$]、画图 [xua$^{35-5}$ t^{h}u$^{55-21}$]

④ 35 + 51→5 + 51。

练武 [tian$^{35-5}$ vu^{51}]、卖酒 [mai$^{35-5}$ tɕiu^{51}]、漏网 [lœ$^{35-5}$ moŋ^{5}]、避暑 [p^{h}i$^{35-5}$ y^{51}]

⑤ 35 + 35→5 + 35。

让步 [nioŋ$^{35-5}$ p^{h}u^{35}]、卖国 [mai$^{35-5}$ kuɛ^{35}]、闹学 [nɔ$^{35-5}$ xo^{35}]、谢罪 [ɕia$^{35-5}$

ts^{h}uɛ^{35}]

（2）非动宾字组。

前字为去声（来源为非入声字），非动宾字组后字变调，23 调、55 调和 51 调变成 21 调，35 调变成 5 调。

① 35 +23→35 +21。

杏花 [ɕieŋ^{35} xua$^{23-21}$]、橡胶 [ɔioŋ^{35} tɕiɔ$^{23-21}$]、旱灾 [xuoŋ^{35} tsai$^{23-21}$]、后方 [xœ^{35} foŋ$^{23-21}$]

② 35 +55→35 +21。

后门 [hœ^{35} mɛn$^{55-21}$]、象牙 [ɕioŋ^{35} ŋa$^{55-21}$]、社员 [sa^{35} yan$^{55-21}$]、犯人 [fan^{35} nieŋ$^{55-21}$]

③ 35 +51→35 +21。

道理 [t^{h}ɔ^{35} ti$^{51-21}$]、市里 [sɿ^{35} ti$^{51-21}$]、动静 [t^{h}eŋ^{35} tɕieŋ$^{51-21}$]、罪过 [ts^{h}uɛ^{35} ko$^{51-21}$]

④ 35 +35→35 +5。

限度 [ɕian^{35} t^{h}u$^{35-5}$]、部队 [pu^{35} t^{h}uɛ$^{35-5}$]、幸福 [ɕieŋ^{35} fu$^{35-5}$]、断绝 [t^{h}uoŋ^{35} tɕyɛ$^{35-5}$]

值得注意的是，前字为去声，即使来源为非入声字，其变调有时也会冲破语法规则的制约，非动宾字组改用动宾字组两字组变调规律，即后字变调改为前字变调。在我们所调查的前字为去声（来源为非入声字）的 287 组非动宾字组中，共有 37 组采用前字变调。例如：

是非 [sɿ$^{35-5}$ fi^{23}]、杏仁 [ɕieŋ$^{35-5}$ ieŋ^{55}]、预先 [y$^{35-5}$ ɕian^{23}]、卫生 [vi$^{35-5}$ sɛn^{23}]、蛋黄 [tan$^{35-5}$ oŋ^{55}]、大小 [t^{h}ai$^{35-5}$ ɕiɔ^{51}]

由以上我们可知，同心畲话的变调有两种模式：前字变调，与之匹配的是动宾字组；后字变调，与之匹配的是非动宾字组。这说明同心畲话的两字组变调与语法结构有关。但是，如果前字来源为古入声字，变调将不受语法结构的控制，前字变调与后字变调均有，但以前字变调为主。

我们将同心畲话的变调规律总结如下（见表 3）。

表 3 同心畲话变调规律

前字	变调	后字			
		阴平 23 调	阳平 55 调	上声 51 调	去声 35 调
阴平 23 调	单字调	23 23	23 55	23 51	23 35
	动宾式	**33** 23	**33** 55	23 51	**33** 35
	非动宾式	23 **33**	23 **33**	23 **21**	23 **5**

（续上表）

前字	变调	后字			
		阴平 23 调	阳平 55 调	上声 51 调	去声 35 调
阳平 55 调	单字调	55 23	55 55	55 51	55 35
	动宾式	**21** 23	55 55	**21** 51	**21** 35
	非动宾式	55 **21**	55 **21**	55 **21**	55 **5**
上声 51 调	单字调	51 23	51 55	51 51	51 35
	动宾式	**21** 23	**21** 55	**21** 51	**21** 35
	非动宾式	55 **21**	51 **21**	51 **21**	51 **5**
去声 35 调（来源为非入声字）	单字调	35 23	35 55	35 51	35 35
	动宾式	**5** 23	**5 21**/**5** 55	**5** 51	**5** 35
	非动宾式	35 **21**	35 **21**	35 **21**	35 **5**
去声 35 调（来源为入声字）	单字调	35 23	35 55	35 51	35 35
	变调	**5** 23/35 **21**	**5 21**/**5** 55/35 **21**	**5** 51/35 **21**	**5** 35/35 **5**

同心畲话两字组变调有以下特点：

（1）动宾字组的重音落在后字，即韵律模式是“轻 + 重”的模式，变调形式是前字变调。变调有低降调 21、中平调 33；前字是 35 调时，不受韵律模式的影响，变为重读促声 5 调。

（2）非动宾字组的重音落在前字，即韵律模式是“重 + 轻”的模式，变调形式是后字变调。变调有低降调 21、中平调 33①；后字是 35 调时，不受韵律模式的影响，变为重读促声 5 调。

（3）前字为去声的两字组变调，如果来源为古入声字，语法结构对变调的影响并不明显，变调规则主要是前字变调，即前字 35 调变为促声 5 调。

（4）去声 35 调在两字组变调中产生的变调都为促声 5 调，发音较其他的变调而言，比较短促，音高比较高，发音气流较强。关于促声 5 调的性质，我们下文将进一步讨论。

三、去声 35 调与其变调

从上文我们知道，同心畲话的两字组变调出现了三个新的调类，分别是 21 调、33

① “35 + 55”的结构中，有些时候 55 调会变为 11 调，即高平调变为低平调。由于韵律模式是重音落在前字，后字是高平调的话容易变为低平调。

调和 5 调。变调 21 调、33 调在轻重式的韵律结构中都处在“轻”的位置，类似于北京话中的轻声；但变调 5 调并不如此，它在两字组变调中往往是重读，甚至会迫使本该处于重读位置的字音变轻。例如我们上文说到的，“35 + 55”的动宾字组变调中，前字 35 调变调为 5 调，会迫使高平 55 调变为低降 21 调。我们认为，变调 5 调与其他两个变调的性质是不同的。

李小凡（2004）认为语音变调的功能是调节发音。同心畲话中的变调 21 调、33 调是为了使发音省力而产生的简化式变调。但是变调 5 调情况不同，它既不符合省力原则，在两字组中也不处在“轻”的位置。我们认为变调 5 调与去声 35 调的古音来源有关，它是同心畲话入声消失后遗留在语流音变中的痕迹。变调 5 调也许是同心畲话入声消失之前的入声本调。变调即为本调在汉语方言中绝非个例，语音变调在一些方言中需要补充历史音类条件才能考察其性质，如温岭方言（李荣，1979）、平遥方言（侯精一，1980），连调也是在某个历史时期单字调的基础上形成的。

我们也可以从同心村周边方言入声调的今读情况来观察同心畲话入声的演变（见表 4）。

表 4 同心村周边方言入声调的今读情况①

	阴平	阳平	阴上	阳上	阴去	阳去	阴入	阳入
南康蓉江话	44	11	21		53		24	55
上犹东山话	33	21	213	53	去声字全部与阴平字合流		35（一部分入声归入阴平）	5（大部分与阴入合流）
南康镜坝话	44	21	31		53		5	
崇义扬眉话	24	33	42		21		5	
南康城区话	44	11	31		51		5（小部分归入去声）②	
大余南安话	33	11	42		24		55（部分归入阴平）	
同心畲话	23	55	51		35		无入声，入声全部归去声	
上犹社溪话	24	11	42		55		无入声，入声全部归去声	
信丰铁石口话	334	325	31		51	55	无入声，入声派入阴平、阴去和阳去	

从表 4 中我们可以看出，同心畲话与其周边的客家话，其入声的演变是一个持续渐变的过程。语言的发展有快有慢，南康蓉江话处于入声演变的前期，南康镜坝话、崇义扬眉话处于入声演变前中期，南康城区话、大余南安话处于入声演变的中后期，而同心

① 其中南康蓉江话、大余南安话、上犹社溪话来自刘纶鑫《客赣方言比较研究》（1999），其余来自笔者近期的调查。赣南客家话入声的演变问题比较复杂，与清浊、韵摄等有关，总体上是合并消失的趋势，笔者准备后期单独讨论，在此不赘述。

② 少部分日常口语字读作去声，例如：湿（衣服湿了）、食（食饭）、月（指月份）、药（吃药）等。

畲话、上犹社溪话和信丰铁石口话已经处于入声演变的后期，入声的演变与消失是有迹可循的。同心畲话入声的演变轨迹也许是：入声分阴阳→入声合并为一个调类→一部分入声归入去声→入声全部归入去声，但在连读变调中依旧保持原调（→入声全部消失）。

“对于汉语方言中的连读变调现象，我们可以假定：该方言本来没有变调，一个调类的调值不管在字组里或句子中出现的位置如何，原先都基本一样；后来因为位置的不同而走过了不同的演变之路。”（平山九雄，1998）变调 5 调是观察同心畲话入声演变的窗口，因为所处位置不同，入声在单字和连读位置上走上了不同的演变之路，而在共时层面发展出来的变调就是同心畲话入声的本调。

至于去声 35 调源于非入声字的变调也为 5 调，我们认为这是受到了语音变化类推作用的影响。入声与去声归并为同一个调类，但是入声原调还保留在两字组变调的位置上，这股“入声变调为本调”的势力非常强大，推动着与入声归并的去声也跟着一起变调。当然，从上文我们也可以看出，前字来源于非入声的去声两字组变调会更加规范，大致遵循语法结构的制约规则，这也说明源于入声的去声和源于非入声的去声在历史发展阶段上是不同的。共时层面的去声 35 调实际上存在着两个“深层结构”，即基本调 35 调和变调 5 调。

四、结语

从上文论述来看，同心畲话的两字组变调与语法结构有关，动宾字组为前字变调，非动宾字组为后字变调。同心畲话的两字组变调还与古音来历有关，如果前字来源为古入声字，变调将不受语法结构的制约，前字变调与后字变调均有，但以前字变调为主。

同心畲话的两字组变调出现了三个新的调类，分别是 21 调、33 调和 5 调。变调 21 调与 33 调在轻重式的韵律结构中都处在“轻”的位置，其变调功能是为了调节发音。而变调 5 调与其他两个变调性质不同，我们认为其与去声 35 调的古音来源有关，是同心畲话入声消失后遗留在语流音变中的痕迹，是同心畲话入声消失之前的本调。

参考文献

[1] 侯精一．平遥方言的连读变调 [J]．方言，1980（1）．

[2] 黄小平．江西宁都田头客家话两字组连读变调 [J]．方言，2010（3）．

[3] 李荣．温岭方言的连读变调 [J]．方言，1979（1）．

[4] 李如龙．长汀话两音节、三音节的连读变调 [J]．厦门大学学报（哲学社会科学版），1965（2）．

[5] 李小凡．汉语方言连读变调的层级和类型 [J]．方言，2004（1）．

［6］刘纶鑫．客赣方言比较研究［M］．北京：中国社会科学出版社，1999.
［7］罗美珍．福建长汀客家话的连读变调［J］．语言研究，1982（2）．
［8］平山久雄．从声调调值演变史的观点论山东方言的轻声前变调［J］．方言，1998（1）．
［9］邱镔．宁都（湛田）方言的连读变调［D］．南昌：江西师范大学，2003.
［10］王洪君．汉语非线性音系学：汉语的音系格局与单字音［M］．北京：北京大学出版社，2008.
［11］温昌衍．江西石城（高田）方言的完成变调［J］．中国语文，2006（1）．
［12］温昌衍．石城客家话两字组连读变调：兼谈变调中的“语音词”和“心理词”［J］．语言研究集刊，2017（2）．
［13］谢留文．江西省于都方言两字组连读变调［J］．方言，1992（3）．
［14］徐通锵．历史语言学［M］．北京：商务印书馆，1991.
［15］颜森．江西方言的分区（稿）［J］．方言，1986（1）．
［16］詹伯慧，刘镇发．广东饶平上饶客家话的两字连读变调［J］．方言，2004（3）．
［17］中国社会科学院语言研究所，中国社会科学院民族学与人类学研究所，香港城市大学语言资讯科学研究中心．中国语言地图集［M］．2版．北京：商务印书馆，2012.

Tonal Variations within Bi-syllabic Constituents in Dayu Tongxin She Dialect

LUO Yao

【Abstract】 This paper discusses the phenomenon and pattern of tonal variations within bi-syllabic constituents in Tongxin She dialect of Dayu, Gan'nan prefecture in Jiangxi. In Tongxin She dialect, there is a very regular pattern of bi-syllabic constituents, with the moving-object group being the first syllabic intonation and the stress falling on the second syllable, and the non-moving-object group being the second syllable intonation and the stress falling on the first syllable, i. e. , the intonation is a lighter syllable. However, if the former character is derived from an ancient initial character, regardless of the grammatical relationship between the two character groups, the former character will always be detuned, and the stress will fall on the former character, i. e. , it will be detuned to a heavy syllable. The nature of stressed-syllable modulation is different from that of light-syllable modulation; it is not the result of continuous modulation, but the retention of the disappearing initial tone.

【Keywords】 Tongxin She dialect, Hakka dialect, continuous modulation, rusheng

隆头土家语 $a^{55}so^{21}$ “谁”及相关疑问代词研究[①]

刘贤娴　吴满香[②]

（暨南大学文学院　广东广州　510632；
广西民族大学文学院　广西南宁　530000）

【提　要】 本文分析了隆头土家语中的 $a^{55}so^{21}$ “谁”及相关疑问代词的用法，探讨了其在疑问句中表特指询问的作用，以及在非疑问句中的指代功能。研究发现土家语中关于询问人的疑问代词既可指单数，又可指复数；强调复数可通过词汇同现和重叠的句法手段实现；非疑问指代用法包括任指和虚指两类。

【关键词】 土家语　疑问代词　疑问用法　非疑问用法

一、引言

疑问代词是跨语言普遍存在的词类特征，目前学界对疑问代词尚无统一界定。本文遵循王力（1985）、吕叔湘（2002：172）等人的观点，将疑问句中代替未知信息的词统称为疑问代词。土家语中的疑问代词是指土家族在日常会话的疑问句中，用于代替某些未知信息的词语。

在类型学视角下，疑问代词的研究成果丰硕，学者们发现了世界语言普遍存在的一些共性。Cysouw（2004）、Ultan（1978）、刘丹青（2019）等的研究表明人类语言中普遍存在专门的词汇表示疑问。但是疑问代词在很多情况下也并不表示疑问，Haspelmath

---

① 本文是国家社会科学基金西部项目“南岭走廊中段的多语多方言接触变异研究”（项目编号：21XYY023）的阶段性成果。其中语料均来自 2020 年 12 月和 2021 年 8 月的田野调查，在此特地感谢湖南省娄底市新化县第二中学的向秋霞老师，她在我们进行土家语语料收集的过程给予了极大的帮助。调查点位于湖南省湘西土家族苗族自治州苗儿滩镇隆头小区（2015 年湖南省行政改革规划前的湘西州隆头镇捞田溪）。发音合作人：XQX，土家族，女，本科文化，1995 年生；XY，土家族，男，初中文化，1968 年生；TSJ，土家族，男，小学文化，1945 年生；XTJ，土家族，男，小学文化，1956 年生。本研究以 TSJ 的发音为主。

② 刘贤娴（1997—　），暨南大学文学院 2023 级中国少数民族语言文学专业博士，主要研究方向为中国南方少数民族语言；吴满香（1982—　），博士，广西民族大学文学院讲师，主要研究方向为语言记录与描写、语言类型学。

(1997) 指出疑问代词的非疑问用法也是跨语言普遍存在的语言现象，这种共性是一种倾向共性。[①]土家语中 a^{55}so^{21} “谁” 及其相关疑问代词同样存在疑问和非疑问两种用法。本文将在前人研究的基础上进一步探索。

在土家语的疑问代词研究中，学者多侧重于对其疑问用法的句法结构和功能进行描写。田德生等 (1986) 认为土家语问人疑问代词为体词性疑问代词，在句中主要充当主语、宾语和定语，所调查到的疑问代词包括 a^{55}se^{21} “谁”、khɨ^{21}ti^{55} “哪个”。戴庆厦、田静 (2005) 认为土家语问人疑问代词 a$^{33/31}$so^{55} “谁” 属于体词性疑问代词。陈康 (2006) 认为疑问代词 a^{55}sɨe^{21} “谁”、khɯ^{21}ti^{55} “哪个” 在句中可作主语、宾语、定语、谓语和状语，并通过例证说明。Brassett 等 (2006) 指出问人疑问代词 a^{51}se^{21}可作主格、宾格和属格。田志慧 (2012) 从语义的角度，将 ɤa^{55}so^{21}、khai^{21}ti^{55}等疑问代词分为全隐义词和半隐义词，进而对其疑问用法的组合功能进行分析。徐世璇等 (2017) 也指出土家语问人疑问代词 a^{55}sɨe^{21} “谁”、khɨe^{21}ti^{55} “哪个” 属于体词性疑问代词。

现有研究通常只对问人疑问代词作简单概述，缺乏对其功能的深入分析。对疑问用法的研究屈指可数，对非疑问用法的研究更是寥寥无几。本文旨在深入探讨土家语中问人疑问代词的疑问及非疑问用法。

以上文献的调查点与隆头土家语同属土家语北部方言地区，因而对本研究具有一定的借鉴意义。本研究所调查的隆头土家语问人疑问代词有四个基本形式，根据疑问代词的构词形式和功能，可将询问人的疑问代词分为两种不同的类别：一是 a^{55}so^{21} “谁”、a^{55}xo^{21} “谁”，其构词特点主要为“前附音节 a^{55} + 词根”，仅用于询问人，本文定为 a^{55}类疑问代词；二是 khai^{21} “哪”、khai^{21}ti^{55} “哪”，其构词法主要以 khai^{21}为词根，既可以用于询问人，又可用于询问事物、性状等，本文定为 khai^{21}类疑问代词。这两种疑问代词的共同特征在于它们都具有询问人的功能。本文从句法形式的角度，对土家语中疑问代词的疑问和非疑问用法进行分析。

二、疑问用法

从形式共性的角度看，世界上的语言不一定都有数的语法范畴，但所有语言都有数的概念范畴。(金立鑫，2011) 根据发话人的主观性视角，隆头土家语的问人疑问代词也存在数量上的变化，即发话人预知受话人回答的数量，所用疑问代词有强调单数和复数的区别。本文所列举的基本形式既可表示单数，也可表示复数。发话人如果要强调复数意义，可通过不同的句法形式表达。

---

① Haspelmath 同时指出疑问代词的非疑问用法在英语和法语中是不存在的。从语言类型与倾向共性之间的影响关系来看，这与世界语言普遍存在非疑问用法的说法并不冲突。

（一）基本形式

基本形式的疑问代词在土家语中常用于询问人，既能表示单数，也能表示复数，但是两种表达形式的句法成分和组合功能有所不同。

1. a^{55}类疑问代词

疑问代词系统中的 $a^{55}xo^{21}$ “谁” 和 $a^{55}so^{21}$ “谁” 一般只用于询问人，可作为疑问句的主语或宾语，也能独立成句。且 $a^{55}xo^{21}$ “谁” 和 $a^{55}so^{21}$ “谁” 可以相互替换。例如：

（1） $a^{55}so^{21}$　te^{35}　li^{21}？
谁　PT　说
谁说的？

（2） se^{35}　$a^{55}xo^{21}$　$ȵi^{53}$？
你　谁　找
你找谁？

（3） a^{55} xo^{21}？
谁
谁？

领属结构是 a^{55}类疑问代词的特殊组合方式，主要由两种方式构成。一种为领属标记 nie^{21} “的”，表示疑问代词和事物之间具有领属关系。疑问代词加 nie^{21} “的” 的组合充当定语时，既可位于中心词之前，又可置于中心词之后引导修饰。这种领属结构还可独立成句。例如：

（4） $en^{55}ti^{21}$　je^{21}　$a^{55}so^{21}$　nie^{21}？
这　东西　谁　的
这是谁的东西？

（5） $a^{55}so^{21}$　nie^{21}　pai^{53}？
谁　的　孩子
谁的孩子？

另一种组合方式为疑问代词加名词 kha^{21} “家” 构成偏正短语，同样具有领属意义。这种偏正短语又可在句中充当定语成分。例如：

（6） $a^{55}xo^{21}$　kha^{21}　nie^{21}　$ɣau^{35}$　po^{21}　$liau^{55}$？
谁　家　的　牛　出逃　ASPP
谁家的牛跑了？

（7） $a^{55}xo^{21}$ kha^{21} nie^{21}　$pau^{35}pu^{55}$　si^{21}　$ɕi^{21}$　$tsha^{35}$？
谁　家　的　玉米　生长　STRP　好
谁家的玉米种得好？

如上述例句中，$a^{55}xo^{21}$ kha^{21} “谁家”可与结构助词 nie^{21} “的”组合，修饰中心语 $ɣau^{35}$ “牛”和 $pau^{35}pu^{55}$ “玉米”等名词，形成多重定语结构。这种多重定语既可在句中作主语和宾语，也可独立成句。

a^{55}类疑问代词加名词 kha^{21} “家”构成的领属结构，也可直接修饰名词 $tshau^{53}$ “房屋”，表达“别人家”的意思。其组合形式主要在句中作地点状语。例如：

（8） ni^{35} $a^{55}xo^{21}$ kha^{21} $tshau^{53}$ $tsɿ^{21}$ $ka\text{-}i^{35}$？

你 谁 家 房屋 饭 吃 – ASPP

你到谁家去吃饭？

（9） ni^{35} $a^{55}so^{21}$ kha^{21} $tshau^{53}$ $ke^{21}tshi^{21}$ la^{21}？

你 谁 家 房屋 玩 ASPP

你去谁家玩了？

例（8）和例（9）中，a^{55}类疑问代词与 kha^{21} “家”组合后直接修饰名词 $tshau^{53}$ “房屋”。$a^{55}so^{21}$ kha^{21}本身有“别人家”的含义，当 $a^{55}so^{21}$ kha^{21} “别人家”修饰名词 $tshau^{53}$ “房屋”时，则强调进入某人的房子里面。①

2. $khai^{21}$类疑问代词

$khai^{21}$ “哪”和 $khai^{21}$ ti^{55} “哪”询问人时，需要与其他成分组合表示疑问。$khai^{21}$类疑问代词常与数量词 lau^{55} “一个”组合，构成复合疑问代词 $khai^{21}$ lau^{55} “哪一个”和 $khai^{21}$ ti^{55} lau^{55} “哪一个”，在句中作主语和宾语。lau^{55} “一个”作为数量词，常强调单数。例如：

（10） lai^{55} $tshau^{53}$ $khai^{21}$ ti^{55} lau^{55} $ɣi^{35}$ la^{21}？

今天 房屋 哪 一个 来 ASPP

今天家里谁来了？

（11） $khai^{21}$ lau^{55} $tɕi^{35}$ la^{21}？

哪 一个 哭 ASPP

谁在哭？

$khai^{21}$类疑问代词还可与名词 lo^{55} “人”组合，例如：

（12） se^{35} nie^{21} $tsho^{55}$ $khai^{21}$ ti^{55} lo^{55} $ɕie^{21}$？

你 的 家 哪 人 有

你家有什么人？

例（12）中 $khai^{21}$ ti^{55} lo^{55} “哪个人”可用于询问成员的具体组成，也可用于询问成员数量。疑问代词与名词 lo^{55} “人”组合，构成复合疑问词 $khai^{21}$ ti^{55} lo^{55} “哪个人”，除用于询问成员及成员数量外，还可用于询问人的品行好坏。例如：

---

① 本文中 $tshau^{53}$、$tsho^{55}$、kha^{21}都表示“家、房屋”。这一现象可能有语言接触和语言自身发展两方面的原因。在语言接触过程中，土家语在不同历史时期借用其他语言，形成同义异形的语言现象。词汇在自身演变过程中也存在词语更替和词义演变的现象。本文采取多种形式是为了记录原始语料。

（13） se^{35} nie^{21} a^{55}ma^{55} khai^{21} ti^{55} lo^{55}？
你 的 婆婆 哪 人
你婆婆是怎样的人？

例（13）中 khai^{21} ti^{55} lo^{55}“哪个人”直接充当谓语，用于询问人的品行。这类问题可用 lo^{55} tshai^{35}“好人”、lo^{55} tie^{35}kha^{55}la^{55}“烂人”之类的短语进行回答。此时疑问代词 khai^{21} ti^{55}“哪”主要询问性状。

（二）强调复数形式

在话语交际中，发话人要强调问及多人时，通常用重叠和同现这两种特殊的句法形式进行强调。

1. 重叠

双音节疑问词 a^{55}so^{21}“谁”和 a^{55}xo^{21}“谁”通过重叠可表示询问多人。这种重叠形式仅适用于 a^{55}类疑问代词，不适用于 khai^{21}类疑问代词。例如：

（14） lai^{55} tshau^{53} a^{55}so^{21} a^{55}so^{21} ɣi^{35} la^{21}？
今天 房屋 谁 谁 来 ASPP
今天哪些人来家里了？

（15） * lai^{55} tshau^{53} khai^{21} khai^{21} ɣi^{53} la^{21}？
今天 房屋 谁 谁 来 ASPP
今天哪些人来家里了？

这种表达形式体现了发话人基于客观生活经验中形成的主观认知，先判断所问人数，再针对复数情况进行强调。例如：

（16） se^{35} nie^{21} tsho^{55} a^{55}so^{21} a^{55}so^{21} luŋ^{21} po^{21}la^{21}？
你 的 家 谁 谁 生/养 DUR
你家里有哪些人？

（17） a^{55}so^{21} a^{55}so^{21} phai^{35} xa^{21} la^{21}？
谁 谁 牌 打 ASPP
哪些人在打牌？

例（16）显示，发话人认为家庭通常由多人组成，例（17）也强调牌局需要多人。类似地，藏缅语族其他语言中也存在用重叠的疑问代词表复数的现象，如闻静（2020）曾在其论文中提到浪速语也存在相同的语言现象。

a^{55}so^{21}“谁”和 a^{55}xo^{21}“谁”的基本形式既可表单数也可表复数，其重叠形式则专用于强调复数。根据笔者调查，中年人与青年人很少使用 a^{55}类疑问代词的重叠形式来强调复数，这种语言表达方式一般只有老年人使用。这种现象既体现了语言的经济原则，也展现了土家语自身的发展变化。

2. **同现**

同现是指疑问代词能与其他代词共同出现于一句中，用以强调复数。这主要涉及人称代词、指示代词及表数量的疑问代词三类。我们根据同现成分的类别进行分析。

首先是人称代词的复数形式与疑问代词同现。人称代词一般为第二人称代词 se^{35}“你们”和第三人称代词 ke^{55} tse^{55}“他们”，人称代词的复数形式和疑问代词同现，可起到强调复数的作用。例如：

（18）lai^{55} tshuo^{53} a^{55}so^{21} ke^{55}tse^{55} ɤen^{21}tɕiəu^{21}？

今天 房屋 谁 他们 来

今天家里哪些人来了？

（19）se^{35} a^{55}xo^{21} en^{55}si^{21}po^{21} tsau^{21}？

你们 谁 恩施 STRP 走

你们哪些人去恩施？

如例（18），发话人在认为可能有多人到访的情况下强调询问，即使实际只有一人来访，例（19）也是如此。

当疑问代词作为人称代词的直接宾语同现时，形成一种特殊句式，类似于汉语的“是”字句。疑问代词所表达的单复数意义取决于人称代词的单复数。除表达数量外，疑问代词还具有定性功能。例如：

（20）se^{35}ni^{55} a^{55}so^{21}？

你们 谁

你们是谁？

（21）ko^{35} a^{55}xo^{21}？

她 谁

她是谁？

不难发现，a^{55}类疑问代词不仅表达人的单复数，也倾向于询问职业或进行定性。如例（21）可回答为 ko^{35} ŋa^{35} nie^{21} a^{35} ta^{55}“她是我姐姐”，便是以受话人为参照点为 ko^{35}“她”定性。

当询问的人数为复数时，疑问代词可与指示代词同现。指示代词 ai^{55}ti^{21}“那”和 en^{55}ti^{21}“这”与复数标记 tie^{55}组合成 ai^{55}ti^{21} tie^{55}“那些”和 en^{55}ti^{21} tie^{55}“这些”表示复数，以强调远指或近指有很多人。例如：

（22）ai^{55}ti^{21} lo^{55} tie^{55} a^{55}so^{21}？

那 人 PLPT 谁

那些人是谁？

（23）en^{55}ti^{21} lo^{55} tie^{55} a^{55}xo^{21}？

这 人 PLPT 谁

这些人是谁？

这种表达方式有完整对应的单数形式。指示代词 ai^{55}“那”和 en^{55}“这”与数量词 lau^{55}“一个”组合，强调远指和近指的人只有一个。例如：

（24） ai^{55}　lo^{55} [lau^{55}]　a^{55}xo^{21}？
那　人　一个　谁
那个人是谁？

（25） en^{55}　lo^{55} [lau^{55}]　a^{55} xo^{21}？
这　人　一个　谁
这个人是谁？

两种疑问代词的同现形式包括问人疑问代词与问数量疑问代词 ka^{55}“几”同时使用。如：

（26） a^{55}xo^{21}　ka^{55}　la^{55} xu^{21}　ni^{35}　nie^{21}　tso^{55}ni^{21}？
谁　几　一个　你　的　亲戚
哪些是你的亲戚？

（27） se^{35}　khai^{21}ti^{55}　ka^{55}　la^{55}　xu^{21}　khan^{21}khu^{55}　ɣei^{35}？
你们　哪　几　一　个　山里　去
你们哪些人去山上？

例（26）强调有不止一位亲戚，而例（27）强调发话人预知上山的人数众多。

综上所述，无论是 a^{55}类疑问代词还是 khai^{21}类疑问代词，都涉及询问人时数量的变化。a^{55}类疑问代词可通过重叠的形式强调复数意义，只是这种表达形式已出现了传承断代的现象。khai^{21}类疑问代词在询问人时，需要与其他成分组合使用。强调复数形式时，除用 a^{55}类疑问的重叠形式，疑问代词还可与人称代词、指示代词的复数形式，以及问数量疑问代词同现。

三、非疑问用法

土家语中，日常交往中使用频繁的问人疑问代词，不仅用于表达疑问，还有非疑问用法。疑问代词在非疑问句中表任指和虚指。

（一）任指

任指是指发话人所指对象范围内的任何一人，具有周遍性和全指性的意义。土家语中，表示任指的疑问代词常与范围副词 tu^{21}“全”组合，形成“Q tu^{21}……”构式。① tu^{21}“全”表示完全，强调其限定范围内的任一对象，tu^{21}“全”常位于 a^{55}类

① 在语流中，tu^{21}也常读作 təu^{21}。

和 khai^{21}类疑问代词之后，指向并作用于疑问代词。“Q tu^{21}……” 构式适用于肯定句和否定句。

1. **肯定句**

肯定句中疑问代词与 tu^{21} “全” 连用。疑问代词通常充当主语，或者在充当谓语的小句中担任主语，有时也充当间接宾语。例如：

（28）en^{55}ti^{21}　sa^{21}　a^{55}xo^{21}　tu^{21}　xau^{55}　ɕi^{21}.

这　事　谁　全　知道　IND

这个事谁都知道了。

（29）khai^{21}ti^{55}　lau^{55}　tu^{21}　tie^{35}　po^{21}la^{21}.

哪　一个　全　记　DUR

谁都记得到。

在例（28）中，a^{55}xo^{21} “谁” 作小句的主语，该小句整体作为谓语成分。例（29）中的 khai^{21}ti^{55} lau^{55} “哪一个” 直接充当主语。tu^{21} “全” 用于表示全部范围并起强调作用，意在强调所提范围的人无一例外，此时疑问代词的范围暗含复数意义。

2. **否定句**

否定句中，“Q tu^{21}……” 构式与具有否定意义的 xɨ^{55} tshe^{21} “不能”，以及否定副词 thai^{21} “不” 和 ta^{35} “不” 等词语同现。

xɨ^{55} tshe^{21} “不能” 置于动词或以动词为中心的述补短语后进行补充说明，其中动词具有一定的延续性。例如：

（30）a^{55}xo^{21}　tu^{21}　ka^{35}tɕi^{21}　xɨ^{55} tshe^{21}.

谁　全　吃完　NEG

谁都吃不完。

（31）je^{21}　xo^{21} ɕi^{55}　zi^{55}liau^{21},

东西　拿 STRP　多 ASPP

a^{55}xo^{21}　tu^{21}　wo^{21}　xɨ^{55} tshe^{21}.

谁　全　背　NEG

东西拿多了，谁都背不起。

例（30）中 xɨ^{55}tshe^{21} “不能” 作用于 ka^{35}tɕi^{21} “吃完”。例（31）中 xɨ^{55} tshe^{21} “不能” 作用于 wo^{21} “背”。xɨ^{55} tshe^{21} “不能” 常作补语，强调无法实现预期的某种结果或目的，既陈述事实又表达感叹，还带有否定意义。同样的表达还有 zi^{55} xɨ^{55} tshe^{21} “做不动”、ti^{55} ti^{21} xɨ^{55} tshe^{21} “抬不起”、li^{21} xɨ^{55} tshe^{21} “说不清” 等。①

否定副词 thai^{21} “不” 和 ta^{35} “不” 等可位于动词、述宾短语之后表达否定义。例如：

① 学界关于 xɨ^{55} tshe^{21}的词性及词义尚无统一界定，xɨ^{55} tshe^{21}的用法常常对应汉语中的补语和趋向补语，表达动作无法完成，带有一定的否定意义，但其不同于 ta^{35}等否定词。因此本文将其处理为具有否定意义的词语，具体词性及词义有待进一步探讨。

(32)

lao^{35}zi^{55}	mɨe^{21}tse^{55}	tse^{21}	xo^{21}	tse^{21}	ta^{35},
明天	下雨	下	CONJ	下	NEG
a^{55}so^{21}	tu^{21}	xa^{55}	thai^{21}.		
谁	全	知道	NEG		

明天下不下雨，谁都不知道。

(33)

a^{55}so^{21}	tu^{21}	ni^{35}	suŋ^{55}kho^{21}	nie^{55}ɕi^{21}	tie^{35}	po^{55}	ta^{35}.
谁	全	你	回来	STRP	想	IMPM	NEG

谁都不想你回来。

例（32）中的否定副词 thai^{21}“不”作用于动词 xa^{55}“知道”。例（33）中的否定副词 ta^{35}“不”作用于心理动词 tie^{35}“想”。否定句中，“Q tu^{21}……”构式与带有否定意义的词语组合，尽管句子表示否定义，但仍使用 tu^{21}“全”涵盖所有相关的人。

3. **特殊形式**

“Q tu^{21}……”构式在非疑问句中表示任指时存在两种特殊情况：一是“Q tu^{21}……”构式同交互助词 ta^{55}“相互”同现，强调动作的交互态；二是在疑问代词和 tu^{21}“全”之间添加助词的相关成分，以强调某些句法成分。

“Q tu^{21}……”构式与交互助词 ta^{55}“相互”同现的单句，需要满足以下前提：疑问代词所指对象为两人中的任何一个；两人的动作行为具有相互对立性。例如：

(34)

zuŋ^{35}	ȵian^{55}	xu^{21}	ta^{55}	xa^{21},
姐妹	两	个	INTP	打
a^{55}so^{21}	tu^{21}	ta^{55}	zaŋ^{35}	ta^{35}.
谁	全	INTP	让	NEG

两姐妹打架，谁都不让谁。

(35)

tɕhin^{55}	a^{55}ŋai^{21}	ȵian^{55}	xu^{21},	
亲	兄弟	俩	个	
a^{55}so^{21}	tu^{21}	ta^{55}	ke^{53}	ta^{35}.
谁	全	INTP	怕	NEG

两亲兄弟，谁都不服谁。

例（34）和例（35）中，表交互义的助词 ta^{55}“相互”与动词组合，表示双方参与的交互性行为。助词 ta^{55}“相互”可以被疑问代词和第三人称代词同等替换，语义不变。此时的 tu^{21}“全”既有管辖前面的疑问代词的作用，又有语气副词的作用，强调后面的交互性行为。

“Q tu^{21}……”构式中，tu^{21}“全”主要修饰疑问代词，常位于疑问代词之后。当强调突出其他成分时，“Q tu^{21}……”构式中可插入助词或者助词结构成分。例如：

(36)

a^{55}so^{21}	ko^{55}	ni^{35}	tu^{21}	xuan^{55}ɕi^{55}	ta^{35}.
谁	PT	你	全	欢喜	NEG

谁都不喜欢你。

(37) ko^{35} $a^{55}so^{21}$ po^{21} tu^{21} $tsha^{35}$.

他 谁 STRP 全 好

他谁都好。

例（36）中的助词 ko^{55} 置于主语之后，作主语的标记，起强调主语的作用。例（37）中的助词 po^{21} 用在间接宾语之后，强调动作行为涉及的对象。

tu^{21} “全”是明显的借汉词，“Q tu^{21}……”构式从句法结构来看也带有明显的借汉特征。这一结构在借入的过程中同时也结合了土家语本身的语法特点，进而达到语法和谐的状态。疑问代词任指的非疑问用法反映出了土家语与汉语深层接触后的语言面貌。

（二）虚指

虚指指发话人不确定或选择不明确指出具体的对象，认为无须具体说明。疑问代词所指的对象是空泛的概念，具有不确定性。例如：

(38) ke^{55} tse^{55} li^{21} $a^{55}so^{21}$ si^{35} $liau^{55}$.

他们 说 谁 去世 ASPP

他们说谁去世了。

(39) $ŋa^{35}$ lai^{21} $pa^{55}pa^{55}$ $a^{55}so^{21}$ kau^{55} $ɕi^{55}$ $tsha^{35}$ nie^{55}.

我 来 看看 谁 搞 STRP 好 PT

我来看看谁做得好点。

例（38）中发话人由于对去世者不确定，使用疑问代词指代。例（39）中发话人不愿意或者觉得不必说出某个范围内的有所指对象。

土家语的虚指用法还存在一些特殊格式，例如“Q_1……，Q_2……”构式和反诘式。

1. “Q_1……，Q_2……”构式

“Q_1……，Q_2……”构式表示两个询问人的疑问代词在句中前后呼应，形成表示条件关系或者假设关系的复句。其中，前一个分句（含有 Q_1）表示条件或假设，后一个分句（含有 Q_2）表示结果。Q_1 和 Q_2 的所指对象虽然相同，但两者存在一定区别。Q_1 是先行词，Q_2 承接 Q_1 所指的对象，随着 Q_1 变化而变化。例如：

(40) $a^{55}xo^{21}$ $tɕin^{35}khuai^{55}$, $a^{55}xo^{21}$ lan^{55} tu^{21} $ɕie^{35}$.

谁 勤快 谁 什么 都 有

谁勤快，谁就什么都有。

(41) en^{55} ti^{21} je^{21} $a^{55}so^{21}$ ti^{53}, $a^{55}xo^{21}$ xo^{21} $tɕi^{21}$ $a^{21}lie^{55}$.

这个 东西 谁 要，谁 拿 尽 EXO

这个东西谁要，谁全拿去。

例（40）复句构成假设关系，例（41）复句构成条件关系。复句前后两个疑问代词的形式及其所指对象相同，形成前后呼应的关系。土家语中后一分句的疑问代词也可换成人称代词，即例（40）和例（41）中后一分句的疑问代词可以换成人称代词 ko³⁵“他”。例如：

（42）en⁵⁵ ti²¹ je²¹ a⁵⁵so²¹ ti⁵³，ko³⁵ xo²¹ tɕi²¹ a²¹lie⁵⁵.
这个 东西 谁 要，他 拿 尽 EXO
这个东西谁要，他全拿去。

例（42）中人称代词 ko³⁵“他”和疑问代词 a⁵⁵so²¹“谁”所指对象一致。其中 ko³⁵“他”承接指代 a⁵⁵so²¹“谁”。

2. **反诘式**

在反诘式用法中，疑问代词往往不是表示疑问，而是表达某种强烈的主观情感，如无奈、斥责等感情色彩。反诘式的形式有“Q ko⁵⁵……”类和“N 不 V Q V”类。

“Q ko⁵⁵……”形式中的疑问代词用于指代而非疑问，其后通常加上单句或短语构成反诘句。在这种句式下，发话人通过使用疑问代词指代一个实际不存在的人，以明知故问的方式加以强调。疑问代词与助词 ko⁵⁵组合也强调了主语的作用。例如：

（43）ni³⁵ sa²¹ tie³⁵ka⁵⁵la⁵⁵ zi⁵⁵，
你 事 坏 SUF 做
a⁵⁵so²¹ ko⁵⁵ni³⁵ pha²¹tɕhie⁵⁵ nie²¹.
谁 PT 你 派 的
你搞坏事，谁让你做的。

（44）a⁵⁵so²¹ ko⁵⁵ ni³⁵ thuŋ²¹ tɕhian²¹thai³⁵ o²¹.
谁 PT 你 钱 NEG INJ
谁叫你没钱哦。

（45）a⁵⁵ so²¹ ko⁵⁵ ni³⁵ tu²¹ tɕin⁵⁵ sa²¹ li²¹.
谁 PT 你 全 尽 话 说
谁叫你光讲话。

例（43）表示斥责或责备，暗示说话者可能知道无人指使，却用此法强烈表达斥责。例（44）则表达了无奈的感觉，句末使用语气词使语气更温和。例（45）同样含有责备意味，tu²¹“全”作用于其后的动词。不同于任指中的 tu²¹“全”，这里的 tu²¹“全”作为范围副词作用于前面的疑问代词。“Q ko⁵⁵……”形式中，句末有时可加上语气词，如例（44）。

“N 不 V Q V”类中，N 为指人的名词或人称代词，V 为动作动词和心理动词。句子常常强调某种义务或责任。例如：

（46）ŋa³⁵ zi⁵⁵ ta³⁵ a⁵⁵so²¹ zi⁵⁵ o²¹.
我 做 NEG 谁 做 INJ
我不搞谁搞。

(47) ni35 ɣi35 ta35 a55 so21 ɣi35 o21.
你 去 NEG 谁 去 INJ
你不去谁去哦。

(48) ni35 xa55 thai21 a55 so21 xau55 zi21.
你 知道 NEG 谁 知道
你不知道谁知道。

例(46)和例(47)都强调主语成分的某种不可推卸的责任或义务。例(48)强调主语所具有的一种能力。这类形式句末也常常带有语气词，表达发话人的某种态度。

我们在对疑问代词的非疑问用法进行描写时，主要根据"表不论"和"表不知"将其分为任指和虚指两类。(吕叔湘，2002：182－183)在汉语研究中，关于疑问代词非疑问用法的描写分类更为细致。本文选取汉语非疑问用法研究早期的分类方式，有以下几个方面的原因。首先，土家语疑问代词的非疑问用法有独特的语法特点。其次，该领域尚未被广泛地探索，很难直接深入研究。最后，笔者希望通过抛砖引玉的方式，引起更多学者对这一方面的重视与探索。

四、结语

本文对隆头土家语中的 a55 so21 "谁"及相关的疑问代词进行了分析，将其分为 a55 类和 khai21 类疑问代词，并探讨其用法。本文主要对疑问代词疑问用法表达的数的概念范畴进行了分析描写，并对其非疑问用法的指代范围、组合功能、构式等进行了详细分析。

研究显示，a55 类和 khai21 类疑问代词在句法形式和语法意义上有明显差异。khai21 类需要与其他词语组合使用，其询问对象随语境变化。a55 类通常独立使用，专用于询问人。

隆头土家语的问人疑问代词能表达单数和复数意义。强调复数概念时可通过 a55 类疑问代词重叠，疑问代词与代词系统的部分词汇同现等方式表达。a55 类疑问代词重叠形式的传承断代反映出土家语在语言演变过程中的变化。

土家语疑问代词的非疑问用法包括任指和虚指。任指通过与范围副词 tu21 "全"组合，形成"Q tu21……"构式。"Q tu21……"构式反映了汉语借用特征及土家语本身固有的语言面貌。虚指表现为"Q_1……，Q_2……"构式和反诘式两种特殊形式，这两种特殊形式的构式成分的出现具有非强制性。从语序和句法位置来看，其同样带有较强的借汉特征。

疑问代词是理解语言的句法结构的重要组成部分，深入研究土家语中的疑问代词，对深入理解土家语疑问句的语法规则具有重要意义。语言不仅是沟通的工具，也是社会和文化的反映，例如疑问代词重叠强调复数，便是土家族的认知过程和生活经验在语言结构上的反映。疑问代词的结构和功能还揭示了土家语和汉语在深层接触中的语言融合，土家语在吸收外来语言的结构的同时保留了本民族语言的基本结构。这既反映了语言和谐发展的历程，也为追溯语言演变的过程提供了材料基础。

参考文献

[1] 陈康．土家语研究［M］．北京：中央民族大学出版社，2006.

[2] 戴庆厦，田静．仙仁土家语研究［M］．北京：中央民族大学出版社，2005.

[3] 金立鑫．什么是语言类型学［M］．上海：上海外语教育出版社，2011.

[4] 刘丹青．语法调查研究手册［M］．上海：上海教育出版社，2019.

[5] 吕叔湘．吕叔湘全集［M］．沈阳：辽宁教育出版社，2002.

[6] 田德生，何天贞，陈康，等．土家语简志［M］．北京：民族出版社，1986.

[7] 田志慧．中国土家族语言研究［M］．北京：中央民族大学出版社，2012.

[8] 王力．中国现代语法［M］．北京：商务印书馆，1985.

[9] 闻静．论浪速语重叠手段的分析性属性［J］．贵州民族研究，2020（10）.

[10] 徐世璇，周纯禄，鲁美艳．土家语语法标注文本［M］．北京：社会科学文献出版社，2017.

[11] BRASSETT C，BRASSETT P，LU M Y. The Tujia language［M］. Muenchen：Lincom Europa，2006.

[12] CYSOUW M. Interrogative word：an exercise in lexical typology［EB/OL］. 2004－02－13［2023－10－18］. http：//cysouw. de/home/presentations_ files/cysouwQUESTION_ handout. pdf.

[13] HASPELMATH M. Indefinite pronouns［M］. New York：Oxford University Press，1997.

[14] ULTAN R. Somegeneral characteristics of interrogative systems［M］//GREENBERG J H，FERGUSON C A，MORAVCSIK E A. Universals of human language：syntax. Stanford：Stanford University Press，1978.

附表 1　缩略词表

缩略词	全称	缩略词	全称
ASPP	aspect particle（体助词）	INTP	Interrelation particle（互动助词）
CONJ	conjunction（连词）	INTRPR	interrogative pronoun（疑问代词）
DUR	durative aspect（持续体）	NEG	negative（否定）
EXO	exocentric（离心结构）	PLPT	plural particle（复数）
IND	indicative mood word（陈述语气词）	PT	particle（助词）
IMPM	imperative mood word（祈使语气词）	STRP	structural particle（结构助词）
INJ	interjection mood word（感叹语气词）	SUF	suffix of adjective（形容词后缀）

The Analysis of a^{55} so^{21} "Who" and Related Interrogative Pronouns in Longtou Tujia

LIU Xianxian WU Manxiang

【Abstract】 The article analyzes the usage of the Longtou Tujia language's $a^{55}so^{21}$ "who" and related interrogative pronouns, and explores their role in interrogative sentences for specific inquiry and their referential function in non-interrogative sentences. The research found that Tujia language's interrogative pronouns for asking about people can refer to both singular and plural numbers. Emphasizing plurality can be achieved through lexical co-occurrence and reduplication. The use of non-interrogative reference includes arbitrary reference and void reference.

【Keywords】 Tujia language, interrogative pronouns, interrogative usage, non interrogative usage

《经典释文》的重字反切[①]

秦秀源　杨　军[②]

（安徽大学文学院　安徽合肥　230601；
苏州大学文学院　江苏苏州　215006）

【提　要】《文选音》中的重字反切只为多音字注音。《经典释文》中的重字反切有些是版本、字形等讹误造成的，真正的重字反切不仅为多音字注音，用于标记音变构词；同时还为单音字注音，用于标记破读，表明假借。重字反切中，注音字皆取常读音，被注音的字皆取异读音。重字反切是对传统反切的继承和发展，与《经典释文》中的“准直音式”反切以及《九经字样》中的“纽声反”均有密切的联系，同时对韵书、音义文献的校勘均有裨益。

【关键词】经典释文　重字反切　音变构词　破读　常读音

一、重字反切概说

（一）什么是重字反切

一般来说，反切中的切上字和切下字与被切字均不相同。但是在一些韵书以及音义文献中，却存在着一种特殊的反切形式。例如，《切韵》（王三）中有“生，生更反”和“从，从用反”，《文选音》残卷中有“见，乎见”和“叶，失叶”（“反”字省略），《经典释文》中有“何，何可反”“卷，卷勉反”等。此外，《文选音》残卷中还存在大量的以重文符号为切上字的音切，如“震，〻仁”“中，〻仲”“思，〻吏”等。

这些以被切字本身作切上字或者切下字的反切统称为重字反切。

---

① 基金项目：国家社会科学基金重大招标项目“《经典释文》文献与语言研究”（项目编号：14ZDB097）。

② 秦秀源（1994—　），安徽大学文学院在读博士生，主要研究方向为音韵学；杨军（1955—　），安徽大学文学院教授，博士生导师，现任苏州大学文学院讲座教授，主要研究方向为音韵学、汉语言文字学。

（二）学界对重字反切的态度

从重字反切出现的频率及范围来看，它的出现绝不是偶然的。然而一直以来，学界对重字反切的认识是不足的。

由于反切基本规则的限制，重字反切被认为是违反了反切的构造原则，其切语中重复的字往往被改成了另一个字。如《切韵》“生，生更反”和“从，从用反”，《广韵》分别作“所庚切”和“疾用切”。此外，先贤们在对韵书、文献进行校勘整理时也未对其中出现的重字反切作出专门的解释和探讨。如《经典释文》中的“忘，忘尚反”，清人法伟堂仅认为切语用字“忘”当是“亡”之讹误；《文选音》残卷中的重文符号也被许多学者录为“之”字。

以上种种迹象都表明重字反切在学界还没有引起足够的重视，亟待加强研究。例如，万献初在《〈经典释文〉音切类目研究》中就表明：“在一定条件下被切字与切语上、下字同形，是《释文》切语的一条变通条例。”（万献初，2002：112）对于音义文献和韵书中的重字反切是作者有意为之还是偶然间产生的讹误，目前仍没有定论。

因此，对重字反切进行重新梳理，认识其特点及作用和价值，是十分重要且必要的。

二、《经典释文》重字反切分析

《经典释文》（以下简称《释文》）中的重字反切大致可以分为三类，一是字形、版本讹误造成的重字反切；二是用于标记音变构词的重字反切；三是用于标记破读的重字反切。

（一）讹误造成的重字反切

《释文》在流传过程中，字形讹误及版本等原因造成了一些重字反切。可以确定的由讹误造成的重字反切有三个字六条音切，具体如下：

（1）《老子》：“道之出口，淡乎其无味，视之不足见，听之不足闻，用之不可既。”王弼注：“若无所中然，乃用之不可穷极也。”《释文》：“中，中仲反。”（1400. 24）[①]

此例通志堂本作“中，丁仲反”，法伟堂、黄焯皆无校，并作“中，中仲反”。《释文》中，“中”字共出音 202 次，首音为反切 160 次，其中“丁仲反”151 次，“张仲反”6 次，“竹仲反”“贞仲反”“中仲反”各 1 次。“中仲反”很可能是《释文》在流

① 括号中的数字为该条目在宋本《释文》中的页码以及条目，下同。

传刊刻过程中，“丁”字由“亍”讹误成“中”字所致。

(2)《尚书》：“克勤于邦，克俭于家，不自满假，惟汝贤。”《正义》：“言禹恶衣薄食，卑其宫室，而尽力为。”《释文》：“为民，于为反。”(149.55)

(3)《周礼·天官》：“以动其气，观其所发而养之。”《正义》：“疗畜兽必灌行之者，为其病状难知，灌以缓之。”《释文》：“为其，于为反。”(434.14)

(4)《仪礼·既夕礼》：“彻奠，巾席俟于西方。”《正义》：“宿奠必设者，为神冯依之久也。”《释文》：“为神，于为反。”(615.12)

(5)《左传·宣公》：“楚子退师，郑人修城，进复围之，三月，克之。”《正义》：“哀其穷苦，故为退师。”《释文》：“故为，于为反。”(969.11)

“为”，《广韵》有平、去两读，声母均为云母，其在《释文》中的常读音是平声。

以上4例中，切下字与被切字声母相同，不能成切，因此必有讹误。查《释文》“为”字反切注音，作“于伪反”1 063次，“于为反”仅此4次。又案，以上两例“于为反”通志堂本、抱经堂本皆作“于伪反”。综上，“为，于为反”是宋本的讹误造成的重字反切。

(6)《仪礼·士相见礼》：“比及门，三辞。”《释文》：“比及，比利反。”(570.39)

此条通志堂本、抱经堂本皆作“比及，毗志反”。案，《释文》“比及”共出音6次，仅此1例用“比”字作切上字，其余5次注音均为“必利反”。经杨军、黄笑山两位先生考察，《释文》无用“比”字作切之例。综合以上两点，此例定是宋本之错讹。故此例当从通志堂本和抱经堂本作“比及，毗志反”。

（二）标记音变构词的重字反切

音变构词指的是通过基础音节词中音素的变化构造意义有联系的新词，包括变声构词、变韵构词和变调构词三种。整理发现，《释文》中的重字反切主要是用于标记音变构词，包括变调构词和变声构词两种。此外，音变构词产生的新词和旧词（基础词）在意义上必须有关联，否则不能视为音变构词。

(7)《左传·定公》：“对曰：‘唯，不敢忘！’”《释文》：“曰唯，唯癸反，旧以水反。”(1164.22)

(8)《庄子·人间世》：“若唯无诏，王公必将乘人而斗其捷。”《释文》：“唯，郭如字，一音唯癸反。”(1431.17)

以上两例通志堂本皆与宋本同，例(7)“唯癸反”《十三经》作“惟癸反”，法伟堂亦同，例(8)《庄子集释》与宋本同，亦作“一音唯癸反”。

“唯”，《广韵》有平、上两读，平声“以追切”表示“独也”，上声“以水切”表示“诺也”。“唯”字在《释文》中的常读音为平声，异读音为去声。因此这两例中，被注字取上声，切上字取平声。

（9）《左传·昭公十七年》："潜伏于舟侧，曰：'我呼余皇，则对。'"《释文》："我呼，呼路反，又如字，下同。"（1113.41）

此例通志堂本、《十三经》皆与宋本同，法伟堂、黄焯等皆无校。

"呼"，《说文》："外息也。从口，乎声。""呼"的本义为吐气，与"吸"相对。《广韵》有"荒乌切"和"火故切"两音，其中平声是常读音，表示呼吸、呼唤、姓氏等含义，读去声时字形作"謼"。"謼"，《说文》："評謼也，从言虖声"，徐铉作"荒故切"。又"評"，召也，即召唤义。"謼"即呼喊、呼唤也。《释文》中，"呼"的常读音是平声，异读音是去声。孙玉文的《汉语变调构词考辨》认为此例中"呼"读去声是变调构词，今从之。此例中，切上字取常读音平声，被注字取异读音去声。

（10）《庄子·达生》："下而不上，则使人善忘。"《释文》："忘，忘尚反。"（1510.2）

此条法伟堂曰："'忘'当作'亡'"，《庄子集释》作"亡尚反"，然通志堂本与宋本同。今案，作"忘尚反"不误。

"忘"，《广韵》有平、去两读，去声"巫放切"为常读音，表示遗忘等含义，平声"武方切"没有释义，《篆隶万象名义》中"忘"有"无方反，乱也，扰也"。《释文》中"忘"亦有平、去两读，平声是其常读音，注音有"音亡""如字"，去声注音有"亡向反""亡亮反""音妄"，是异读音，表示忘记、遗忘等含义。此例中切上字取常读音平声，被注字取异读音去声。

（11）《诗经·九罭》："我覯之子，衮衣绣裳。"郑玄注："衮衣，卷龙也。"《释文》："卷龙，卷冕反。"（286.1）

（12）《周礼·追师》："追师掌王后之首服。为副编次，追衡笄。"郑玄注："笄，卷发者。"《释文》："卷发，卷免反，刘羌权反。"（444.9）

（13）《论语》："邦无道，则可卷而怀之。"《释文》："卷而，卷免反，注同。"（1382.26）

（14）《庄子·在宥》："乃始脔卷獊囊而乱天下也。"《释文》："卷，卷勉反，徐居阮反。司马云：'脔卷，不申舒之状也。'"（1472.20）

例（11）通志堂本、《十三经》与宋本同，皆作"卷冕反"，例（12）"卷免反"《十三经》作"眷免反"，例（14）《庄子集释》亦作"卷免反"。

"卷"是个常用多音字，《广韵》有四个读音，分别是群母仙韵（巨员切）、群母阮韵（求晚切）、见母猕韵（居转切）和见母线韵（居倦切）。"卷"，《释文》首音有6个读音，除了《广韵》的4个读音以外，还有见母混韵和溪母仙韵2个读音。其中，见母线韵是"卷"的常读音，亦即如字音，表示书卷。

以上4例中，被注字"卷"均表示"卷舒""膝曲"义，所以读见母猕韵，而注音字取常读音。

（15）《周礼·典瑞》："珍圭，以征守，以恤凶荒。"《释文》："征守，刘守又反，

注‘征守’同。”(472.43)

此例“刘守又反”通志堂本作“刘手又反”,《十三经》亦作“刘守又反”,法伟堂、黄焯无校。

《释文》中“守”的常读音为上声,表示官职;异读音为去声,作动词,表示守卫、守护等义。《广韵》中“守”字有上、去两读,上声为“书九切”,表示“主守”和姓氏,去声为“舒救切”,表示“太守”。按《说文·宀部》,“守”的本义指的是官职,此时读书母有韵,当它作动词表示守护、守卫时,读书母宥韵。以上两例中,“守”均作动词使用,所以读书母宥韵。因此这两例中,切上字取常读音,而被注字取异读音。

(16)《庄子·齐物论》:“万世之后而一遇大圣,知其解者。”(《庄子·齐物论》)《释文》:“其解,音蟹,徐户解反。”(1426.17)

此例通志堂本、《庄子集释》皆与宋本同。“解”是个常用多音字,在《释文》和《广韵》中的常读音是见母蟹韵,表示解开、分解等含义。《释文》中“解”的异读音有匣母蟹韵、匣母卦韵和见母卦韵。此例中,切下字取常读音,被注字取异读音,为匣母蟹韵,是以常读音来强调异读音。

(17)《释文·序录》:“及夫自败蒲迈反;败他补败反。”(10.3)

此条通志堂本作“自败蒲迈反;败他蒲败反”,抱经堂本切下字“败”均作“迈”。卢文弨认为宋本中切下字“败”是“迈”字之讹误。查《释文》中“败”字的注音,以“败”作切仅“序录”一例。然《颜氏家训》亦有“打破人军曰败,补败反”,故此例不误。

“败”,《广韵》有並母和帮母两读,並母“薄迈切”表示“自破”义,帮母“补迈切”表示“破他”义。《释文》中“败”字亦有两音,並母夬韵是其常读音。被注字取异读音帮母夬韵,切下字取常读音並母夬韵。

(三)标记破读的重字反切

破读也叫破字,即用本字来说明假借之字。也有学者认为,破读兼顾破假借字、讹字和音变构词等。杨军、曹小云(2015:6)则指出,“无论是陆德明还是孔(颖达)、贾(公彦)诸经师,皆无一例用‘破’或‘破字’来说明音变构词或构形的”,所以本文所取“破读”只表示破假借字和讹字。

(18)《周易·噬嗑》:“上九,何校灭耳,凶。”《释文》:“何校,何可反,又音何。本亦作‘荷’,音同,下同。”(89.23)

(19)《诗经·候人》:“彼候人兮,何戈与祋。”《释文》:“何戈,何可反,又音何。揭也。”(278.2)

“何”,《说文》:“儋也。从人可声。”其甲骨文像人拿着戈,表示负荷、儋荷,引申为承受,后写作“荷”,此时经典中均读上声。“何”字《广韵》中有平声“胡歌切”和上声“胡可切”两音，其在《释文》中的常读音是平声。

“何校灭耳”，《正义》曰“何谓儋荷”，故“何”当读上声。又“何戈与祋”，《正义》作“荷”，“何”与“荷”乃古今字。因此这两例中，切上字取常读音平声，被切字取上声，实际是为“荷”字注音。

万献初（2002：46）认为“何”读上声是“平－上”的变调构词，非也。案，“何”的平声和上声读音所承载的意义互相之间没有关联，所以不能视为音变构词。故以上两例中的重字反切是以本字破假借字，为破读。

（20）《周礼·旊人》：“凡陶旊之事，髻垦薜暴不入市。”郑玄注：“暴，坟起不坚致也。”《释文》：“坚致，直致反。”（547.33）

（21）《周礼·考工记》：“冬析干则易，春液角则合。”郑玄注：“易，理滑致。”《释文》：“滑致，直致反，下‘言致’同。”（555.2）

例（20）“直致反”通志堂本、《十三经》皆作“直吏反”，抱经堂本与宋本同。卢文弨、法伟堂皆以“直致反”不误。例（21）通志堂本、抱经堂本、《十三经》皆与宋本同。

《说文》：“致，送诣也。从夊，从至。”段玉裁：“精致，汉人只作致。糸部致（緻）字，徐铉所增。凡郑注俗本乃有致（緻）。”段玉裁认为《说文》本无“致（緻）”字，是徐铉所加，郑玄注解经文乃用“致（緻）”字。《广韵》中“致”是单音字，知母至韵，义为到达、送诣；“致（緻）”澄母至韵“直利切”，表示密集义。“致（緻）”乃后起之字，与“致”同为至韵字，仅声母清浊不同，故相假借。《释文》中“致”表示“坚致”“密致”“滑致”时均读澄母至韵，实际是为“致（緻）”字注音。

因此，以上两例重字反切是明假借的破读，“（緻）”为本字，“致”为假借字。

（22）《尚书·五子之歌》：“甘酒嗜音，峻宇雕墙。”《释文》：“甘，一音户甘反。”（160.34）

（23）《周礼·夏官司马》：“群吏听誓于陈前。”郑玄注：“甘誓，汤誓之属是也。”《释文》：“甘誓，如字，刘胡甘反。”（496.38）

“甘”在《广韵》中是单音字，见母谈韵。“甘”，《释文》中出音3次，首音“如字”2次，“户甘反”1次。《说文·甘部》：“甘，美也。从口含一。”“甘”的本义为美好、甜美，是形容词。“甘酒嗜音”，《正义》云：“甘、嗜，无厌足，即不满足也。”案，又《说文·酉部》：“酒乐也。从酉从甘，甘亦声。”所以例（22）中“一音户甘反”是破读为“酣”，“酣”是本字，义为“沉迷”，“甘”是假借字。《释文》内部也有例证。《尚书·伊训》：“敢有恒舞于宫，酣歌于室，时谓巫风。”孔安国：“乐酒曰酣。”《释文》：“酣，胡甘反。”（164.17）据此可知，“户甘反”和“胡甘反”均破读为“酣”。《玉篇·口部》引《尚书》“酣酒嗜音”亦是旁证。

“甘誓”，即在甘这个地方宣誓。“甘”表示地名，是依本字读，故《释文》首音注“如字”，以刘音为又音。“胡甘反”是以本字破假借字，“酣”是本字，而“甘”是假借字。

以上三个被注字的重字反切皆用于标记破读，是以本字破假借字。注音字“何”“致”“甘”为假借字，“荷”“致（緻）”“酣”为本字。

三、重字反切的特点、与其他反切的关系及作用

（一）《经典释文》重字反切特点

以上是对宋本《释文》重字反切的简述与音义讨论。剔除讹误后发现，真正的重字反切同时为单音字和多音字注音，可以分为切上字重和切下字重两类。这些被注字所取的音和在《释文》中的常读音“如字”见表1：

表1 《释文》重字反切

序号	字头	常读音	切语	被注字音	序号	字头	常读音	切语	被注字音
1	唯	以脂平	唯癸反	以旨上	6	解	见蟹上	户解反	匣蟹上
2	呼	晓模平	呼路反	晓暮去	7	败	並夬去	补败反	帮夬去
3	忘	微阳平	忘尚反	微漾去	8	何	匣歌平	何可反	匣哿上
4	卷	见线去	卷勉反	见狝上	9	致	知至去	直致反	澄至去
5	守	书有上	守又反	书宥去	10	甘	见谈平	胡甘反	匣谈平

根据表1可以总结出宋本《释文》的重字反切主要有以下特点：

（1）重字反切不仅为多音字注音，同时也为单音字注音。如“致”“甘”在《广韵》中是单音字，“唯”“呼”“卷”等字在《广韵》中是多音字。

（2）当切上字重时，被注字只有声调和注音字不同。如“呼，呼路反”中，被注字取晓母暮韵去声，注音字取晓母模韵平声。

（3）当切下字重时，被注字只有声母和注音字不同。如“败，补败反”中，被注字取帮母夬韵，注音字取並母夬韵。

（4）不管是切上字重，还是切下字重，注音字一定取常读音。

（二）重字反切与其他反切的联系

作为一种特殊的反切，重字反切丰富了中古时期的反切类型，与“准直音式”① 反

---

① 关于《经典释文》中的反切结构类型，详见杨军，黄笑山，储泰松．《经典释文》反切结构的类型、层次及音韵性质［C］//中国社会科学院语言研究所《历史语言学研究》编辑部．历史语言学研究：第十一辑．北京：商务印书馆，2017：96.

切、纽声反均有着密切的联系。

（1）重字反切与“准直音式”反切。

表 2　重字反切与“准直音式”反切

序号	被注字	切语	反切类型
1	何	何可反	重字反切
		河可反	“准直音式”反切
2	唯	唯癸反	重字反切
		维癸反	“准直音式”反切

以上两例中，“何，河可反”与“唯，维癸反”均属于“准直音式”反切，其反切上字只有声调和被切字不同，而切下字几乎只起到了标注声调的作用。“何，何可反”与“唯，唯癸反”属于切上字重的重字反切。与“准直音式”反切较为类似，切上字相同的重字反切中，切下字也几乎只起到标注声调的作用，从而突出常读音和异读音。此外，从反切结构的类型来看，切上字重的重字反切也属于“准直音式”反切，只是切上字与被切字相同。

（2）重字反切与纽声反。

表 3　重字反切与纽声反

序号	被注字	切语	反切类型
1	亨	赫平	纽声反
2	亥	孩上	
3	贯	关去	
4	守	守又反	重字反切
5	卷	卷勉反	

纽声反是唐人对直音注音进行的改进，即选择一个与被切字同声、同韵而不同调的字，加上声调的类型来为另一个字注音。唐玄度的《九经字样》就大量使用了这种纽声反的注音方式，如“亨，赫平”“亥，孩上”“贯，关去”。重字反切与纽声反的不同之处在于将上字改换成被切字本身，同时又将标注声调的平、上、去、入四字改换成另一个与被切字同韵、同调而不同声母的字。所以说，重字反切与纽声反有着非常密切的关系。

（三）重字反切的作用

结合宋本《释文》和敦煌《文选音》中重字反切的特点，我们可以归纳出重字反切具有以下几个作用：

第一，强调多音字常读音与异读音。当多音字注重字反切时，切语用字一定是取其常读音，被注字取异读音。重字反切通过不重复的字来突出异读音，强调被注字在特定上下文中的读音，以达到释义的目的。如“守，刘守又”中，强调被注字读去声作动词。重字反切替换了传统反切中的切上字或切下字，而传统反切则不具备通过常读音来强调异读音的作用。

第二，表明假借、破读等用法。《释文》中的重字反切也出现在单音字的注音中。单音字注重字反切往往是表明假借、破读。例如“甘，胡甘反”中，切下字“甘”是借字，本字是“酣”；“致，直致反”中，切下字“致”是借字，本字是“致（緻）”。

第三，有助于了解多音字的常读音与异读音。语音是发展变化的，多音字的常读音和异读音也会随着语音、社会背景的发展而变化。通过窥探多音字的常读音与异读音的关系，可以知晓多音字的发展变化历程及其用法。例如“守”在《释文》中的常读音是书母宥韵，表示官职；异读音是书母有韵，表示守护、守卫等含义。而到了《广韵》时期，“守”的常读音是书母有韵，异读音则是书母宥韵，与《释文》相异。由此可见，多音字的常读音和异读音不是一直不变的。

第四，用于各类文献的校勘。重字反切中，若上字和下字声母或声调相同则必是讹误。例如《释文》中的“为，于为反”，敦煌《礼记音》中的“见，故见”，慧琳《一切经音义》中的“踵，踵勇反”皆是讹误。此外，当单音字注重字反切若不是表明假借、破读，也是讹误。因此，重字反切对各种文献的校勘有很大的帮助。

第五，减少了反切用字的数量。重字反切使用多音字的常读音作切，使反切用字更加易识，拼切更加简单。音义书多是为疑难字或是多音字注音而达到释义的目的，且注音字务求简单易识，便于童蒙。韵书和音义文献中会不可避免地使用多音字作切，选用被注字本身作切减少了反切用字的数量。

四、结语

通过对宋本《经典释文》所存重字反切的分析，结合这些被注字在《经典释文》中的注音形式和频率，总结如下：

（1）宋本《经典释文》中的一些重字反切是后人改造或是版本等造成的讹误。真正的重字反切不仅标记音变构词，强调多音字异读，同时还用于标记破假借字。重字反切中，注音字皆取常读音，被注字皆取异读音。

（2）《文选音》残卷中只有多音字出现重字反切，而《经典释文》中不仅多音字出现重字反切，单音字中也有出现。

（3）重字反切是对传统反切的继承和发展，与“准直音式”反切和纽声反均有密切的联系。总之，重字反切丰富了中古的反切类型。

（4）明晰了重字反切的特点之后，可将其用于音义文献、韵书的校勘。所以应该重新看待重字反切的意义和价值。

参考文献

[1] 陈彭年，等．宋本广韵·永禄本韵镜［M］．南京：江苏教育出版社，2002.

[2] 许慎．说文解字注［M］．段玉裁，注．2 版．上海：上海古籍出版社，1988.

[3] 法伟堂．法伟堂经典释文校记遗稿［M］．邵荣芬，编校．上海：华东师范大学出版社，2010.

[4] 韩丹，许建平．敦煌写本 P. 2833《文选音》重字反切考［J］．敦煌研究，2020（2）．

[5] 陆德明．经典释文［M］．北京：中华书局，1983.

[6] 陆德明．经典释文［M］．上海：上海古籍出版社，2013.

[7] 阮元．十三经注疏［M］．北京：中华书局，1980.

[8] 孙玉文．汉语变调构词考辨［M］．北京：商务印书馆，2015.

[9] 万献初．《经典释文》音切类目研究［D］．武汉：武汉大学，2002.

[10] 许慎．说文解字［M］．徐铉，校定．北京：中华书局，1978.

[11] 杨军，曹小云．《经典释文》文献研究述论［J］．合肥师范学院学报，2015（4）．

[12] 杨军，黄笑山．《经典释文》“比”字音注及脂韵重纽、脂之混并研究［J］．励耘语言学刊，2017（1）．

[13] 杨军，黄笑山，储泰松．《经典释文》反切结构的类型、层次及音韵性质［C］//中国社会科学院语言研究所《历史语言学研究》编辑部．历史语言学研究：第十一辑．北京：商务印书馆，2017.

Discussion of Chongzi Fanqie in *Jingdian Shiwen*

QIN Xiuyuan YANG Jun

【Abstract】 Some of the chongzi fanqie in *Jingdian Shiwen* are caused by corruption of versions and glyphs. These chongzi fanqie are not only phonetic for polyphonic characters, which are used to mark sound-changing words, but also phonetic for borrowed characters, which are used to mark podu. In the reverse cut of the chongzi fanqie, the phonetic characters are all read with the usual pronunciation and the marked characters do not read with the usual pronunciation. Chongzi fanqie is the inheritance and development of the traditional fanqie.

【Keywords】 *Jingdian Shiwen*, chongzi fanqie, phonetic word construct, podu, usual pronunciation

朝鲜时代汉语教科书正反疑问句的历时演变[①]

张　欢[②]

（华南理工大学　广东广州　510006）

【提　要】朝鲜时代汉语教科书呈现了元末至清末五百余年北方口语正反疑问句的历时演变。其中，“VP + Neg + VP”结构为主要形式，一直活跃于日常交际。元末明初使用频率较高的“VP + 不曾”式在语言竞争中日渐衰退，被“VP + 没有”式取代，逐渐退出北方口语。受蒙语影响而形成的“NP + 有没（有）”式，随着元朝的灭亡而萎缩。在正反疑问句演变过程中，句末语气助词“那”逐步被“呢”“么”“啊”替代。另外，朝鲜时代汉语教科书中无“可（S—P）”类正反疑问句，与同期南方口语形成共时差异。因此，朝鲜时代汉语教科书中正反疑问句的形式变化较大，存在竞争关系，深入考察其历时演变特征，有利于加深对整个近代汉语语法的理解与认知。

【关键词】朝鲜时代汉语教科书　正反疑问句　历时演变

一、引言

朝鲜时代汉语教科书指朝鲜半岛上最后一个封建王朝——“朝鲜王朝”（1392—1910，约明清两代）编撰并投入使用的汉语教科书，有十余种。这些汉语教科书“力求用地道的汉语口语来写，而且是用当时通行的、而不是已经过时的口语来写，所以即使是同一种教科书，也要不断地加以修改。这就给我们留下了一批十分难得的、贴近当时汉语口语的语言资料”[③]。从内容来看，朝鲜时代汉语教科书实际上记录了元末至清

---

① 广东省哲学社会科学规划2023年度青年项目“晚清域外汉语教材语法比较研究——以粤方言与官话教材为例”（项目编号：GD23YZY04）；国家社会科学基金一般项目“晚清域外汉语教材语法对比研究及检索语料库建构”（项目编号：20BYY122）。

② 张欢（1990—　），华南理工大学助理研究员。

③ 转引自蒋绍愚为《朝鲜时代汉语教科书丛刊》所作的序言。参见汪维辉．朝鲜时代汉语教科书丛刊［M］．北京：中华书局，2005：1.

末五百余年北方口语的发展，语料充盈、贴近生活，堪称北方口语实录，极具研究价值。

基于汉语史分期可知，元末至清末属于近代汉语时期，“此一大段实为从古语到现代语之过渡时期”（黎锦熙，2004），语言形式丰富多样，新旧交替，承上启下，既有历时特征，又有共时差异。朝鲜时代汉语教科书中正反疑问句多种形式并存、相互竞争、此消彼长，体现了过渡时期的语言特点。

综合考虑成书年代、口语化程度及教材的连续性，本文选用汪维辉编撰点校的《朝鲜时代汉语教科书丛刊》《朝鲜时代汉语教科书丛刊续编》中的七本教材（见表1），重点探讨正反疑问句的语法形式及语义特征，揭示其历时演变规律，为深入研究近代汉语语法提供一定的证据与参考资料。

表1　七本朝鲜时代汉语教科书介绍

成书年代	书名	备注
元代末期	《原本老乞大》	编著年代最迟不晚于元至正六年（1346年）前一至几年，体现元代语言特点①，下称《原老》
明代初期	《老乞大谚解》	谚本所依汉本应为1483年中国使臣葛贵等人的修改本，语言形式异于元时版本，大体反映了明初北方口语，下称《老谚》《朴谚》
	《朴通事谚解》	
清代中期	《老乞大新释》	刊于清乾隆二十六年（1761年），贴近实际口语，是清代中期北京口语实录，下称《老新》
	《朴通事新释谚解》	刊于清乾隆三十年（1765年），体现清代中期北京口语面貌，注音接近现代北京音，下称《朴新》
清代末期	《华音撮要》	刊于清光绪三年（1877年），体现清末北方口语面貌，下称《华撮》
	《华音启蒙谚解》	刊于清光绪九年（1883年），体现清末北方口语面貌，下称《华谚》

二、研究背景

基于朝鲜时代汉语教科书较高的语料价值，学界已从成书年代（李泰洙，2003）、语音（朱炜，2018；张卫东，2020）、词汇（汪维辉，2005a；华树君、徐正考，2018）、语法（王衍军，2013；陈颖，2016）、语言接触（刘国伟，2022）等不同视角展开了深入而广泛的探讨，成果较为丰富。然而，只有少数几项研究涉及正反疑问句。陈雅（2003）分析了《老乞大谚解》中正反疑问句的表现形式，在与现代汉语比较中阐述了其历史层次，指出现代汉语相应句式中无语气助词“那”。周晓林（2006）将

① 韩国学者李泰洙根据历史背景及文献史料，对《原本老乞大》的成书年代进行了考证，推测该书的编写时间不晚于1346年前几年，略早于《朴通事》。

《老乞大》《朴通事》中的语气助词“那”分为“那$_1$”与“那$_2$”，认为“那$_2$”主要用于正反疑问句和特指问句中，相当于现代汉语的“呢”，至迟出现于宋代。韩臻（2008）将《老乞大谚解》《朴通事谚解》中的正反疑问句形式归为（VP）f（VP）、（S—P）f两类，并阐释了二者的语法形式及语义特征。高育花（2013）考察了《老乞大》四个版本中正反疑问句的形式、语义表现，指出“VP－PRT－Neg”与“VP－Neg－VP”使用频率大致相当，二者势均力敌。曹瑞炯（2014）通过对比《元刊全相平话五种语法研究》与《原本老乞大》中正反疑问句的特点，指出《原本老乞大》缺少“疑问副词＋VP”类结构，这与汉语方言基础有关。

可见，专家学者们对朝鲜时代汉语教科书中的正反疑问句已有相关讨论，不足之处在于：第一，上述成果均散见于现有文献中，鲜有研究集中讨论其形式变更与语义特征；第二，现有文献多从共时层面考察正反疑问句的分布规律，而对整个朝鲜时代汉语教材中正反疑问句的变化缺少必要的纵向分析与历时探究。鉴于此，本文穷尽统计了七本朝鲜时代汉语教科书中正反疑问句的使用情况，重点归纳句法形式与语义特征，并结合本土文献分析其变化过程，旨在揭示元末至清末五百余年正反疑问句的发展与演变规律。

三、朝鲜时代汉语教科书正反疑问句的语法形式及语义特征

本文选取的七本教科书成书年代不同，据刊行时间大致分为元末明初、清代中期、清代末期三个阶段。各教科书中正反疑问句的形式及数量变化，详见表2。

表2　七本朝鲜时代汉语教科书正反疑问句统计

教材句式	元末明初		清代中期	清代末期
	《原老》	《老谚》《朴谚》	《老新》《朴新》	《华撮》《华谚》
VP＋Neg＋VP	7	11	10	20
VP ＋不曾	4	9	5	0
VP ＋没有	1	2	6	13
NP＋有没（有）	3	1	1	0
VP ＋否	0	1	1	0
总计	15	24	23	33

注：Neg为否定词。

表2显示，七本教科书中正反疑问句主要有五种语法格式，即“VP＋Neg＋VP”“VP＋不曾”“VP＋没有”“NP＋有没（有）”与“VP＋否”。各类正反疑问句在不同时期的教科书中使用情况不同，不同形式之间存在竞争关系，此消彼长，具有鲜明的历时特征。

(一)“VP + Neg + VP”式

据表2可知，“VP + Neg + VP”是正反疑问句的主要形式，在各个时期的教科书中使用频率均较高。其中，“Neg”为否定词，常见形式为“不”。根据语义类型，“VP + Neg + VP”式正反疑问句分为四个次类。如：

(1) 吃得饱那不饱?[①]（《原老》第19页）

(2) 耐繁教那不耐繁教?（《老谚》第58页）

(3) 今儿个来不来啊?（《华撮》第64页）

(4) 你别说谢我，到底是卖不卖罢?（《华谚》第493页）

(5) 听的今年水贼广，是那不是?（《朴谚》第259页）

(6) 那树林子里一遍瓦房，是不是张家湾么?（《华谚》第477页）

(7) 那朋友如今赶的上啊赶不上啊?（《老新》第107页）

(8) 你都能懂得了懂不得呢?（《老新》第109页）

(9) 他的爷娘立与文书来，你与我看一看，中也不中?（《朴谚》第257页）

(10) 你请他这里来么来不的?（《朴谚》第305页）

例(1)、例(2)为第一类，着重询问主体的感受、评价及对人或物的态度，蕴含主观性。例句中的“饱那不饱”“耐繁教那不耐繁教”均属于人的主观感受，表达主体对行为动作发生之后的感受或评价。例(3)、例(4)为第二类，主要对未然行为或事件进行提问，带有“求证”意味。根据上下文可知，例(3)中的“来”、例(4)中的“卖”均为未然动作，说话者意在通过询问求证该行为是否发生。例(5)、例(6)为第三类，侧重询问客观事实，以证实某情况是否属实或某物是否存在，即求证“水贼广”是否为实际情况以及前方是否为“张家湾”。例(7)至例(10)为第四类，通过正反问的形式来问询动作、行为或目的达成的可能性，属于“能性结构”(王衍军，2013)，其中例(9)、例(10)兼具“征求听话人意见”之义。

可见，作为朝鲜时代汉语教科书中正反疑问句的主要形式，“VP + Neg + VP”式语义丰富，使用频次高，应用范围广，在日常交际中发挥着不可替代的作用。

(二)“VP + 不曾”式

“不曾”是“曾”的否定形式，大约产生于魏晋六朝时期，《世说新语》中已有用

---

① 凡文中所引例句皆依据现代汉语标准进行转换，统一转换为简体字。本研究例句涉及《世说新语》《敦煌变文》《祖堂集》《元代白话碑集录》《西厢记诸宫调》《窦娥冤》《新校元刊杂剧三十种》《初刻拍案惊奇》《二刻拍案惊奇》《警世通言》《金瓶梅》《红楼梦》《语言自迩集》《官话指南》《官话类编》《朝鲜时代汉语教科书丛刊》《朝鲜时代汉语教科书丛刊续编》。七本教科书的例句采用“书名 + 页码”统一标注出处，其他文献中的例句根据实际编排选取“书名 + 卷/回/页码”标注。

例。“不曾”一般置于动词前构成“不曾+VP”式，表示否定语义。隋唐五代的作品中这一用法十分常见，如：

(11) 答云：“一生不曾见此人。”(《世说新语·上卷·文学》)

(12) 用却百金忙买得，不曾子细问根由。(《敦煌变文》捉季布傅文)

(13) 对云：“有眼不曾见，有耳不曾闻，岂不是罕有?”(《祖堂集》第5卷)

例(11)、例(13)中，“不曾”主要表示已然性否定。随着语言的不断发展，“不曾”使用率提高，用法逐渐增加，能以“VP+不曾”式置于句尾构成正反疑问句，“《朱子语类》中屡见不鲜”(杨荣祥，1999)。明朝白话作品中，此用法一度达到巅峰，如：

(14) 滴珠见了道：“曾到我家去报不曾?”(《初刻拍案惊奇》第2卷)

(15) 止穿绫敞衣，坐在床上，就问：“哥儿睡了不曾?”(《金瓶梅》第38回)

本研究中，“VP+不曾”式正反疑问句主要出现于《老乞大》与《朴通事》各版本，《原老》《老谚》各4例，《老新》3例，《朴谚》5例，《朴新》2例。如：

(16) 那伴当如今赶上来那不曾?(《原老》第6页)

(17) 主人家，饼有了不曾?(《老谚》第63页)

(18) 你们的货物都卖了不曾?(《老新》第150页)

(19) 如今都好了不曾?(《朴谚》第233页)

(20) 老年兄，你的俸满了不曾?(《朴新》第376页)

例(16)至例(20)均为“VP+不曾”式正反疑问句。句中“不曾”对动作、行为的状态进行否定，往往与完成体标记“了”共现。

(三)“VP+没有”式

表2显示，元末至清末，“VP+没有”结构呈增加趋势。该式正反疑问句既可征询事物的存在与否，也能问询动作的完成与否。如：

(21) 有车子没有?(《老新》第122页)

(22) 有鲤鱼没有啊?(《华谚》第472页)

(23) 黄老大，一种牛皮是有人开板咧没有啊?(《华撮》第212页)

(24) 你呢去过一遭咧没有?(《华谚》第490页)

例(21)、例(22)正反询问“车子”与“鲤鱼”，意在求证所问之物是否存在。例(23)、例(24)就动作状态进行提问，询问动作的完成与否。可见，“VP+没有”与“VP+不曾”的语义与用法存在交叉，即二者皆能问询动作或事件的完成与否。

(四)“NP+有没(有)”式

“NP+有没(有)”式正反疑问句的用例非常少，仅出现于《老乞大》诸版本中，

《原老》3 例，《老谚》《老新》各 1 例，且语句具有较强的对应性。如：

（25）你这店里草料都有那没？（《原老》第 11 页）

（26）你这店里草料都有阿没？（《老谚》第 61 页）

（27）你这店里草料都有没有？（《老新》第 113 页）

受蒙古语影响，朝鲜时代汉语教科书中“NP + 有没（有）”式主要表示“领有”“存在”关系，故该式正反疑问句主要针对“领有”或“存在”进行询问。然而，一般来说，汉语“NP + 有没（有）”为话题句，突出句子焦点（NP），与“领有”“存在”无关，而表达“领有”“存在”的常用语法形式为“有没（有）+ NP”，语序恰相反。因此，李泰洙认为“NP + 有没（有）”式表达“领有”“存在”的用法是在阿尔泰语（蒙古语属阿尔泰语系）的影响下形成的（李泰洙，2003）。换言之，“NP + 有没（有）”式正反疑问句是语言接触的产物，属于特殊语言现象。

（五）“VP + 否”式

“VP + 否”式正反疑问句仅出现于《朴谚》与《朴新》中，各 1 例，语句对应，出现于一封书信中。如：

（28）未见回书，不知得否？（《朴谚》第 289 页）

（29）至今未见回书，不知收到否？（《朴新》第 384 页）

春秋战国时期已存在“VP + 否”式正反疑问句，主要用于书面语，文言色彩浓厚，此用法一直延续至清朝。在七本教科书中，该式孤立存在，显系古语用法之遗存，且不属口语表达，故本文不赘述。

综上所述，从语法形式看，朝鲜时代汉语教科书中正反疑问句的口语表达主要有“VP + Neg + VP”“VP + 不曾”“VP + 没有”“NP + 有没（有）”四种形式，未见南方口语中“可（S—P）”类正反疑问句，体现了朝鲜时代汉语教科书典型的北方汉语特性。从语义特征看，“VP + 不曾”“VP + 没有”均可询问行为、事件的体貌特征，而“NP + 有没（有）”式主要询问事物的存在与否。从使用频率看，“VP + Neg + VP”式用例多，使用范围广，持续活跃于语言流通领域；“VP + 不曾”式数量渐少，清末近乎退出北方口语，而“VP + 没有”式则不断增加并逐渐占据优势地位；受蒙古语影响产生的“NP + 有没（有）”式随着元朝的灭亡而萎缩。

四、从朝鲜时代汉语教科书看北方口语正反疑问句的历时演变

朝鲜时代汉语教科书是特殊的口语语料，采用当时通行的口语编撰，尤为珍贵的是《老乞大》《朴通事》各版本内容基本相同，语句对应性强，便于通过对比考察正反疑问句的历时演变情况。本文主要从语气助词“那”的消亡、“VP + 不曾”式的衰退和

“NP + 有没（有）”式的萎缩三方面加以阐释。

（一）语气助词“那”的消亡

《原老》《老谚》《朴新》出现了“VP + 那 + Neg + VP”“VP + 那”等带“那”的形式。其中，“那”属于语气助词。《老乞大集览》下卷“那”条下云：“‘那’又语助，如‘有那没’。”（汪维辉，2005b）为了进一步考察，本文详细统计了七本教材中语气助词“那”的使用情况，结果见表3。

表3 七本朝鲜时代汉语教科书中语气助词“那”的使用情况

位置	元末明初			清代中期		清代末期	
	《原老》	《老谚》	《朴谚》	《老新》	《朴新》	《华撮》	《华谚》
句中	23	7	11	0	0	0	0
句尾	20	11	6	1	0	0	0
总计	43	18	17	1	0	0	0

据表3可知，第一，随着语言发展，语气助词“那”的使用频率日渐降低。在元末刊行的《原老》中，“那”用例最多，明初发行的《老谚》《朴谚》已呈减少趋势，清中期《老新》仅1例，而在《朴新》与清末发行的《华撮》《华谚》中，语气助词“那”完全消亡。第二，语气助词“那”句法位置灵活，可位于句中，也可置于句尾。如：

（30）咱每则这后园里大净手不好那？（《原老》第17页）

（31）客人们，你打火那不打火？（《老谚》第62页）

（32）听的今年水贼广，是那不是？（《朴谚》第259页）

另外，结合本土文献看，元曲存在大量使用语气助词“那”的语言现象。如：

（33）这妮子慌忙则甚那？（《西厢记诸宫调》第1卷）

（34）问红娘道：“韵那不韵？俏那不俏？”（《西厢记诸宫调》第5卷）

（35）这言语是实那，是虚？（《元代白话碑集录》第104页）

（36）您端的是姑舅也那叔伯也那两姨？偏怎生养下这个贼兄弟！（《新校元刊杂剧三十种·拜月亭》）

（37）你今日有爷无爷争甚那？（《新校元刊杂剧三十种·介子推》）

综上，元代北方口语中，语气助词“那”的使用频率较高，可位于句中，舒缓语气，也可置于句尾，加强语气。明代以来，语气助词“那”字用例骤减，如《初刻拍案惊奇》有且仅有1例，而《二刻拍案惊奇》中无此用例。清中期以后，北方口语中的语气助词“那”基本消失。曹广顺（1995）指出：“《老乞大》《朴通事》虽然使用

‘那’，但这可能已经是‘那’的尾声了。”语气助词“那”消失以后，其功能与用法最终被“呢”“么”“啊”取代。如：

（38）a. 做干饭那水饭？（《朴谚》第255页）

b. 做干饭呢还是水饭？（《朴新》第365页）

（39）a. 主人家，饼了也那不曾？（《原老》第13页）

b. 主人家，饽饽有了么不曾？（《老新》第114页）

（40）a. 耐繁教那不耐繁教？（《原老》第8页）

b. 用心教你们啊还是不用心教你们呢？（《老谚》第109页）

（41）a. 客人你要南京的那？杭州的那？苏州的那？（《老谚》第86页）

b. 客官，你要南京的，还是那杭州的、苏州的呢？（《老新》第138页）

（42）a. 我不打火喝风那？（《老谚》第62页）

b. 我不打中火喝风么？（《老新》第114页）

例（38）至例（40），句中语气助词“那”分别被“呢”“么”“啊”替代。例（41）至例（42）句末语气助词“那”被“呢”“么”取代。

另外，在清末刊行的《语言自迩集》《官话指南》《华音启蒙谚解》《华音撮要》《你呢贵姓》《官话类编》等一批影响力较大的域外汉语教科书中，语气助词“那”已全无踪迹，取而代之的是“呢”“么”“啊”等。

（二）“VP＋不曾”式的衰退

从朝鲜时代汉语教科书看，元明时期，“VP＋不曾”式正反疑问句在北方口语中较为常见，使用频率高。如：

（43）a. 那伴当如今赶上来那不曾？（《原老》第6页）

b. 那火伴如今赶上来了不曾？（《老谚》第56页）

c. 勘合有了不曾？（《朴谚》第211页）

例（43）的“VP＋不曾”式正反疑问句主要询问某一动作、行为、事件是否完成，常与动态助词“了”共现。另外，同期白话文献也存在不少该类正反疑问句，《金瓶梅》中有84例，《醒世姻缘》中有69例等。如：

（44）〔孛老云〕孩儿，羊肚汤有了不曾？（《窦娥冤》第2折）

（45）过间壁瞧王奶奶请你爹去了不曾？（《金瓶梅》第8回）

（46）忽一日，见姐姐问道：“曾向姐夫商量也不曾？”（《警世通言》第28卷）

（47）曾回去家中不曾？（《二刻拍案惊奇》第9卷）

清中期以后，北方口语中“VP＋不曾”式正反疑问句数量大幅减少，与此同时，“VP＋没有”式的使用频率不断提高，且在功能与意义方面日渐取代“VP＋不曾”式。至清末，北方口语几乎不见“VP＋不曾”式正反疑问句，基本让位于“VP＋没有”式。

为了进一步观察清末“VP+不曾”式与“VP+没有”式正反疑问句的使用情况，本文选取了清末具有代表性的本土白话文献与域外教材进行进一步说明（见表4）。

表4　清末“VP+不曾”与“VP+没有”式正反疑问句统计

文献句式	本土白话文献		域外教材	
	《官场现行记》	《老残游记》	《语言自迩集》	《官话类编》
VP+不曾	0	0	0	0
VP+没有	10	18	57	37

从表4可知，清末时期，无论是在本土文献，还是域外教材中，均未见“VP+不曾”式正反疑问句。可见，至迟在清末，“VP+不曾”式正反疑问句基本退出北方口语，“VP+没有”式取而代之，在交际领域发挥重要作用。

结合表2来看，元末明初，北方口语中“VP+不曾”式正反疑问句共13例，使用频次高，而“VP+没有”仅3例，前者占绝对优势。清中期，“VP+没有”式逐渐发展起来，两种句式在《老新》与《朴新》中使用数量非常接近，表明二者在语言竞争中基本相持。清末，未见“VP+不曾”式正反疑问句，而“VP+没有”式用例增加，共出现13例，显然后者在交际中已处于强势地位。

那么，为何“VP+没有”式正反疑问句会迅速发展，而先于它产生的“VP+不曾”式在北方口语中却逐渐萎缩？这与语义范畴及语言的经济性原则密切相关。从语义范畴看，“‘不曾’表示对已然、过去的否定”（杨荣祥，2005），故“VP+不曾”式正反疑问句侧重询问过去或已发生的动作、状态等。相较而言，“没有”的否定语义更全面，既可否定“已然”“曾经”，也能否定“领有”“具有”“存在”等［《现代汉语词典》（第7版）］。因此，“VP+没有”式正反疑问句的询问范围相应更广，如：

（48）这药铺，有招牌没有？（《朴新》第384页）

（49）你们屋里有席子没有？（《语言自迩集》第80页）

（50）又见二舅母问他：“月钱放完了没有？”（《红楼梦》第3回）

（51）这个珠子同不得别的货呢，若是遇着买主，十万八万也是他咧。
——有人要过咧没有？（《华谚》第491页）

可见，“VP+没有”式正反疑问句所关涉的语义范畴较广，原先需要两种句式实现口语交际目的，现在仅一种语法句式便可实现，显然更符合语言的经济性原则。因此，在语言演变中，“VP+没有”式逐渐取代“VP+不曾”式，占据主导地位，既符合优胜劣汰的语言演变规律，也遵循语言经济性规则。

（三）“NP+有没（有）”式的萎缩

蒙古族入主中原建立元朝后，蒙语对汉语的影响、渗透日益加深，汉、蒙语言不断碰撞。《原本老乞大》成书于元末，记录了元时北方口语的面貌，其语言表达形式或多或少受到蒙古语的影响。据前文可知，朝鲜时代汉语教科书存在“NP + 有没（有）”式正反疑问句，主要询问“领有”关系，这一用法与蒙古语较相似，且相关例句仅出现于《老乞大》诸版本，而《朴通事》《华音撮要》与《华音启蒙谚解》中无该式正反疑问句。如：

（52）你这店里草料都有那没？（《原老》第 11 页）

（53）俺家里书信有那没？（《原老》第 29 页）

随着元朝的覆灭，蒙语对北方口语的影响渐弱，故“NP + 有没（有）”式表示“领有”的功能及其正反疑问句形式也随之萎缩。明代以后，汉语表示“领有”意义的形式——“有没（有）+ NP”式逐渐替代原句式，广泛流通于日常交际，一直袭用至今。

五、结语

本文以七本朝鲜时代汉语教科书为语料，重点讨论了正反疑问句语法形式和语义特征的历时变化，结果发现：①元末至晚清，正反疑问句不断变化，不同形式存在竞争关系。②北方口语中，语气助词“那”逐渐被“呢”“么”“啊”取代，直至消失。③“NP + 有没（有）”式正反疑问句询问“存在”“占有”关系的功能逐渐退化。基于以上结果，我们归纳出两个特征。

1. 元末至清末北方口语正反疑问句形式具有鲜明的历时变化

从元末至清末的五百余年间，社会不断变革，语言随之发展，北方口语正反疑问句的表达形式经历了明显的历时演变：①受蒙古语影响形成的“NP + 有没（有）”式正反疑问句随着元朝的灭亡而衰退；②“VP + 不曾”与“VP + 没有”两种形式的正反疑问句存在此消彼长的竞争过程，详见图 1。

元末明初	清代中期（相持）	清代末期
“VP + 不曾”式（强势）	“VP + 不曾”式（均势）	“VP + 不曾”式（消亡）
“VP + 没有”式（弱势）	“VP + 没有”式（均势）	“VP + 没有”式（胜出）

图 1 “VP + 不曾”式与“VP + 没有”式的竞争过程

“VP + 没有”式正反疑问句可以对“过去”“已然”“存在”“领有”“具有”等多个范畴进行提问，语义丰富，不会产生歧义。故而，该式必然会在不同语言形式的激烈竞争中获胜，并占据主导地位，这既是语言自身发展规律的表现，也是语言社会属性的内在驱动使然。

2. 元末至清末正反疑问句表达形式存在地域差异

朝鲜时代汉语教科书中正反疑问句形式与同期南方口语存在共时差异，即南方口语有“可（S—P）”类正反疑问句。俞光中、植田均（1999）将近代汉语正反疑问句大致分为三类，包括“（S—P）f、（VP）f（VP）及可（S—P）”，强调“可（S—P）”式为南系句型，常见于南方方言。清代中后期涉及南方方言的本土文献和域外汉语教科书中均出现了“可（S—P）”类正反疑问句，如《红楼梦》108 例，《儒林外史》120 例，《二十年目睹之怪现状》137 例，《白姓官话》11 例等。此外，“可（S—P）”类正反疑问句在现代南方方言中仍然较为活跃，如吴语、西南官话、下江官话等（朱德熙，1985）。沈洋（2020）也提到，“可（S—P）”类正反疑问句在安徽铜陵方言中的使用频率较高，其中，“可”为疑问副词，亦作“过［kuo^{213}］”或“个［ke^{213}］”。如：

（54）你明天过/个去图书馆？（你明天去不去图书馆？）

（55）你们周末过/个去吃喜酒？（你们周末去不去吃喜酒？）

（56）他们昨天过/个在家？（他们昨天在没在家？）

（57）生日那天过/个请她吃饭了？（生日那天请没请她吃饭？）

朝鲜时代汉语教科书以北方口语为基础，体现北方话语法特征，七本教科书均未出现“可（S—P）”类正反疑问句，从而呈现南、北方口语在正反疑问句形式选取上的地域差异。在现代北方方言中，“可（S—P）”类正反疑问句的使用频率很低，仅在获嘉、中牟等少数地区使用（邵敬敏、周娟，2007），并未形成使用优势。

参考文献

［1］曹广顺．近代汉语助词［M］．北京：语文出版社，1995.

［2］曹瑞炯．《原本老乞大》语法研究［D］．北京：中国社会科学院，2014.

［3］陈雅．《老乞大》中的疑问句［J］．金陵职业大学学报，2003（4）．

［4］陈颖．朝鲜时代后期汉语教科书中的“咧”［J］．四川师范大学学报（社会科学版），2016，43（5）．

［5］高育花．《老乞大》疑问句研究［J］．求是学刊，2013（3）．

［6］韩臻．《老乞大谚解》《朴通事谚解》疑问句研究［D］．西安：陕西师范大学，2008.

［7］华树君，徐正考．从朝鲜朝时期的汉语教科书看清代汉语词汇在现代汉语中的发展［J］．东疆学刊，2018，35（4）．

［8］黎锦熙．黎锦熙语言学论文集［M］．北京：商务印书馆，2004.

［9］李泰洙．《老乞大》四种版本语言研究［M］．北京：语文出版社，2003.

［10］刘国伟．朝鲜时代汉语教科书中“否咧”的用法及其蒙古语来源［J］．民族语文，2022（1）．

［11］邵敬敏，周娟．汉语方言正反问的类型学比较［J］．暨南学报（人文科学与社会科学版），2007（2）.

[12] 沈洋．类型学视野下的铜陵方言疑问句研究［D］．广州：暨南大学，2020.
[13] 汪维辉．《老乞大》诸版本所反映的基本词历时更替［J］．中国语文，2005a（6）．
[14] 汪维辉．朝鲜时代汉语教科书丛刊［M］．北京：中华书局，2005b.
[15] 王衍军．朝鲜时代汉语教科书能性述补结构试析［J］．语言科学，2013（6）．
[16] 杨荣祥．近代汉语否定副词及相关语法现象略论［J］．语言研究，1999（1）．
[17] 杨荣祥．近代汉语副词研究［M］．北京：商务印书馆，2005.
[18] 俞光中，植田均．近代汉语语法研究［M］．上海：学林出版社，1999.
[19] 张卫东．从谚解《老乞大》看北京官话文白异读和京剧“上口字”［J］．中国语文，2020（4）．
[20] 周晓林．《老乞大》《朴通事》中“那”字类疑问句及其历史沿革［J］．学术交流，2006（9）．
[21] 中国社会科学院语言研究所词典编辑室．现代汉语词典［M］．7 版．北京：商务印书馆，2016.
[22] 朱德熙．汉语方言里的两种反复问句［J］．中国语文，1985（1）．
[23] 朱炜．《翻译老乞大》、《翻译朴通事》反映的近代汉语声母系统研究［M］．武汉：武汉大学出版社，2018.

The Diachronic Evolution of Positive-Negative Interrogative Sentences of Chinese Textbooks in Joseon Dynasty

ZHANG Huan

【Abstract】 Chinese textbooks in Joseon Dynasty show the diachronic evolution of positive-negative interrogative sentences in northern spoken Chinese from Late Yuan to Late Qing Dynasty. The VP + Neg + VP is main form, which is active in daily communication. The form of VP + buceng (不曾) is used frequently at Late Yuan to Early Ming, declines gradually in language competition, being replaced by the VP + meiyou (没有), and finally exits the northern spoken Chinese. The form of NP + youmei (you) [有没 (有)] influenced by Mongolian shrinks with the collapse of Yuan Dynasty. Moreover, during the evolution of positive-negative interrogative sentence, the na (那) that is a mood auxiliary, is gradually replaced by ne (呢), me (么) and a (啊). Besides, there is no positive-negative interrogative sentence of ke (可) + VP of Chinese textbooks in Joseon Dynasty, indicating there exists synchronic difference with southern spoken Chinese at the same period. It can be seen that syntactic forms of positive-negative interrogative sentence has changed greatly, with competitive relationship. And studying deeply the diachronic features of positive-negative interrogative sentence is helpful to deepen the understanding of modern Chinese grammar.

【Keywords】 Chinese textbooks in Joseon Dynasty, positive-negative interrogative sentences, diachronic evolution